U0924203

编　委　会

全国革命老区县发展史丛书——福建卷

漳平市革命老区发展史

漳平市老区建设促进会 编

厦门大学出版社 XIAMEN UNIVERSITY PRESS 国家一级出版社 全国百佳图书出版单位

图书在版编目(CIP)数据

漳平市革命老区发展史/漳平市老区建设促进会编.—厦门:厦门大学出版社,2019.12

ISBN 978-7-5615-7653-3

Ⅰ.①漳…　Ⅱ.①漳…　Ⅲ.①漳平—地方史　Ⅳ.①K295.74

中国版本图书馆 CIP 数据核字(2019)第 274821 号

出 版 人　郑文礼
责任编辑　韩轲轲　林　灿
美术编辑　李嘉彬
技术编辑　朱　楷

出版发行　厦门大学出版社
社　　址　厦门市软件园二期望海路 39 号
邮政编码　361008
总　　机　0592-2181111　0592-2181406(传真)
营销中心　0592-2184458　0592-2181365
网　　址　http://www.xmupress.com
邮　　箱　xmup@xmupress.com
印　　刷　龙岩东方彩印有限公司

开本　720 mm×1 000 mm　1/16
印张　19.75
插页　29
字数　267 千字
版次　2019 年 12 月第 1 版
印次　2019 年 12 月第 1 次印刷
定价　115.00 元

厦门大学出版社
微信二维码

厦门大学出版社
微博二维码

2019年5月22日，漳平市老区建设促进会召开《全国革命老区县发展史丛书·漳平卷》编纂评审会，漳平市副市长朱彩泰、漳平市政协副主席郭志敏、编委会全体成员参加会议。图为《漳平市革命老区发展史》编委会全体成员合影(上图)与会议场景(下图)

建置沿革

明成化六年（1470）从龙岩县九龙乡划出居仁、聚贤、感化、和睦、永福5里置漳平县。明成化七年（1471）首任知县陈栗设署理事，漳平县正式建立，划归漳州府管辖。据《读史方舆纪要》记载："县居漳上游，千山中地稍平衍，因曰漳平。"嘉靖十四年(1535)划出聚贤里合置大田县，余4里24图。

明隆庆元年(1567)宁洋置县，邑名取东洋、西洋业已安宁、平静之意。宁洋县历389年。1956年7月宁洋县撤销建置，原辖境分划漳平、龙岩、永安3县领属，原宁洋县有12个乡(镇)、116个自然村划归漳平县。

漳平县历520年。1990年8月经国务院批准撤县建市，成为福建省第九个县级市；12月举行建市庆典，正式挂牌，至今不变。

漳平县城图

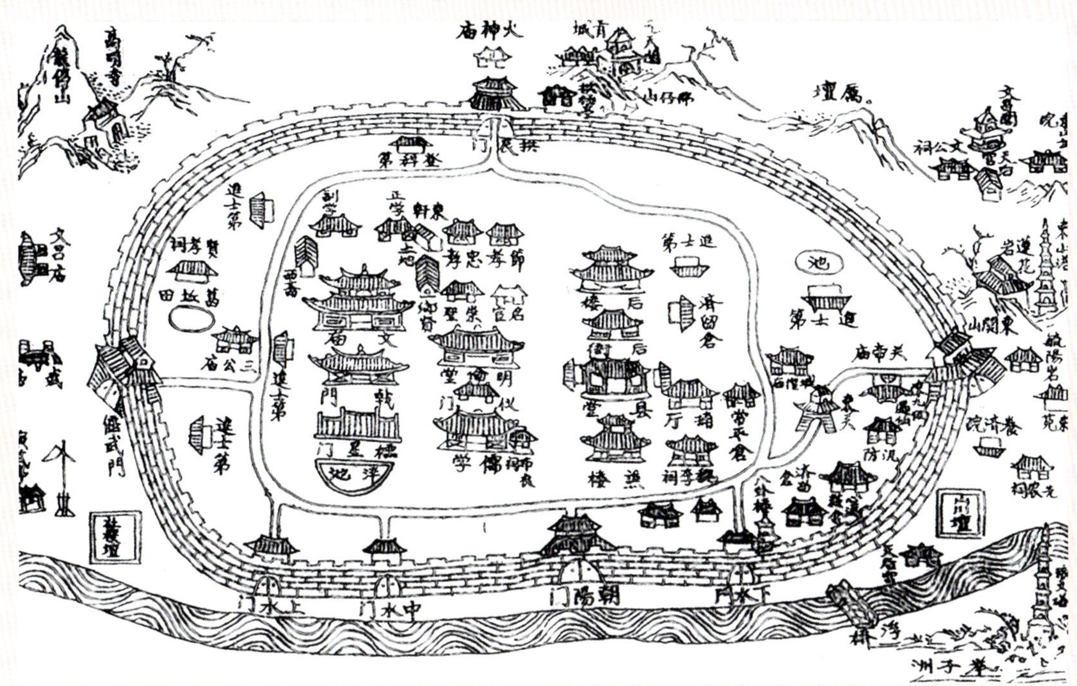

宁洋县城图

漳平市城区（上、下图）

革命岁月 红旗不倒

漳平是闽西革命根据地的重要组成部分，属于当时的中央苏区范围。朱德、罗荣桓、谭震林、邓子恢、张鼎丞等老一辈无产阶级革命家，郭化若、王直、熊兆仁、魏金水、伍洪祥等老将军、老前辈都曾在这块红土地上留下光辉的革命足迹。

1919年，漳平就开始有一批爱国知识分子宣传马列真理。1925年至1927年，成立县工会、县农民协会。1928年至1937年，创建岩南漳、岩连宁两大游击区；建立中共岩南漳县委以及10多个县级以下各级党组织；成立岩南漳县军政委员会和15个区、100余个乡村的苏维埃政权；组建县独立游击大队、岩南漳游击队等武装60余支，参加正规红军、红军游击队、赤卫队6000余人；红四军、红十二军、红二十一军、红八团、红九团等均在这块战略前沿阵地上浴血奋战，由此承担中央苏区东大门“前哨尖兵”的艰巨任务。至此，历经八年全面抗日战争和三年解放战争的洗礼，始终“红旗不倒”。

革命旧址

漳平早期中共党员革命活动的重要据点菁华书院

漳平县农民协会旧址莲花心祠

中共龙车支部旧址“游氏宗祠”

龙车区苏维埃政府旧址凤岐堂

中共漳平支部旧址三合药店

漳平县城防第一赤卫队旧址彰福堂

朱德召开群众大会旧址太平桥

中华苏维埃共和国岩南漳县军政委员会旧址三堂厝

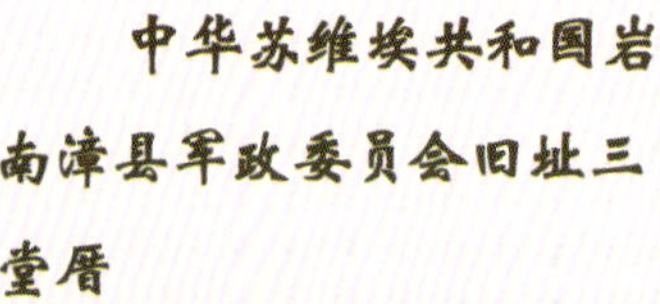

革命文物

红四军使用的子弹箱、子弹、马灯

紅軍第四軍司令部 佈告

紅軍宗旨。民權革命。贛西一軍。聲威遠震。
此番計劃。分兵前進。官佐兵伕。服從命令。
平買平賣。事實為証。亂燒亂殺。在所必禁。
全國各地。壓迫太甚。工人農人。十分苦痛。
土豪劣紳。橫行鄉鎮。重息重租。人人怨憤。
白軍士兵。飢寒交並。小資產者。稅捐極重。
洋貨越多。國貨受困。帝國主義。那個不恨。
國民匪黨。完全反動。口是心非。不能過硬。
蔣桂馮閻。同牀異夢。衝突已起。軍閥倒運。
飯可充飢。藥能醫病。共產主張。極為公正。
地主田地。農民收種。債不要還。租不要送。
增加工錢。老闆担任。八時工作。恰好相稱。
軍隊待遇。亟須改訂。發給田地。士兵有分。
敵方官兵。准其投順。以前行為。可以不問。
累進稅法。最為適用。苛稅苛捐。掃除乾淨。
城市商人。積銖累寸。只要服從。餘皆不論。
對待外人。必須嚴峻。工廠銀行。沒收歸併。
外資外債。概不承認。外兵外艦。不准入境。
打倒列強。人人高興。打倒軍閥。除惡務盡。
統一中華。舉國稱慶。滿蒙回藏。章程自定。
國民政府。一羣惡棍。合力剷除。肅清亂政。
全國工農。風發雷奮。奪取政權。為期日近。
革命成功。盡在民衆。布告四方。大家起勁。

軍長 朱德
黨代表 毛澤東

公曆一千九百二十九年一月　日

这是红军一九二九年一月从井冈山下山向闽西进军时的布告

《红军第四军司令部布告》

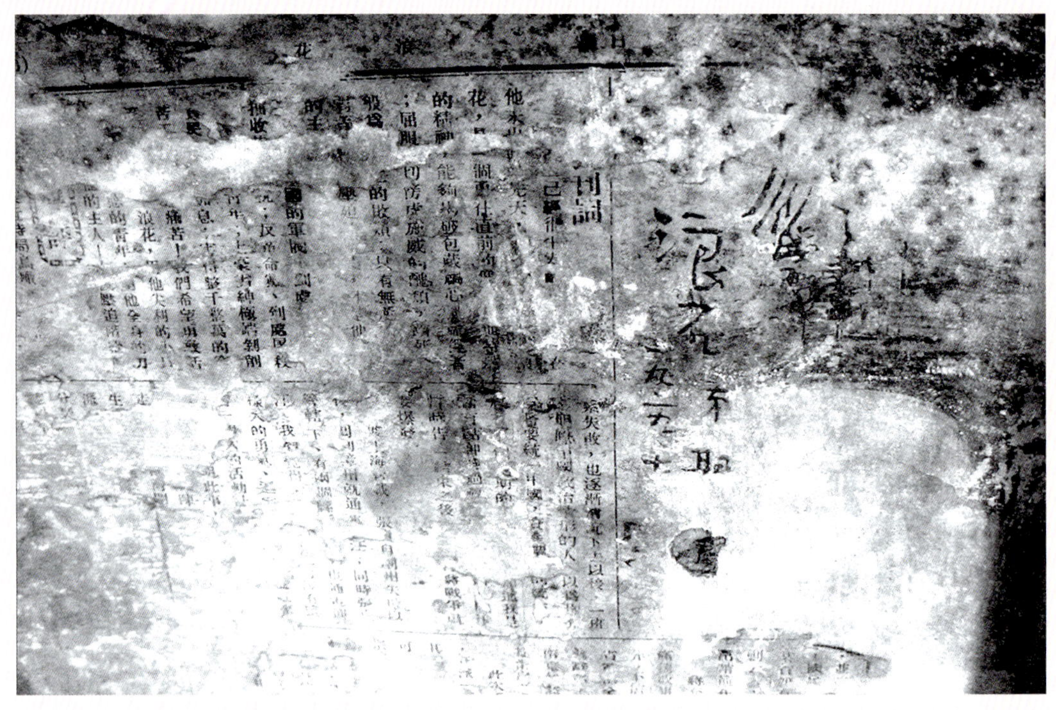

红四军《浪花》创刊号铅印军报

紅軍第四軍司令部政治部佈告

為佈告事。我們紅軍受共產党的指導。執行民權革命三大任務。打倒帝國主義。打倒地主階級。打倒國民党政府。以幫助工人農民及一切被壓迫階級得到解放為宗旨。現在國民党四分五裂。蔣桂馮閻全國混戰。反動政府根本動搖。全國工人農民兵士及受壓迫的小資產階級。聯合起來革命。人數愈多。勢力越大。兵士組織紅軍。工人組織工會。農民組織農民協会。各省各縣各鄉各鎮都大大的幹起來了。本軍來到此地。知道民衆痛苦甚深。穀價很貴。利息很高。租穀很重。苛捐很多。土豪劣紳操縱一切。借了祠堂公會。欺壓各姓貧民。這種土豪劣紳百人之中。不过數人。大多數人應該联合起來。打倒這少數的豪紳。求得多數人的利益。現將急於要做的事開列于左。

(一) 收租式百担以上的大地主。家裡的穀子及大公會(祭會外)的穀子。一概沒收分與貧民。不取價錢。收租式百担以下的小地主。家裡的谷子須減價出糶。規定每担谷價照原價減半(但谷米商人從外境搬運來的不在此例)

(二) 工人農民欠田東債務。一律廢止。不要歸還(但商人及工人農民相互間的債務不在此例)

(三) 從今年起田地歸耕種的農民。可有不再交租與田東。

(四) 廢除一切苛捐雜稅厘金錢粮。

(五) 工人組織工會。農民組織農民協會。工農聯合組織革命委員会。並奪取反革命的槍枝。組織工農的赤衛隊。

(六) 凡平日壓迫工農或阻碍革命或經手公款賬目不清的土豪劣紳。農民協会可以把他一概捉起來。按照他們犯罪的輕重。分別處以死刑[illegible]罰款[illegible]寫悔過字等刑罰。

以上六項自出示之後即刻实行。如有反對的。即是圖他自己的私利。妨碍大多數人的公利。這便人即是反革命。當用全力剷除這些惡人。决不寬貸。切切此佈

軍長 朱德
党代表 毛澤東
政治部主任 陳毅

公曆一九二九年六月 日

《红军第四军司令部政治部布告》

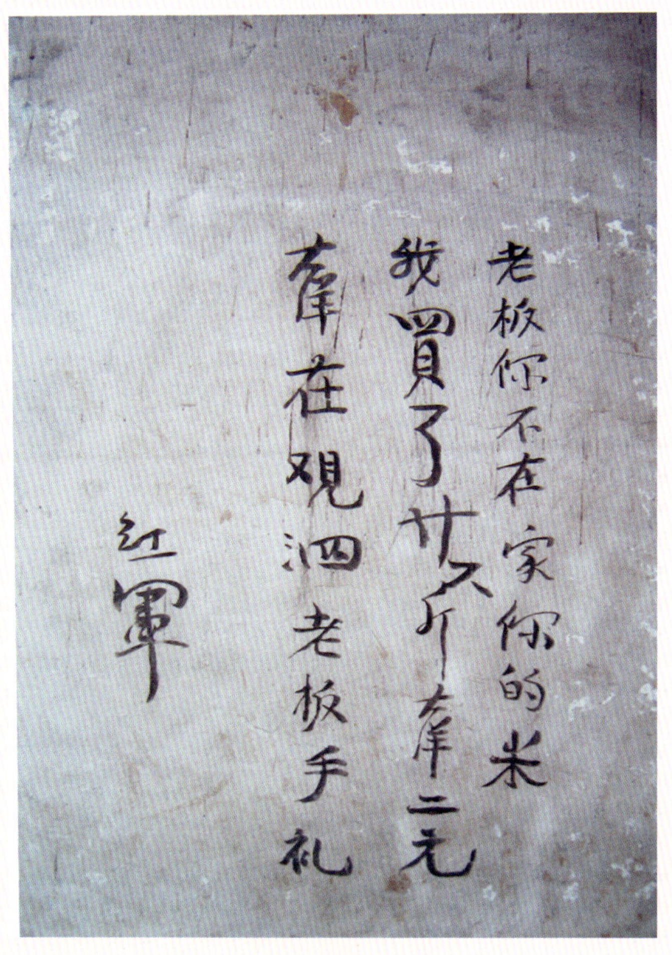

红军题壁留款信

红军士兵会石柱标语

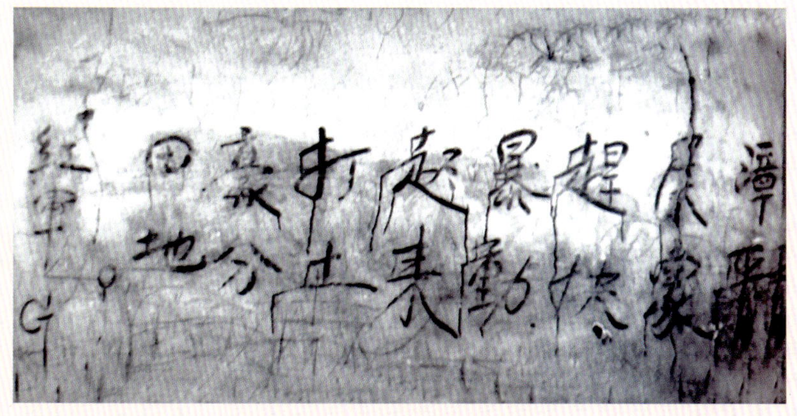

红四军刷写的革命标语

福里区小村乡暴动队队旗

南洋北寮赤卫队五星镰刀锤子袖章印模

拱桥高山赤卫队使用的军号

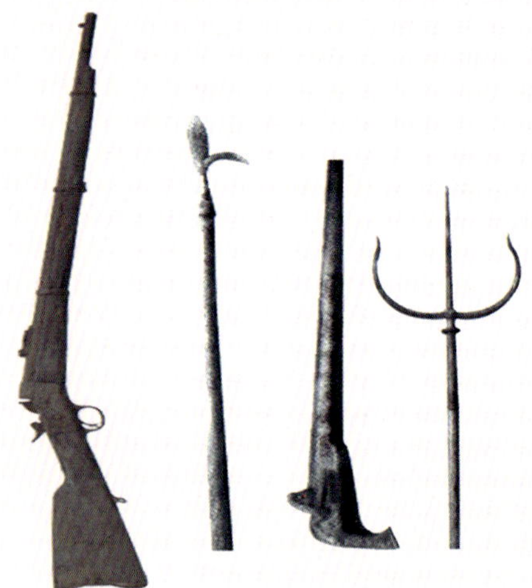

龙车暴动赤卫队使用的武器

漳平福里区新安社内山乡赤卫队印

福里南河区李庄乡苏维埃政府收发处印章

红色基地

红色漳平

红色漳平馆

龙车革命纪念馆

朱德率红四军出击闽中纪念馆

红四军前委旧址纪念馆

建设探索 艰苦创业

中华人民共和国成立初期，全县开展土地改革、剿匪反霸、抗美援朝，巩固新生政权，恢复国民经济。1956年底，实现对农业、手工业、资本主义工商业的社会主义改造，生产力迅速发展。与1949年相比，1957年全县社会总产值3399万元，增长1.47倍，年均递增11.98%；工农业总产值3017万元，增长1.4倍，年平均递增11.54%；粮食总产3.7万吨，增长69%。

1958年“大跃进”中的“左”倾失误，经济发展受挫，随之艰难度过三年困难时期。1961年春始，贯彻“调整、巩固、充实、提高”八字方针，国民经济回升好转，社会事业明显进步。

1966—1976年“文化大革命”期间，中华人民共和国遭受成立以来最严重的损失。粉碎“四人帮”反革命集团后，扭转生产、生活秩序的混乱状况。至1978年，工农业总产值 8922万元，比1976年增长24.9%，其中粮食增长26.35%，财政收入增长30.78%，经济在徘徊中发展前进。

剿匪反霸

漳平縣第一區人民公審惡霸大會 一九五〇年十二月十八日

1950年12月，漳平县第一区(菁华区)人民公审恶霸大会

1951年1月，解放军第八五师二五三团三营在溪南、新桥剿匪缴获的枪支弹药

农业生产

1951年芦芝邦坑村杨柏成立漳平县第一个农业生产互助组，1953年夏以杨柏互助组为基础，试办漳平县第一个初级农业生产合作社，开展农业合作化运动。图为杨柏互助组社员打谷场景

1958年农业率先“大跃进”，浮夸风盛行。图为红旗(今芦芝镇)人民公社后福大队社员在号称亩产指标10万斤地瓜田劳动

1958年人民公社食堂实行“放开肚皮吃饱饭，吃饭吃菜不要钱”。图为红专(菁城)人民公社和平大队集体食堂

人民公社实行大集体、大规模的劳作方式。图为20世纪60年代永福人民公社社员收割“丰产丰收田”稻谷场景

1961—1965年调整农业政策，纠正“大跃进”和人民公社运动中的“左”倾错误，实行以队为基础、三级所有的人民公社体制，清理账目、清算退赔，增加农业基本建设投资，减少粮食征购任务，农业生产呈现大幅发展态势，农民生活逐步改善。图为春播冬耕场景（上、下图）

工业战线

漳平是福建省矿产重点县之一，是全省唯一的烟煤生产基地。1958年11月，漳平县和龙溪地区在新桥大坑合办溪平煤矿，是福建省唯一生产烟煤的国有企业。图为1959年11月大坑矿区生产技术科全体同志合影

1958年12月，省属全民所有制企业漳平潘洛铁矿在漳平县芦芝大深村建成投产，由漳平洛阳和安溪潘田两个矿区组成，为福建省最大的铁矿。图为矿区建设工地

1966年12月，漳平化肥厂建成投产，为龙岩地区第一家化肥厂，是当时全国兴建的50个小氮肥厂之一

1971年4月，在芦芝东坑口筹建漳平硫酸厂；1979年5月，建成投产，为龙岩地区所属的全民所有制企业

山区林业

漳平为我国南方48个重点林区之一。20世纪60年代，漳平山区林木主要靠九龙江水路运往县城外。图为1958年9月漳平县大箐人民公社（新桥）红星社平坂伐木场民工运送木材(上图)；堆放江边待运林木(下图)

1965年9月，漳平县桂林公社上桂林大队造林整地誓师大会现场

1965年10月，漳平县桂林公社上桂林大队社员上山造林

交通运输

漳平位处九龙江（北溪）上游，闽南金三角的边缘，为闽西的东大门，交通区位十分重要。1955年7月，鹰厦铁路漳平段开始施工，境内全长122.6公里，解放军8503部队(铁三师)驻漳修筑。1956年10月，铁路铺轨到漳平县城。图为1957年鹰厦铁路通车至漳平

1972年12月14日，漳平城区第一座横跨九龙江的公路桥——漳平大桥建成通车。全长173米，单拱净跨度50米，为当时全省净跨度最长的钢筋混凝土吊装拱桥

支前运动

1956年1月，漳平县成立支前委员会，动员民工和民船，运送粮食、副食品、柴草等支援鹰厦铁路建设。左图为县供销社门市部收购大批冬瓜、南瓜等瓜果蔬菜，以供应支前和工矿地区的需求。右图为发展生猪饲养，集中调运工地，时间均为20世纪50年代

20世纪50年代，建立支前临时饭店，解决部队、民工的吃饭问题

商业流通

20世纪50年代，实行卷烟专卖制度。图为漳平县商业系统贮藏牡丹、玉叶、哈德门等品牌卷烟仓库

20世纪60年代，漳平县城关棕棉麻加工厂的工拧棕绳、编斗笠场景

20世纪六七十年代，漳平县副食品加工厂利用南瓜、地瓜、米糠、豆腐渣等代用品制作各式糕饼

20世纪六七十年代，漳平县副食品公司生产各式冷饮场景

知青岁月

1965年2月，全县动员首批城镇知识青年72人到上坂公社宝山安家落户。1969年1月，县“四面向”办公室（1973年12月更名为上山下乡知识青年办公室）先后安置漳平和晋江的知青2215人。至1978年底停止知青上山下乡时止，全县共有知青3676人，其中接收县外知青1582人到农村上山下乡。图为知青上山下乡生产、生活情景

改革开放 砥砺前行

1978年12月中共十一届三中全会以后，全县着力纠正“左”的错误，以经济建设为中心，坚持四项基本原则，坚持改革开放，国民经济获得高速发展。1990年，全县社会总产值36433万元，与1978年相比，增长2.26倍，年平均递增10.36%，老区人民生活水平实现了温饱。

此后，漳平老区主动融入海峡西岸“两个先行区”建设的大局，经济持续提升，社会协调发展。特别是2012年11月中共十八大以来，漳平老区以“三大战役”为抓手，着力“抓产业、稳增长”“抓招商、上项目”“抓治理、促提升”“抓民生、补短板”，建设富强精美幸福新漳平的各项事业取得显著成效。2018年全市实现地区生产总值255.74亿元，增长7.5%，项目攻坚、生态治理、城乡建设、民生事业呈现新亮点，实现历史新跨越。

特色农业

水仙茶村——南洋镇北寨

永福高山茶

永福杜鹃花

高山云雾出好茶

和平东坑西红柿

吾祠厚德萝卜

拱桥荷园

西园苦瓜

官田香蕉

芦芝柑橘

溪南双华李

品牌工业

福建华电漳平火电有限公司

天守(福建)超纤科技股份有限公司

漳平富山工业园区

漳平木材林产有限公司

漳平工业园区

漳平红狮水泥有限公司

漳平正威化工有限公司

漳平协龙高新化纤有限公司

高速交通

2018年12月29日上午8时许，D6538次动车驶进漳平西站，南龙铁路正式开通运营，标志着漳平市进入“动车时代”。图为漳平西站(上图)、双洋站(下图)

双永高速公路漳平站

双永高速公路溪南站

漳永高速公路新桥站

双永高速公路漳平段

城区新貌

梓子洲公园

双塔双桥

东山公园

聚贤亭

居仁亭

永福亭

和睦亭

感化亭

和平北路

和平中路

景弘路

江滨路

乡村美景

百家姓古村——赤水镇香寮村

桂林街道山羊隔畲村风情

大陆阿里山”核心景区——永福台品樱花茶

漳平南洋国家湿地公园

中国传统村落——双洋镇东洋村

水上茶乡·九鹏溪景区

民生工程

漳平市医院

漳平市体育中心

漳平一中

漳平三中

文物保护

2012年，奇和洞遗址被评为“2011年度全国十大考古新发现”；2013年，又被公布为全国重点文物保护单位

漳平文庙为福建省文物保护单位，2010年重修落成，2013年被中国孔庙保护协会评为“全国孔庙保护先进单位”

民俗活动

永福妈祖文化节

城区龙舟竞渡

城区元宵节

双洋炮竹炸龙

新桥板凳花灯龙

总　序

在举国欢庆新中国成立70周年前夕，中国老区建设促进会王健会长请我为“全国革命老区县发展史丛书”作序，作为一名在老区战斗过并得到老区人民生死相助的老兵，回首往事，心潮澎湃，感慨万千，深感义不容辞，欣然应允。

中国革命老区，是以毛泽东为代表的中国共产党人在领导人民推翻帝国主义、封建主义和官僚资本主义三座大山，争取民族独立和人民解放伟大斗争中建立的革命根据地，在这片红色的土地上，诞生了无数可歌可泣的革命英雄儿女，为后人树起了一座不朽的丰碑，她是新中国的摇篮，是党和军队的根。

在艰苦卓绝的战争年代，老区人民把自己的命运与中华民族的命运紧紧地联系在一起，与中国共产党和人民军队的命运紧紧地联系在一起，他们生死相依，患难与共。我曾亲历过战争年代，并得到过老区红哥红嫂的救助，切身感受到发生在身边的一幕幕撼天动地的革命故事，在那极其艰难的条件下，老区人民倾其所有、破家支前，不怕艰难困苦，不怕流血牺牲。“最后一碗米送去做军粮，最后一尺布送去做军装，最后一件老棉袄盖在担架上，最后一个亲骨肉送去上战场”，这是当时伟大的老区人民为建立新中国做出巨大牺牲的真实写照，它将永远镌刻在中国共产党、中国人民解放军、中华人民共和国的历史丰碑上。他们的光辉业绩永载史册，他们的革命精神必将影响一代又一代的革命新人，造就一代又一代的民族脊梁。

在社会主义革命和建设时期，革命老区和老区人民响应党的号召，面对落后的面貌、脆弱的经济、恶劣的生态环境，本色不变，精神不丢，自力更生，艰苦奋斗，干一行爱一行。他们始终坚持“革命理想高于天”，自觉做共产主义远大理想的坚定信仰者和忠实实践者，勇于向恶劣的自然环境和贫穷落后宣战。他们在各条战线上为国建功立业，用平凡的双手创造了一个又一个不平凡的奇迹，彰显了老区人的崇高精神和人格力量。

在改革开放的伟大进程中，老区人民解放思想、勇于创新、发奋图强、攻坚克难，老区的经济社会建设取得了辉煌成就。特别是在改变中国的面貌、中华民族的面貌、中国人民的面貌、中国共产党的面貌的伟大实践中发挥了至关重要的作用。老区人民既是改革开放的参与者，也是改革开放的推动者。

艰苦练意志，危难见精神。老区人民在近百年的革命战争、社会主义建设和改革开放的伟大实践中，孕育形成了伟大的老区精神：爱党信党、坚定不移的理想信念；舍生忘死、无私奉献的博大胸怀；不屈不挠、敢于胜利的英雄气概；自强不息、艰苦奋斗的顽强斗志；求真务实、开拓创新的科学态度；鱼水情深、生死相依的光荣传统。这是党和人民宝贵的精神财富、丰厚的政治资源，是凝心聚力、振奋民族精神的重要法宝，也是社会主义核心价值观的重要内容。

中国老区建设促进会怀着强烈的政治责任感和历史使命感，组织全国各地老促会人员克服困难，尽心竭力编纂“全国革命老区县发展史丛书”，记录老区的光辉历史和辉煌成就，传承红色基因，弘扬老区精神，是功在当代、利及千秋的一件大事。手捧这部丛书的部分书稿，读着书中的故事，我倍感亲切，深感这部丛书具有资政、育人、存史的社会功能，有着重要的时代和历史价值。它是不忘初心、牢记使命的源头活水，是赞颂共产党、讴歌老区人民的一部精品力作，是弘扬老区精神、传承红色记忆的丰厚载体，是一项继承优秀传统文化、弘扬革命文化、发展社会主义先进文化，坚定“四个自信”

的宏大文化工程。它必将成为一种文化品牌，为各界人士了解老区、宣传老区、支持老区提供一部有研究价值的史料。希望读者朋友们能从中了解并牢记这些为党和民族的利益不断奉献的老区人民，从中得到教益，汲取人生奋斗的精神动力。

新时代赋予新使命，新起点开启新征程。让我们更加紧密地团结在以习近平同志为核心的党中央周围，坚持以习近平新时代中国特色社会主义思想为指导，增强“四个意识”，坚定“四个自信”，做到“两个维护”，弘扬老区精神，铭记苦难辉煌。为实现“两个一百年”奋斗目标，实现中华民族伟大复兴的中国梦做出新的更大的贡献！

遲浩田

2019 年 4 月 11 日

序

漳平革命老区的发展史，从一方区域的角度，生动诠释了中国共产党为中国人民谋幸福、为中华民族谋复兴的奋斗史。当年，红四军、红十二军、红二十一军、红八团、红九团等在这块前沿阵地浴血奋战，朱德、罗荣桓、谭震林、邓子恢、张鼎丞、郭滴人等老一辈无产阶级革命家在这块红土地上留下光辉足迹。英雄的漳平人民在中国共产党领导下，以大无畏的革命精神，抛头颅、洒热血，前仆后继、奋勇拼博，历经大革命、土地革命、抗日战争、解放战争洗礼，始终“红旗不倒”，坚定前行。

筚路蓝缕启山林，栉风沐雨砥砺行。中华人民共和国成立后，漳平老区人民勤俭创业，艰苦奋斗，漳平发生了翻天覆地的变化。特别是改革开放40年来，漳平老区人民的生活水平实现由温饱不足向总体小康的历史性跨越。综合实力显著提升，2018年人均GDP突破10万元，漳平工业园区从零起步到万亩规模，红狮水泥等一批龙头企业先后落户投产。城乡发展更加均衡，城区先后建成5个公园，城镇化率达56.1%；建成家园清洁示范村77个，城区空气优良天数比例100%，九龙江六大支流水质保持在Ⅱ类水，城乡更加宜居。交通体系不断完善，1条快速铁路、2条高速公路、2条国道、3条省道在境内交汇贯通，漳平成为闽西东进闽南沿海的重要桥头堡。对台优势日益凸显，国家级漳平台湾农民创业园成为大陆最大的台湾乌龙茶生产基地，连续三年在全国29个国家级台创园综合考评中获得第一名，永福镇成为台商个体在大陆投资最密集乡镇，

“大陆阿里山”品牌知名度、美誉度、影响力不断扩大。社会事业繁荣发展，教育卫生改革、“平安漳平”建设等工作有序推进，社会保障体系更加完善，漳平老区人民的获得感、安全感、满意度持续提升。昔日的红土地，如今呈现出天蓝、地绿、山青、水净的景象，一座焕发出蓬勃生机的精美城市挺立九龙江畔。原中央苏区县、王景弘故里、国家可持续发展实验区、国家森林公园、中国名茶之乡、中国花木之乡、中国现代民间绘画之乡、中国特色竹乡、全国休闲农业与乡村旅游示范县、全国平安建设先进市、南方重点林区、福建十大空中最美家园……一张张亮丽的城市名片，印记了这一方热土建设者坚韧不拔的前进足迹，见证了革命老区日新月异的发展成就。

《漳平市革命老区发展史》经过全体编纂人员的努力，终得付梓，这是漳平地方史苑耕耘的一大成果。成书之时，适逢中华人民共和国成立70周年，这既是漳平老区人民对70周年的献礼，也是对未来美好的期许。述往是为了启后，细阅此书，回望过往，感慨来路艰辛，唯有坚守初心，矢志奋斗，才能取得一个又一个的胜利。站在新的历史方位，我们将永远把人民对美好生活的向往作为奋斗目标，传承老区苏区红色基因，大力弘扬“干革命走前头，搞生产争上游”的革命优良传统，担当新的历史使命，全力做好经济发展、城乡建设、民生事业等工作，推动漳平高质量发展，为实现中华民族伟大复兴的中国梦而不懈努力。

拥抱新时代，建设新漳平。只要我们不忘历史，不忘初心，以更加崭新的姿态、更加高昂的斗志、更加坚实的步伐，团结一心，锐意进取，砥砺前行，一座富强精美幸福的新漳平必将昂首崛起。

编委会

2019年8月

编纂说明

2017年6月，中国老区建设促进会组织全国各地老促会启动编纂“全国革命老区县发展史丛书”，按照“建立中国共产党、成立中华人民共和国、推进改革开放和中国特色社会主义事业”三大里程碑的历史脉络，系统书写革命老区百年历史，深入挖掘革命老区红色文化资源，这对于充实丰富中国革命史籍宝库、在新时代传承红色基因、弘扬革命精神、强固根本，对于激励人们在新的历史条件下夺取中国特色社会主义伟大胜利，实现中华民族伟大复兴的中国梦具有重要意义。

丛书编纂以习近平新时代中国特色社会主义思想为指导，以《中国共产党历史》《中国共产党的九十年》等重要文献为基本依据，以党的领导为核心，以老区人民为主体，以老区发展为主线，体现历史进程特征，突出时代发展特色，坚持辩证唯物主义和历史唯物主义相统一、历史真实性与内容可读性相统一的原则，书写革命老区从站起来、富起来到强起来的光辉革命史、不懈奋斗史、辉煌成就史，把老区人民的伟大贡献、伟大创造、伟大成就、伟大精神充分展示出来，形成一部具有厚重历史特征和鲜明时代特色的精品力作。这是一部培根铸魂、守正创新，既为历史立言，又为时代服务，字里行间流淌着红色血脉、催生着革命激情的传世之作。丛书的编纂出版将成为讴歌党、讴歌人民、讴歌时代、传播红色文化、为革命老区和老区人民树碑立传的重要载体。

丛书按照编年体与纪事本末体相结合、以编年体为主的编写体例确定框架结构;运用时经事纬、点面结合的方式记述史实;坚持人事结合、以事带人的原则处理人与事的关系;采取夹叙夹议、叙论结合、以叙为主的方法展开内容。做到了史料与史论、历史与现实、政治与学术统一,文献性、学术性、知识性相兼容。

为编纂好"全国革命老区县发展史丛书",打造红色文化品牌,中国老区建设促进会认真组织、积极协调,提出政治立场鲜明、史料真实准确、思想论述深刻、历史维度厚重、时代特色突出、编写体例规范、篇目布局合理、审读把关严格、出版制作精良的编纂出版总要求,力求达到革命史籍精品的精神高度、思想深度、知识广度、语言力度,增强丛书的权威性和社会影响力。各省(区、市)、市(州、盟)、县(市、区、旗)老促会的同志,以强烈的使命感、责任感和紧迫感,勇于担当,积极作为,认真实施,组织由老促会成员、专家学者等参加的十余万人编纂队伍。编纂工作主体责任在县(市、区、旗),省(区、市)、市(州、盟)组织协调、有力指导、审读把关。各方面人员以高度负责的精神和科学严谨的态度,满腔热情地投入工作,为丛书编纂出版做出了重要贡献。丛书编纂工作还得到了党和国家有关部委、地方各级党委政府及有关部门的大力支持和积极参与,社会各界也给予了热情帮助。中共中央政治局原委员、中央军委原副主席、原国务委员兼国防部长迟浩田上将,对老区人民怀有深厚感情,对革命老区建设发展十分关注,欣然为"全国革命老区县发展史丛书"作总序。

丛书由总册和1599部分册(每个革命老区县编纂1部分册)组成,共1600册。鉴于丛书所记述的史实内容多、时间跨度长和编纂时间紧,不妥之处,敬请批评指正。

中国老区建设促进会

目　录

第一章　市域概况

第一节　地理环境 …… 1
第二节　历史沿革 …… 3
第三节　经济建设 …… 5
第四节　社会事业 …… 10

第二章　新民主主义革命历程

（1919 年 5 月—1949 年 9 月）

第一节　工农运动的兴起 …… 21
第二节　党组织的建立与苏维埃运动的初步探索 …… 22
第三节　红四军出击闽中 …… 24
第四节　红色苏区的创建与形成 …… 28
第五节　历经反“围剿”战争 …… 32
第六节　坚持岩南漳和岩连宁的三年游击战争 …… 38
第七节　全面抗日与反顽斗争 …… 43
第八节　全境解放 …… 45
第九节　重要的历史地位与重大贡献 …… 51

第三章　社会主义建设探索

（1949 年 10 月—1978 年 11 月）

第一节　抗美援朝的支前运动 …………………………………… 59
第二节　土地改革运动 ……………………………………………… 62
第三节　“三反”“五反”运动 ………………………………………… 65
第四节　国民经济的初步恢复和发展 ……………………………… 70
第五节　社会主义改造的基本完成 ………………………………… 73
第六节　“一五”计划的实施与成就 ………………………………… 76
第七节　“大跃进”运动 …………………………………………… 80
第八节　人民公社化运动 …………………………………………… 84
第九节　建设闽西铁路交通枢纽 …………………………………… 87
第十节　省属潘洛铁矿和漳平煤矿的崛起 ………………………… 91
第十一节　“八字方针”的贯彻与国民经济调整 ……………………… 93
第十二节　知识青年上山下乡 ……………………………………… 96
第十三节　农业学大寨 ……………………………………………… 98
第十四节　工业学大庆 …………………………………………… 103

第四章　改革开放新篇章

（1978 年 12 月—2012 年 10 月）

第一节　实现伟大的历史转折 …………………………………… 107
第二节　家庭联产承包责任制的推行 ……………………………… 110
第三节　念好老区“山字经” ……………………………………… 112

第四节　经济体制改革的全面展开 …………………………… 115
第五节　乡镇企业与“三资”企业的突起 ………………………… 122
第六节　老区扶贫扶建 …………………………………………… 125
第七节　农村脱贫致富奔小康 …………………………………… 129
第八节　火电工业的新突破 ……………………………………… 134
第九节　“中国现代民间绘画之乡”的形成 ……………………… 137
第十节　创建“中国杜鹃花之乡” ………………………………… 139
第十一节　“中国名茶之乡”的发展 ……………………………… 143
第十二节　打造“大陆阿里山”品牌 ……………………………… 146
第十三节　“王景弘故里”的学术研究 …………………………… 150
第十四节　改革开放 30 年发展成就 ……………………………… 153

第五章　中国特色社会主义新征程

（2012 年 11 月—2018 年 12 月）

第一节　项目建设促发展 ………………………………………… 163
第二节　打赢脱贫攻坚战 ………………………………………… 168
第三节　生态城市建设 …………………………………………… 171
第四节　美丽乡村与城镇建设 …………………………………… 176
第五节　补齐民生短板 …………………………………………… 180
第六节　持续运作与提升城市品牌 ……………………………… 183
第七节　省定革命基点村的扶建 ………………………………… 188
第八节　夯实基层党组织 ………………………………………… 192
第九节　全面加强党风廉政建设 ………………………………… 197
第十节　“十二五”建设成就 ……………………………………… 202

第十一节　区位产业优势与发展机遇 …………………………… 206
第十二节　“十三五”规划的制定 ……………………………… 208
大事记(1919—2018) …………………………………… 215
附　录
《关于认真学习贯彻落实省委习近平副书记在漳平调研时讲
　　话精神的通知》………………………………………… 279
漳平市省定革命基点村历次评定沿革 …………………………… 283
漳平市级革命基点村名单 ……………………………………… 285
重要革命旧址 ……………………………………………… 286
红色教育基地 ……………………………………………… 291
参考文献 …………………………………………………… 293

后　记 ……………………………………………………… 301

第一章　市域概况

第一节　地理环境

漳平，又名“菁城”，地处福建省西南部，九龙江（北溪）上游，闽南金三角的边缘，为闽西的东大门；是泉州、漳州、龙岩、三明、厦门铁路出口的必经地，又是连接沿海、拓展腹地的要道。总面积 2951.07 平方千米，介于北纬 24°54′～25°47′，东经 117°11′～117°44′，东西宽约 57 千米，南北长近 98 千米。

地处戴云山、玳瑁山和博平岭三大山脉接合部。九龙江北溪横切中部，将全市分成南北两半。地势由南、北向中部河谷倾斜，呈马鞍形。中部沿江两岸为全市地势较为平缓的河谷、丘陵地带。地形呈东西窄、南北长，南部、北部地势较高特点。地貌类型复杂，中山、低山、丘陵、盆地互相交错，河流、峡谷穿插其间。地貌类型属典型的南方丘陵山地地貌，以低山为主，盆地最少。南部永福镇与官田乡交界处的博平岭主峰苦笋林尖，海拔 1666.2 米，为境内最高峰；其西南部的和坑双溪口，海拔 98 米，为境内最低处。

辖区属亚热带海洋性季风气候，地处南亚热带与中亚热带季风气候过渡地带，具有如下气候特点：温热湿润，雨水充足；夏长无酷暑，冬短无严寒；海拔高度差异大，垂直气候显著；干湿两季分明，春夏雨水丰富；区域性气候差异明显，灾害性天气时有发生。春季多冷暖气流交汇，阴雨连绵；夏季受副高控制，多台风天气，雨热同期；秋季受冷空气影响，降水明显减少，晴朗凉爽；冬季受大陆干冷气团控制,盛行偏北风,寒冷干燥。多年平均气温 20.6℃,1 月平均气温 11.7℃,极端最低气温为－8℃,菁城为－5.7℃(1963 年 1 月 27 日);7 月平均气温 28.0℃,极端最高气温 41.2℃(1988 年 7 月 17 日)。无霜期年平均 311.3 天,最短为 263 天。多年平均日照时数 1658.5 小时,0℃以上持续期 349.0 天(一般为 2 月 10 日—12 月 15 日)。多年平均降水量 1544.2 毫米,年平均降雨日数为 161.4 天,最多达 176 天(1997 年),最少为 108 天(2003 年)。降雨多集中每年 3—9 月,极端年最大降雨量 2398.2 毫米(2016 年),极端年最少降雨量 999.0 毫米(1991 年)。

境内水流分属九龙江北溪、西溪和闽江沙溪水系。九龙江北溪横贯漳平中部,其支流呈叶脉状遍布全市,流域面积占全市总面积的 97.3%,九龙江西溪水系和闽江沙溪水系分别占 2.3%和 0.4%。境内最大河流为九龙江北溪,境内河长 50 千米,从西偏北到南偏东,流经境内西园镇、菁城街道、桂林街道、芦芝镇,在芦芝镇的小杞电站进入漳州市华安县境;多年平均径流量 62.762 亿立方米,主要支流有新桥溪、双洋溪、溪南溪、拱桥溪、下浙溪等。境内多年平均水资源量 28.79 亿立方米,水力资源理论蕴藏量 45 万千瓦,可开发利用 36 万千瓦。全市火电企业 1 家 60 万千瓦(福建华电漳平火电有限公司 30 万千瓦机组 2 台)。

漳平是福建省矿产重点县(市)之一,全省唯一的烟煤生产基地。境内已探明资源储量的矿藏有煤、铁、水泥用灰岩等 20 多种。其中,煤炭探明储量约 1.8 亿万吨,已开发的煤矿主要分布在新桥、吾祠、灵地、赤水、双洋、拱桥等乡(镇);铁矿石探明储量约 6130 万吨,属国内少有的平炉富矿,已开发的铁矿主要分布在芦芝镇大深村、赤水镇;水泥用灰岩探明储量约 5 亿万吨,居福建省前列,主要分布在赤水岭兜石灰岩矿区、拱桥石坂坑石灰岩矿区、象湖奇和石灰岩矿区。

漳平为我国南方 48 个重点林区之一,拥有林地 381 万亩,林木蓄积量 2130 万立方米,森林覆盖率 80.35%,位居福建省前列。竹林面积达 45.57 万亩,以毛竹为主,占林地面积的 96.95%,形成竹林培育、产品加工、生产销售、出口创汇为一体的竹产业运营体系。2011 年 10 月，获得国家级“中国特色竹乡”称号。据调查，现有高等植物 259 科 878 属 1839 种，其中南方红豆杉、银杏为国家一级保护植物，福建柶椤、金毛狗、樟树、福建柏、闽楠、半枫荷、花榈亩、红豆树为国家二级重点保护植物，突脉青冈、茶绒杜鹃属极小或地方特有种群。境内野生动物种类繁多，有两栖纲、鸟纲和哺乳纲，共有 365 种，其中云豹、蟒蛇被列为国家一级保护野生动物，穿山甲、猕猴、黑熊、虎纹蛙、苏门羚、鸳鸯、白颈长尾雉、白鹇等被列为国家二级保护野生动物。

第二节　历史沿革

今漳平辖境三国时（220—280）属吴国建安郡苦草镇九龙乡。西晋太康三年（282）属晋安郡新罗县。梁大同六年（540）属龙溪县。唐开元二十四年（736）置汀州，以苦草镇置杂罗县，辖九龙乡。天宝元年（742）改杂罗县为龙岩县，辖属不变。大历十二年（777），龙岩县划归漳州管辖，历宋、元、明不变。明成化六年（1470），明王朝批准从龙岩县九龙乡划出居仁、聚贤、感化、和睦、永福 5 里设县。明成化七年（1471），首任知县陈栗到任，设署理事，漳平县正式建立。《读史方舆纪要》载：“县居漳上游，千山中地稍平衍，因曰漳平。”县治设于九龙江北侧的小菁村。建城后，名曰“菁城”。县存史历 520 年。1990 年 8 月 15 日，国务院正式批准漳平撤县建市（县级）；同年 12 月 1 日，城区举行盛大建市庆典活动，宣告漳平市正式挂牌成立。2015 年，全市辖 2 个街道（菁城街道、桂林街道）、11 个镇（新桥镇、双洋镇、永福镇、溪南镇、和平镇、拱桥镇、象湖镇、赤水镇、芦芝镇、西园镇、南洋镇）、3 个乡（官田乡、吾祠乡、灵地乡）。各乡（镇、街道）共辖 25 个社区居民委员会、173 个村民委员会。2016 年，全市无行政区划调整，辖菁城、桂林 2 个街道，新桥、双洋、永福、溪南、和平、拱桥、象湖、赤水、芦芝、西园、南洋 11 个镇，官田、吾祠、灵地 3

个乡,25 个社区,173 个行政村,901 个自然村。市人民政府驻菁城。2018 年,全市无行政区划调整,辖菁城、桂林 2 个街道,新桥、双洋、永福、溪南、和平、拱桥、象湖、赤水、芦芝、西园、南洋 11 个镇,官田、吾祠、灵地 3 个乡,15 个社区居民委员会,176 个村民委员会,827 个自然村。市人民政府驻菁城。

漳平隶属多有变迁。漳平自明成化七年(1471)建县至清雍正十一年(1733)隶属漳州府。明嘉靖十四年(1535),划出聚贤里置大田县。清雍正十二年至民国元年(1734—1912)改属龙岩直隶州。1913 年(民国二年)废州设道,漳平县属福建西路道,次年改属汀漳道。1925 年废道,县由福建省直辖。1929—1930 年,中国共产党及其所领导的红军、工农武装在永福、官田及拱桥的部分村庄建立区、乡苏维埃政府,由中共龙岩县委领导。1932 年,国民革命军第十九路军入闽,在龙岩成立闽西善后委员会,漳平设分会(后改称分处)。次年 11 月,福建事变发生后,在福州成立中华共和国人民革命政府,将福建划设 4 个省,漳平属龙汀省。1934 年 7 月"闽变"失败后,福建省划设 10 个行政督察区,为省政府派出机构,漳平属第七行政督察区。次年第七督察区改为第六督察区,隶属不变。1936 年 1 月至 1937 年 7 月,中国共产党在永福境内成立岩南漳(龙岩、南靖、漳平)县军政委员会,永福、官田和拱桥部分乡村属其管辖。1947 年,福建省将 10 个行政督察区调整为 7 个,漳平属驻龙岩的第七督察区管辖。

1949 年 6 月 21 日,漳平县城解放。6 月 26 日,成立闽粤赣边区漳平县人民民主政府,由中共闽粤赣边区安溪中心县委领导。7 月 17 日国民党军队反攻进占县城,县人民民主政府及所属武装撤往新桥、溪南一带。9 月 13 日,再度解放县城。11 月福建省人民政府在龙岩设立第八行政督察区,辖漳平县。1950 年 4 月,漳平县人民民主政府改为漳平县人民政府,属龙岩行政督察区。10 月龙岩行政督察区改称龙岩专区,隶属不变。1956 年 7 月宁洋县撤销建置,原宁洋县有 12 个乡(镇)、116 个自然村划归漳平县。1966—1976 年"文化大革命"期间,龙岩专区先后成立"临时勤务委员会"

“军事管制委员会”“革命委员会”，成为一级临时政权机构。1970年7月，改龙岩专区革命委员会为龙岩地区革命委员会，漳平归其管辖。1978年9月，撤销龙岩地区革命委员会，设立龙岩地区行政公署，恢复为省政府派出机构，漳平仍属龙岩地区管辖。1990年漳平撤县设市，成为福建省第九个县级市，仍属龙岩地区管辖。1996年11月，国务院批复龙岩地区设立地级龙岩市，漳平市改由省直辖。12月，省政府委托龙岩市代管漳平市，至2018年不变。

第三节　经济建设

中华人民共和国成立前，漳平交通闭塞，处于自给自足的自然经济状态，大部分资源未能开发利用。劳动人民靠简陋的工具从事以粮食为主的单一农业生产活动，耕作粗放，生产水平低下，加上封建地租剥削，多数人难求温饱。工业仅限于手工业生产，城镇为零星分散的手工作坊，农村为传统的家庭手工业，生产规模小，产量低。20世纪40年代末，创办2家私营小电厂和1家印刷厂。1949年底，全县工农业总产值1259万元，人均154元，其中农业总产值1090万元，占86.6%；粮食总产量21981吨，工业总产值169万元，占13.4%；商业，运输、邮电和建筑各业都很落后，经济基础薄弱。

中华人民共和国成立后，在中国共产党和人民政府领导下，进行社会主义建设的艰难探索，改变了贫穷落后的状况，国民经济全面发展。虽然，在各个历史时期曾经受“左”倾错误的干扰，但总的来说，建设成就还是巨大的。特别是中共十一届三中全会以后，国家实行改革开放政策，国民经济建设进入了新的发展时期。

1950—1952年，剿匪反霸斗争取得胜利，人民政权日益巩固；土地改革全面完成，农业生产得到恢复和发展。同时，积极扶持发展手工业生产，成立粮食、百货、专卖、纺织品公司等国营商业企业，恢复私营商业，促进商品流通，稳定市场物价。全县经济得到恢复和发展。1952年全县社会总产值1569万元，比1949年增长

14.11%，年递增4.75%。社会商品零售总额207万元，增长38%。

1953—1957年是国民经济和社会发展的第一个五年计划时期。这一时期，全县宣传贯彻过渡时期总路线，完成对农业、手工业和私营工商业的社会主义改造，城乡经济日趋繁荣。1957年，全县社会总产值3399万元，比1952年增长116.6%，年递增16.72%。工农业总产值3017万元，增长108.5%，年递增15.83%，其中工业产值454万元，增长165.5%，年递增21.57%；农业产值2563万元，增长100.86%，年递增14.97%。粮食产量37247吨，增长30.32%，年递增5.44%。社会商品零售总额669万元，增长223.19%，年递增26.44%。

1958—1962年是国民经济和社会发展的第二个五年计划，也是"大跃进"、人民公社化运动和三年国民经济困难及初步调整时期。1958年下半年全县掀起"大跃进"和人民公社化运动，实行高指标、高征购，挫伤群众的生产积极性，加上自然灾害，农业生产大幅度下降，国民经济遭到严重挫折。1959年全县进入三年困难时期，当年全县粮食总产量仅为27172吨，而粮食征购实际入库13712吨，占当年粮食总产量的51%，农村人均留粮仅138公斤，农民生活困难，普遍发生水肿病。1960年、1961年连续2年减产，商品缺乏，物价上涨，非正常死亡增多。1961年全县粮食总产量20803吨，比1957年减产44%，比1949年还低5.36%；生猪年末存栏数9610头，比1957年减少76.8%，比1949年减少40%。1961年冬，全县贯彻《中共中央关于农村人民公社当前政策问题的紧急指示信》，开始纠正农村工作中"左"的错误，1962年农业生产有所回升，但仍低于1949年水平。这一时期，国民经济经历严重挫折。

1963—1965年，全面贯彻执行国民经济"调整、巩固、充实、提高"的方针，整顿工业企业，分别不同情况，实行关、停、并、转，扭转企业的混乱局面，国民经济得到基本恢复和逐步提高。1965年全县社会总产值4915万元，比1957年增长44.6%，年递增4.72%。工农业总产值3559万元，增长112.16%，年递增10.49%，其中工业产值1073万元，增长136.34%，年递增11.35%；农业产值2486

万元，增长116.55%，年递增10.14%。粮食产量34060吨，下降8.56%。社会商品零售总额1097万元，增长63.98%，年递增6.38%。

1966—1975年是国民经济和社会发展的第三个、第四个五年计划时期，因"文化大革命"的影响，在相当长的一段时间里，工厂处于停产、半停产状态，农业生产放任自流，国民经济发展明显下降。由于广大群众自觉以各种方式抵制"左"的干扰，坚守生产岗位，特别是在1975年邓小平主持中央工作期间，全面整顿经济工作，促进了生产的发展。1975年全县社会总产值9621万元，比1965年增长95.75%，年递增6.95%。工农业总产值7441万元，增长109.08%，年递增7.65%，其中工业产值3863万元，增长260%，年递增13.67%；农业产值3578万元，增长43.93%，年递增3.71%。粮食总产量57527吨，增长68.9%，年递增5.38%。生猪年末存栏数53017头，增长44.91%。社会商品零售总额2238万元，增长104.01%，年递增7.39%。

1976—1980年是国民经济和社会发展的第五个五年计划时期，1976年10月"文化大革命"结束。1978年12月中共十一届三中全会以后，全党工作重点转移到经济建设上来，全县贯彻国民经济"调整、改革、整顿、提高"的方针，农村开展多种经营，放宽对自留地和家庭副业的限制。工业加强经营管理，乡镇工业和村办工业蓬勃发展。商业开放农贸市场，增设商业网点，搞活商品流通。全县经济逐步繁荣，进入迅速发展时期。1980年，全县社会总产值14528万元，比1975年增长51%，年递增8.59%。工农业总产值10761万元，增长44.62%，年递增7.66%；其中工业产值5814万元，增长50.5%，年递增8.52%；农业产值4947万元，增长38.26%，年递增6.7%。粮食总产量76467吨，增长32.9%，年递增5.86%。生猪年末存栏数58742头，增长10.8%。社会商品零售总额4348万元，增长94.28%，年递增14.21%。

1981—1990年是国民经济和社会发展的第六个、第七个五年计划时期。1981年开始，在农村全面推行家庭联产承包责任制，农村经济逐步向专业化、商品化和现代化转变。在农、林、牧、副、渔全面发展的同时，乡镇企业和村及村以下工业迅速发展壮大，成为农村经济的重要支柱。1982 年后，在县城开始由点到面地进行城市经济体制改革，实行政企职责分开，扩大企业的生产和经营自主权，建立和完善各种经济责任制，增强企业活力。全县国民经济全面高涨，呈现繁荣兴旺的好势头。1990 年，全县社会总产值 36433 万元，比 1980 年增长 150.78%，年递增 9.63%。工农业总产值 28883 万元，增长 168.4%，年递增 10.38%，其中工业产值 20110 万元，增长 245.89%，年递增 13.21%；农业产值 8773 万元，增长 77.34%，年递增 5.9%。粮食总产量 87251 吨，增长 14.1%，年递增 1.32%。生猪年末存栏数 78031 头，增长 32.8%。社会商品零售总额 16185 万元，增长 272.24%，年递增 14.05%。

1991—2000 年是国民经济和社会发展的第八个、第九个五年计划时期。这一时期，以 1992 年邓小平同志南方谈话和中共十四大为标志，漳平的改革开放和现代化建设进入新阶段。1991 年，国有零售商业企业推行经济责任制。国有工业企业采取风险抵押租赁制、股份制等多种经济承包形式，扩大竞争招标，建立竞争机制和约束机制。1994 年后，农村继续稳定和完善联产承包责任制，并逐步延伸到山地综合开发、林地经营等领域，推进集体林权制度改革。建立土地使用流转机制，发展土地适度规模经营。工业企业以建立现代企业制度为主线，实施产权制度改革，国有商业实行国有民营改革。

2001—2005 年是国民经济和社会发展的第十个五年计划时期。这一时期漳平进入建设小康社会，加快推进社会主义现代化建设的新阶段。2000 年开始，工业企业全面开展以产权制度和转换职工国有身份为主的“双置换”改革。至 2005 年，全市解除国有企业职工身份 4767 人，支付经济补偿金 4221 万元。商业企业除 1 个门点收回企业自营外，其余均已拍卖、转让或关闭。同时供销合作商业、粮食流通、物资供应、外贸、金融、税务、计划物价等体制也进行改革。在不断深化改革中，国民经济保持持续、快速、健康发展，经济综合实力不断增强。2005 年，全市实现地区生产总值 390553 万元，以 1990 年为基点，年均递增 11.17％，其中第一、第二、第三产业增加值分别为 89627 万元、120847 万元、180079 万元，年均递增分别为 7.81％、13.21％、11.64％。全市农、林、牧、渔业总产值完成 143296 万元，年均递增 8.93％。全市工业总产值完成 273626 万元，年均递增 13.52％。全社会固定资产投资完成 129975 万元，年均递增 31.85％。财政总收入 31929 万元，年均递增 14.8％。全社会消费品零售总额达 130289 万元，年均递增 14.92％。城镇居民人均可支配收入 8328 元，年均递增 13.15％；农民人均纯收入 4189 元，年均递增 12.19％。

2006—2010 年是国民经济和社会发展的第十一个五年计划时期。2006 年始，漳平市坚持“拼命抓项目，狠心造环境”和“闽西当前锋，漳平争上游”工作主题，解放思想，先行先试，抢抓机遇，攻坚克难，开拓创新，全力推进生态工贸城市建设，全面完成“十一五”制定的目标。2010 年，全市地区生产总值 101.6 亿元，实现比 2005 年翻一番目标，年均递增 15％；比“十五”高出 6.2 个百分点，是改革开放以来经济社会发展最好最快时期。全社会固定资产投资 5 年累计 204 亿元，是“十五”的 5.2 倍。财政总收入完成 7.12 亿元，年均递增 17.4％；地方一般预算收入 4.21 亿元，年均递增 21.8％，实现比 2005 年翻一番的规划预期目标。外贸出口总值 1.52 亿美元，年均递增 73.7％。实际利用外资 5 年累计达到 2.1 亿美元，是“十五”的 8.3 倍。社会消费品零售总额达到 29.51 亿元，年均递增 17.4％。经济结构步入加速转型阶段。第一、第二、第三产业结构由 2005 年的 23∶29.9∶47.1 调整为 2010 年的 13.8∶42∶44.2，其中第二产业比重提高 12.1 个百分点，工业化水平步入初期向中期转化阶段。工业内部结构得到优化升级，制造业、非资源型工业比重以及民营工业比重持续提高。工业经济总量不断扩大，2010 年工业总产值实现 96.2 亿元，年均递增 26.6％；规模工业总产值完成 86.18 亿元，年均递增 30％。

2011—2015 年是国民经济和社会发展的第十二个五年计划时

期。“十二五”期间，全市经济总体呈现持续健康发展态势。2015 年全市地区生产总值完成 182.8 亿元，是 2010 年的 1.8 倍，“十二五”年均增长 11.4%；第一、第二、第三产业结构调整为13.9∶43.8∶42.3。财政一般公共预算总收入 10.08 亿元，年均增长 7.2%；地方财政一般预算收入 6.38 亿元，年平均增长 8.7%。全社会固定资产投资 5 年累计 723 亿元，年均增长 22.9%。社会消费品零售总额 52.5 亿元，年均增长 12.2%。城镇居民人均可支配收入 2.69 万元，年均增长 12.8%；农村居民人均可支配收入 1.34 万元，年均增长 13.8%，均高于 GDP 增长水平。

2016—2020 年是国民经济和社会发展的第十三个五年计划时期。“十三五”计划实施以来，漳平市坚持发展是第一要务，以提高发展质量和效益为中心，围绕“铁心抓项目，奋力促发展”工作主题，全力抓项目、稳增长、调结构、促转型，统筹推进经济建设、政治建设、文化建设、社会建设、生态文明建设和党的建设，经济保持稳中求进的增长速度，为决胜全面建成小康社会打下坚实基础。与 2017 年相比，2018 年全市实现地区生产总值 255.74 亿元，增长 7.5%。全年人均地区生产总值 105678 元，增长 7.5%。一般公共预算总收入 13.14 亿元，增长 21.9%；地方一般公共预算收入 8.25 亿元，增长 21.2%。全年农、林、牧、渔业总产值 52.73 亿元，增长 3.5%，其中粮食总产量 57972 吨，基本持平。全市工业增加值 78.98 亿元，增长 9.2%，其中规模以上工业增加值增长 9.4%。社会消费品零售总额 78.91 亿元，增长 11.7%。城镇居民人均可支配收入 34082 元，年均增长 8.2%；农村居民人均可支配收入 17349 元，年均增长 9.1%。

第四节　社会事业

中华人民共和国成立前，漳平科技、教育、卫生、文化等社会事业落后，处于低水平状态。中华人民共和国成立后，历届县（市）委、县(市)政府推进经济建设与社会事业的协调发展，以满足人民群众对美好生活的需要。

据考古发现，在新石器时代，境内的先民已能磨制石锛、石镞从事耕猎，并能烧制印纹硬陶等器皿。宋朝时，已能精制晶莹光洁的影青花瓷，还从越南引种占城早稻，繁育后向江浙推广。明嘉靖年间，驯化禽畜、引种作物已达几百个品种。明清时代，建筑技艺已相当精巧。清末至民国时期，手工造纸、制茶、竹编技术已闻名遐迩，中医技术也具相当水平。中华人民共和国成立后，在向科学进军的号召下，20 世纪 50 年代初先后建立科技管理、研究和普及机构，宣传、普及、推广和应用现代科学知识和技术，取得一定成果。1957 年始，由于“左”的失误，科技成效甚微。1978 年 5 月全国科学大会召开后，各级政府加强对科技工作的领导，促进科技事业的发展。1985 年改革科技体制后，各种协会、学会、研究会相继成立，科技队伍不断扩大。至 1990 年，全县有自然类科技人员 1956 人，分别比 1952 年和 1978 年增加 27.76 倍和 81%。全县获地区以上奖励的科技项目 38 项，其中获国际奖 2 项，获国家级奖 2 项，获国家部级和省政府级奖 9 项，获省厅级和地区行署级奖 25 项。这些奖项中有 34 项是 1978 年后获得的。1991—2005 年，漳平市实施科教兴市战略。15 年间，国家、省、地、市四级财政投放的 321 个项目新产品试制、重大科研和中间试验的三项费用补助资金 1317.7 万元，是 1978—1990 年总和的 10 倍以上。民办研究组织(科技企业)从 1990 年的 1 家发展到 2005 年的 54 家。15 年间，有 287 人次科技人员获省、地科技进步奖，其中科技成果获得地(市)级以上政府颁发的科技进步奖 61 项，是 1990 年以前所有各类获奖项目总数的 1.6 倍。得到国家专利局授权的专利项目 68 项，是 1990 年以前所获授权的 17 倍。1999 年 12 月，国家科学技术部授予漳平“全国科技工作先进市”称号。2005 年 7 月，漳平通过省可持续发展实验区建设评估验收。2006 年 10 月，被国家科学技术部批准为国家可持续发展实验区。2012—2018 年，以助推高新企业成长为重点，培育一批国内、省内同行业创新型领军企业。2014 年，全市有高新技术企业4家，其中国家级1家、省级3家；省创新型企业试点3家，省科技型企业11家。2014年3月，漳平市通过国家可持续发展实验区验收，成为全省继东山县之后第二个通过验收的国家可持续发展实验区。2018年，全市拥有省级科技小巨人领军企业13家，比2017年增加6家；新列入省级高新技术企业4家，列入省级创新型企业2家；获国家授权专利482件，其中发明专利6件、实用新型专利436件、外观设计专利40件。

漳平在北宋时已有少数乡村开办私塾，建县时开办县学，私塾、书院随之渐增。至清时，全县有书院13所，较大乡村办有社学，义学、私塾遍及城乡。清末废科举，兴学堂，新学渐渐替代封建儒学。辛亥革命后，改学堂为学校，文理兼学，科学渐兴。1923年始办初中，1926年始办初级职业学校，幼儿教育开始萌芽。其时教育事业发展缓慢，多数学校时办时停，至中华人民共和国成立前夕，全县仅有初中2所，小学43所，幼儿园1所，共有在校学生（含幼儿）5489人，教职员149人。在全县人口中，初中以上文化程度仅占2.6%，小学程度占21.6%，文盲、半文盲高达75.8%。

中华人民共和国成立初期，为贯彻学校向工农开门的方针，在发展全日制学校的同时，普遍兴办冬学、夜校和民校，掀起扫除文盲热潮，并创办干部、职工业余学校。到1957年，小学校数和在校学生数，分别比1949年秋增长3.26倍和3.3倍，中学在校学生数增长1.95倍。1958年“大跃进”开始后，脱离实际，盲目办学，至1960年新办中小学35所，206个教学班，教师净增297人。1962年，整顿压缩全日制学校38所共410个教学班，裁减教师521人，中小学教师合格率分别由1960年的14%和30%，提高到64.4%和61.36%。“文化大革命”初期，学校停课闹革命。1968年中小学复课后，学校进驻工人宣传队或贫下中农代表，领导和管理学校。至1976年，完全中学由1所增至19所，有59所小学附设有初中班，出现数量剧增，质量剧降的情况。1978年经“拨乱反正”后，各级政府有计划地实施九年义务教育，在增加教育拨款的同时，大力倡导集资办学。1981—1990年，县财政共拨教育经费5250.5万元，为前

30 年总和的 2.92 倍；社会集资 2918.64 万元，占同期财政拨款的 55.59％，新建扩建校舍 5.7 万平方米，被省、地评为集资办学先进县。1985 年经地区验收，少青壮年无盲率达 92.14％，宣布为基本无文盲县。1990 年，全县有普通中学 22 所，在校生 10093 人；职业中学 3 所，在校生 674 人；中专 2 所，在校生 364 人；小学 444 所，在校生 28866 人；幼儿园 115 所，在园幼儿 9578 人。1991—2001 年，实行“市乡分级”办学体制。其间 1991 年、1992 年、1996 年先后通过省义务教育“六项”（教育管理、事业发展、队伍建设、教育经费、校舍设备、德育工作）督导、实验教学普及市和“两基”（基本普及九年义务教育、基本扫除青壮年文盲）国家标准验收。1998 年，漳平被列为全省首批实施素质教育实验县（市），开始全面实施素质教育。2002 年起，实行“以县为主”办学体制，加大市财政投入，促进基础教育的相对均衡发展和高中教育的快速发展。1991—2005 年，全市投入教育的各项资金累计 92229.08 万元。全市生均教育经费，中学生年均 757.31 元，小学生年均 812.74 元，均高于全省平均水平。市内中小学的办学格局和规模随着生源数量的变动而调整。小学实行“联办完小”，完全小学数从 1991 年的 188 所调减为 2005 年的 64 所；新建初级中学 2 所，大部分乡（镇、街道）中学增班扩容，2003 年初中在校生 19458 人，为 15 年最高峰；普通高中在一中、二中基础上，恢复新桥中学、永福中学高中招生，创办漳平六中、实验中学，年招生能力从 500 余人扩大到 3000 余人；职业高中（中专）由 3 所整合为 1 所。2005 年，全市有省优质幼儿园 1 所，省标准幼儿园 3 所；省农村示范小学 10 所，省城镇示范小学 1 所；中学有省一级达标校 1 所，三级达标校 1 所，省重点中等职业学校 1 所。2006—2013 年，教育进入改革、调整、巩固、提高阶段。在办学布局方面，增加幼儿园（班）布点，2008 年被确定为“福建省 0～3 岁儿童早期教育实验区”；科学调整农村小学布局，初中实现每个乡（镇、街道）至少保留初中 1 所，高中实现集中在城区办学；合并漳平卫校和漳平职专，并搬迁到原铁路中学校址。在改善办学条件方面，2007 年底完成全市中小学幼儿园的危房改造工程。在师资队伍建设方面，逐年招聘中小学幼儿园教师。2010 年开始评选漳平市名师、名校长工作。2011 年 5 月，漳平市被确认为“福建省高水平高质量普及九年义务教育县(市、区)”。2014 年以来，探索集团化办学，实施“一校多区”管理改革和城区校点布局调整项目建设，教育事业长足发展。漳平一中、漳平二中、第二实小、城关小学改扩建，漳平三中整体迁建，城北小学幼儿园、城南小学幼儿园、城隍庙幼儿园新建，漳平职业中专建设等一批项目已经落成或实施中；全面实施农村薄弱学校改造和校舍安全长效机制改造项目 36 个；总投资达 20 亿元，学校办学条件得到根本改善，被评为“义务教育发展基本均衡县(市、区)”。2017 年，拥有普通中学 19 所，在校生 1.14 万人；职业中专 1 所，在校生 594 人；小学 42 所，在校生 1.72 万人；幼儿园 39 所，在园幼儿 1.08 万人，其中民办幼儿园 8 所，在园幼儿 2940 人。2018 年，拥有普通中学 19 所，在校生 11693 人；小学 42 所(完小)，在校生 19763 人；幼儿园 39 所，在园幼儿 10749 人；特殊教育 1 所，在校生 108 人。高考应届本科上线 940 人，本科上线率 75.3%，其中本一上线 393 人，上线率 31.5%，比 2017 年增加 4.6%。教育教学质量显著提升。小学基础教育扎实；初中“五率”(初中三年巩固率、中考全科及格率、中考单科及格率、中考得分率、低分率)居龙岩市前列；高考成绩居龙岩市上游水平，恢复高考至 2017 年，漳平学子考取清华、北大 48 人，其中 2016 年、2017 年连续两年均有学子摘取龙岩市理科状元桂冠。

漳平的文化历史悠久，源远流长。历代劳动人民创作大量的文艺作品，如故事、歌谣、谚语等民间文学，山歌、号子、小调等民间音乐，舞龙、舞狮等民间舞艺，竹编、藤编等民间美术。1919 年五四运动后，一些进步人士宣传新思想、新文化，开始在报刊上发表小说、散文、诗歌，翻译出版部分欧美文学作品。抗日战争时期，一批热血青年以戏剧、文学、歌曲、美术等形式，唤起民众投入抗日救亡运动，政府也开始办民众教育馆。抗战胜利后，国民政府忙于内战，文化投入极少。1949 年，全县只有 2 所藏书不上百册、报刊不足 10 份的民众教育馆和 1 家私营小书店。中华人民共和国建立后，人民政府设立文化科(局),开办文化馆站、新华书店、广播站、影剧院、剧团、电影队,创办《漳平报》,设立档案馆、报道组等,各乡(镇)普遍建立文化站、俱乐部、业余剧团、广播室等,群众性文化娱乐活动日趋活跃。1966年"文化大革命"开始后,文化事业遭到破坏,剧团解散,电影多数停映,农村俱乐部被"政治夜校"所取代。1978年开始落实党的文艺方针和政策,文化事业迅速发展。先后增设县电影公司、县档案局、县广播电视局、县电视台、县广播电台、县图书馆、县博物馆、县志编委会、工人文化宫等,录像厅、歌舞厅、卡拉OK厅、游乐场等遍及城乡。1988年创办漳平电视台,次年正式开播,为福建省首家县级电视台,电视综合人口覆盖率居龙岩地区之首。1989年,新桥被国家文化部命名为"中国现代民间绘画之乡"。1992年,漳平市开播全省第一家县级专业经济台——漳平人民广播电台经济台;1994年成立漳平有线电视台;1999年率先在龙岩市实现村村通广播电视;广播、电视综合人口覆盖率分别从1991年的83.8%和87%提高至2005年的98%和98.7%。1991—2005年,漳平先后新建市文化馆、工人文化宫、老年人活动中心等一批文化活动场所设施,先后新建、扩建吾祠、新桥、永福、拱桥、和平5个乡(镇)文化站。至2005年,漳平文艺工作者在全国省、市以上报刊、电视上发表、展播或演出的文艺作品897件,其中获奖作品187件;漳平市委报道组、龙江潮报社(漳平报社)、漳平广播电视台等新闻媒体采编并使用新闻稿13.68万条(篇、幅),其中在中央、省、地级报刊、广播、电视新闻用稿量4.46万条(篇、幅),居龙岩各县(市、区)第一位,获全国、省、地(市)级奖作品280余项次;市档案馆接收档案26162卷(件),照片档案1460张,接待查档人员5348人次,提供查阅档案资料17858卷(件);市图书馆2004年被文化部评为国家二级公共图书馆,2005年藏书72902册;市博物馆2003年被省文化厅评为省三级达标馆,2005年有馆藏文物1067件,内含一级文物1件、二级文物8件,同年11月在东山公园动工建设新馆。地方史志成果丰硕,至2005年,先后编辑出版党史著作6本138万字,出版专刊6本75万字。《漳平县志》(1995年版)正式向国内外发行,获全省地方志优秀成果二等奖。2000 年完成《漳平年鉴(1994—1998)》编修,2001 年和 2002 年分别点校旧志《宁洋县志》和《漳平县志》。2006—2007 年,完成漳平影视文化中心、博物馆搬迁和演艺中心建设。其中,市博物馆搬迁项目包括陈性初纪念馆、知青情缘馆、王景弘史迹馆、红色漳平馆、城市建设馆等,成为市民爱国主义教育基地。2008 年,开展双洋汉剧、西园钟秀汉剧团等非物质文化遗产的保护和申报。2009 年,市博物馆被国家文物局列为国家三级博物馆。2010 年,市图书馆电子阅览室(共享工程中心)建成。2012 年,奇和洞古人类遗址成功入选"2011 年全国十大考古新发现"。2013 年,启动保护修缮文物"长青楼""红军题壁留款信"。2016 年,启动《奇和洞保护规划》,重点实施以奇和洞古人类遗址为中心,由象湖镇境内感化溪流域向外辐射,推动奇和洞国家遗址公园规划项目建设。群众文化活动多姿多彩。依托榉仔洲公园广场开展丰富多彩的群众文化活动,即"小广场,大文化";每年开展水仙茶节、樱花节、荷花节、"三月三畲族风情节"等"一乡一节"活动,丰富村民文化精神生活。此外,漳平以其得天独厚的地理位置,创造"花乡、画乡、茶乡"区域特色文化。民间艺术异彩纷呈,包括汉剧、新桥农民画、书法、舞龙、舞狮、迎竹马和水仙茶制作工艺等。2018 年,全市有影院 1 个,群众艺术馆(文化馆)1 个;公共图书馆 2 个,图书总藏量 12.9 万册;博物馆 1 个,藏品 2467 件;广播综合人口覆盖率 99.3%,电视综合人口覆盖率 95.1%。

在新石器时代,先民已能使用石刀、石砭等治疗一些疾病。封建时代,中医药得到发展,出现一些名医。清末,西医药传入漳平,1913 年漳平城关开设第一家西医诊所。1938 年创办县卫生院,但只能做一些体表小手术,医治呼吸及消化系统常见病。清末和民国时期,鼠疫、天花、霍乱、疟疾等传染病流行,多用草药单方治疗,疗效不高,死亡者众。至 1949 年,全县只有医疗院所 10 家,医护人员 82 人,病床 6 张。中华人民共和国成立后,医药卫生事业得到迅速发展。1953 年设立县卫生院和妇幼保健站,1956 年县卫生院改为县医院,并成立县医药公司。1958 年设县卫生防疫站,各公社均成立保健院，同时建立32个生产大队保健站和154个保健室，初步形成县、社、队三级医疗卫生网。各级医疗机构迅速消灭鼠疫、天花、霍乱等烈性传染病，疟疾、麻风病和丝虫病也于七八十年代初基本消灭。1986年，麻疹疫苗、小儿麻痹糖丸、百白破疫苗和卡介苗覆盖率达87.1%，建卡率达99.7%，成为全省15个达标县之一，获省“计划免疫先进县”称号。1990年1月，接受联合国人口基金会和儿童基金会提供的援助，成为“加强中国基层妇幼卫生、计划生育服务”项目合作县。1990年，全县共有医疗卫生单位393家，卫生技术人员1051人，病床603张，平均每万人有卫生技术人员41人、病床23张，分别为1949年的3.8倍和18倍，全县居民平均期望寿命由1949年的35岁提高到72岁。1991年后，漳平逐步改革公费医疗管理制度，基本医疗保险基金实行社会统筹与个人账户相结合，并推行农村合作医疗制度。1991—2005年，先后建成市医院门诊部、住院部大楼，市疾病预防控制中心大楼，开展农村合作医疗和社区卫生报务试点工作。1998年11月，经省政府验收，漳平被确认为农村初级卫生保健合格市。2005年，全市有市医院和市中医院2家市直属医疗机构、15家乡（镇、街道）卫生院、2家对外接收诊疗厂矿医院、296个村级卫生所（室）；共有卫生技术人员489人、乡村医生303人。2006年以来，深化医药卫生体制改革，人才队伍不断壮大，卫生资源更加优化，医疗水平不断提高，从单一医疗卫生服务走向医疗、预防、保健为一体的全方位健康服务。卫生基础建设得到前所未有的改善，B超、螺旋CT、核磁共振等先进医疗设备得到广泛应用。2007年2月，漳平市启动农村困难家庭医疗救助工作；3月，漳平市第一家民办医院——中山医院开业；12月，福建省人民政府确定漳平市为新型农村合作医疗试点市，共有21.54万人参加2008年度新型农村合作医疗并缴费，参合率96.89%。2015年11月，漳平市医院完成整体搬迁，新院门诊全面启用。2018年12月25日，漳平市总医院正式揭牌成立。市总医院以市医院为主体，由市二院、14所乡镇卫生院、2所社区服务中心组成，最大限度整合域内医疗资源，推进市、乡、村公立医疗机构一体化管理。2018年，全市共有各级医疗卫生机构20个,卫生技术人员1121人,医疗机构床位1303张。

漳平境内生态资源丰富,人文历史悠久,山水风景宜人,是全国著名的“花乡、画乡和茶乡”。旅游业起步较晚,20世纪90年代末兴起,21世纪初期由事业型向产业型转变,“十二五”时期逐步发展,“十三五”时期处于黄金发展阶段。2012年,漳平市被国家农业部、旅游局评为“全国休闲农业与乡村旅游示范市”;2014年,列入全省10个特色乡村旅游试点县(市)之一。2018年,全市拥有国家AAAA级旅游景区九鹏溪景区,AAA级景区象湖红色革命旧址群和漳平“大陆阿里山”,全国休闲农业与乡村旅游示范点永福高山休闲农业旅游区,全国特色景观旅游名村赤水镇香寮村,国家森林公园天台山森林公园,省级历史文化名镇双洋镇;四星级酒店福建兴龙达山水大酒店,三星级酒店九鹏溪景弘山庄、宏都大酒店和富山花园酒店。其中,国家级台湾农民创业园核心区永福镇,着力打造“大陆阿里山”旅游品牌,在高山茶园配套种植中国红、绯寒樱、染井吉野樱、福建山樱等樱花品种。每年春节期间,樱花竞相开放,樱红茶绿,吸引全国各地游客邀约踏春,共赏烂漫樱花,被称为“中国最美樱花圣地”。自2012年以来,连续举办8届中国漳平(永福)樱花节,参观游客达200多万人次。同时,统筹乡村旅游和美丽乡村建设的协同发展,打造南洋北寮休闲农业乡村旅游区、赤水百家姓古村香寮村、溪南上坂生态休闲农庄、溪南东湖古村落、拱桥上界荷园广场、官田岳山茶事、新桥龙津三清、灵地泰安堡等乡村旅游项目,推动乡村休闲旅游业的规模成长、集聚发展、质量提升和结构优化。2018年,全市旅游总收入20.8亿元,比2017年增长20%。

早在明清时代,漳平民间已有传统的武术、舞龙、舞狮、龙舟赛等活动。中华人民共和国成立后,体育设施不断完善,竞技水平有所提高。1977年漳平市成立少体校,向国家、省输送一批优秀运动员。1988年,丁坂龙舟队开始冲出福建,被选送参加全国和国际竞赛,多次夺得金牌和奖杯。1984—1990年,漳平连续7年荣获“国家体育锻炼达标县”称号。1995年以来,漳平体育中心和一批相配套的体育场馆相继建成，体育场地设施建设日臻完善，极大促进了全市体育竞技水平的提高，不断满足群众体育锻炼的需求。至2018年，全市各乡镇行政村（社区居委会）建立体育健身站（点）173个，每个站（点）配有2～3名社会体育指导员；成立体育协会13个，依托各体育协会，每年组织开展各类篮球联赛、足球赛、门球赛、羽毛球文化节等一系列全民健身运动。2018年，组织61名运动员参加福建省运会13个项目比赛，获得金牌11枚、银牌2枚、铜牌7枚。2018—2019年，首次尝试“体育＋旅游”运作模式，在永福樱花茶园成功举办两届中国漳平（永福）乡村国际马拉松（半程）比赛。

第二章　新民主主义革命历程

（1919年5月—1949年9月）

第一节　工农运动的兴起

1917年俄国十月革命的一声炮响，给我们送来了马克思列宁主义。1919年，在龙岩省立九中就读的漳平籍学生邓卧天等人，参加本校师生发起的罢课游行活动，声援五四运动。与此同时，在漳州、厦门等地读书的学生陈文成、陈仁壮等人发起组织漳平籍“旅居漳州、厦门同乡会”。这些青年学生回乡后，在城关、永福等地宣传五四运动的宗旨与精神，成为漳平人民解放思想的启迪者。

漳平是福建省较早开展工农运动和实现第一次国共合作的县份之一。1924—1927年第一次国共合作期间，漳平籍共产党员陈国华、林仲堪、陈天枢、陈尚益、陈福庆等人积极开展工农运动，促成漳平县实现第一次国共合作。

1925年春，中共党员蓝秋帆（化名）奉中共广东地方党组织的指示，赴漳平永福中学宣传中共四大精神，菁华书院成为进步教员进行革命活动的重要地点。1925年10月，永福中学进步教员林仲堪、陈文成发起成立漳平县农民运动委员会，会址设于永福石牌村莲花心祠，俗称“莲花心农民协会”。农民协会成立农民夜校，组织农协会员学文化、学武术、学革命道理，培养一批农运骨干分子。1926年春，漳平县农民运动委员会会员从永福扩展到城关、顶郊、福满、桂林及新安社（今拱桥镇）等地。1926年10月，在永福墩仔头埔正式召开漳平县农民协会成立大会，与会者2000多人，包括赶往永福参会的城关、西园、桂林等地150多名农会代表。同月，漳平县工会、县妇女部相继成立。与此同时，宁洋县工农运动亦方兴未艾。1927年，宁洋县约有15000名有组织的农友，双洋、赤水(原属宁洋县，今属漳平市)的农民运动声势浩大。这些革命群团组织开展"二五"减租，反对苛捐杂税的斗争，在民众中播撒革命火种。正如《罗明关于漳平党史问题的谈话记录》(1986年5月12日)指出："漳平县于1924年受厦门集美学校左派组织的影响，于1925年就已经有了左派活动，陈国华同志当时就是集美学校的左派……由于龙岩工作做得较好，把漳平党的组织也一起开展起来，保留了下来。"可见，漳平早期的共产党员主要是以国民党左派身份出现，并取得领导漳平县国民革命的主动权，陈国华就是这一时期漳平境内共产党员的优秀代表人物。陈国华于1927年1月入党，成为龙岩县总支发展的第一批共产党员。同年冬，任中共龙岩县临时县委委员。1928年8月，英勇就义于漳平城关东山塔脚下。革命群众中流传着《漳平出了个陈国华》这样一首民歌："深坑砍竹好做箩，漳平出个陈国华；领导工农闹革命，推翻地主和军阀；山上羊角开红花，铮铮铁骨陈国华；为咱穷人谋幸福，工农暴动保伊出。"1927年"四一二"反革命政变后，陈国华、陈天枢、陈尚益等一批优秀党员英勇就义，漳平的党员一时无法独立活动，暂归中共龙岩临时县委领导。

第二节　党组织的建立与苏维埃运动的初步探索

漳平是闽西南地区最早发展共产党员和较早建立地方党组织的县份之一。1919年，郑超麟等赴法国勤工俭学，追求马列真理。1922年，郑超麟与周恩来、赵世炎等18位留法学生共同发起成立"旅欧中国少年共产党"。1924年，郑超麟在莫斯科加入中国共产党，成为闽西南地区最早的共产党员之一。1924年9月郑超麟回国后，任中共中央宣传部秘书、中共湖北省委宣传部部长等职，曾参加上海第二、第三次工人武装起义，出席中共四大、五大和八七会议，主持召开福建省第一次党代会；翻译《共产主义 ABC》，与瞿秋白等人负责编辑中央机关刊物《向导》《布尔塞维克》，是我国传播马列主义早期宣传者。

从 1927 年冬至 1929 年 8 月，境内共产党员在上级党组织的领导下，实现了完全抛弃"左派国民党"的旗帜，坚决亮出苏维埃红旗的重大转折。境内共产党员积极贯彻中共八七会议精神，酝酿武装暴动，建立苏维埃政权，形成了漳平在土地革命战争时期苏维埃运动的第一波浪潮。1927 年 10 月，永福农民自卫队在林仲堪、陈仁壮等领导下，猛烈抗击南靖、华安的反动民团。1928 年 1 月，中共福建临时省委派王海萍抵永福传达中共八七会议精神，研究部署建立工农武装及举行暴动事宜。会后，委派陈仁壮在永福南部交界地组建(龙)岩漳(平)龙(龙溪、南靖)赤卫队，成为境内第一支地方农民武装。1928 年 7 月 3 日，中共福建临时省委扩大会议通过《福建现状与目前我们党的任务》，明确指出："闽南的农民受着广东工农革命的影响，而且是我党较有基础的地方，农民的革命情绪非常高涨。近来几个月，如龙岩、永定、漳平……都先后起来与当地豪绅作武装的冲突。"

1928 年 8 月 10 日晚，明月高挂，秋风吹拂。闽西暴动委员会副总指挥邓子恢、中共闽西临时特委领导人郭滴人从龙岩赶到永福，在郎车(今龙车)村头溪坂林游氏宗祠直接领导成立漳平第一个党组织——中共郎车支部，书记游祖辉，组织委员陈世鉴，宣传委员陈春芳，军事委员陈清桂，党员 14 人，隶属中共闽西临时特委的领导。在党支部会议上，郭滴人传达闽西暴动委员会会议的精神和闽西革命形势。邓子恢指出："郎车是闽西革命根据地的铁门闩，需要放一把火，先要建立一个'政治堡垒'——党支部。"郎车党支部会议做出发展党组织，建立农民协会、赤卫队等决议，提出党支部目前的中心任务是：争取群众，准备武装暴动，促成革命高潮的到来。党支部实行严格的保密制度，支部下设若干党小组，小组长由支委担任，支部会开到小组长，各小组长向支部汇报工作，执行支部决议；各小组党员之间保持单线联系，每个党员一般仅认识本小组两位同志，以确保党组织长期坚持隐蔽工作。同月，根据中共闽西临时特委委员郭滴人在永福中甲（今属新罗区）召开的（龙）岩漳（平）两县扩红会议的精神，郎车党支部决定组建郎车赤卫队（漳平第三中队），队长陈世鉴，队员63人，均为农会会员，并奉命参加由闽西暴动委员会领导的闽西红军和各县赤卫队联合进攻龙岩城。至1929年春，在中共闽西临时特委直接领导下，永福相继建立永福总区苏维埃政府与东河区、南河区、北河区等各区苏维埃政府、赤卫队，初步形成漳平第一块红色区域的雏形。5月，永福总区苏组织约3000民众的盛大游行，成为酝酿武装暴动的尝试。至此，漳平的革命斗争开始了基层红色政权建设道路的艰难探索。

第三节　红四军出击闽中

红四军二次入闽、三打龙岩的军事行动，引起南京国民政府的极度恐慌。1929年6月，蒋介石调动闽粤赣国民党军队，对闽西红色根据地和红四军发动大规模的三省“会剿”，总兵力达13个团又多2个营，约2万人，以赣军为主力，以闽粤军为堵截，妄图一举扑灭闽西革命烈火。

7月29日，红四军前委在上杭蛟洋文昌阁召开紧急会议，决定兵分两路：一路由第四纵队留守闽西，与敌周旋；另一路由第一、第二、第三纵队离开闽西，向闽中出击，从外线打破敌三省“会剿”。会议确定陈毅赴上海向中央汇报工作，红四军前委书记暂由朱德代理，毛泽东继续指导闽西地方工作。上杭蛟洋会议后，根据敌情变化，朱德在上杭白砂早康主持召开红四军前委扩大会议，制定分兵游击的具体方案，决定第二、第三纵队和军部挺进宁洋、漳平，第一纵队、第四纵队仍坚守闽西。

8月2日，朱德率红四军军部和第二、第三纵队2000多名将士在龙岩白沙集结，开始出击闽中的重大军事行动。3日，向宁洋县的罗畲、邹家山、罗坑、安坑疾进，当晚宿营赤水。4 日，经员当，夺取宁洋县城(今漳平市双洋镇所在地)，驻营 3 天，开展如下革命活动：没收土豪劣绅的财粮，分给贫苦群众。朱德在太平桥桥头召开群众大会，亲临发表演说，发动劳苦大众闹革命，并将猪肉送给上年纪的老人；张贴布告和标语，宣传红军的宗旨与性质。红四军在太平桥廊亭里的木屏板上张贴《红军第四军司令部布告》，在宁洋县城观音庙内墙上张贴红四军《浪花》创刊号，为我军正式出版的第一份铅印军报；烧毁国民党宁洋县政府衙门，处决 2 名从连城押解而来的土豪劣绅。

8 月 7 日凌晨，红四军沿宁洋溪兵分两路，挥师南下。一路由第二纵队一部佯攻牵制新桥之敌，另一路由朱德率军部和第二、第三纵队主力冒雨疾行，集结于南洋、西园一带村落，主攻漳平县城。8 日上午，朱德亲临前沿阵地，选择有利地形，指挥部队泅水强渡，一举击溃原福建省防军第一混成旅陈国辉辖下陈佩玉、王怀英所部，攻取军事关隘罗溪口。之后，红四军乘胜兵分两路，经西园、和平，至 11 时，首次攻占漳平县城。当日中午，完成牵制新桥之敌的第二纵队一部迟延抵达漳平城关，与朱德率领的红军汇合。15 日，红四军前委部署出击闽中大田县、德化县的军事行动。17 日、19 日分两批离开漳平县城，前后驻扎 12 天。红四军驻扎漳平县城期间，主要开展以下革命工作：号召工农大众打土豪，分田地。朱德在县城“衙内后土”大树下召开群众大会，亲临讲话，在“三合药房”主持召开贫农、手工业工人和农民代表座谈会，进行调查研究；领导成立中共漳平支部、漳平城关苏维埃政府，恢复漳平县工会、县农民协会，郭日辉任支部书记兼工会主席，陈开源任苏维埃政府主席兼农协主席；打击并没收城区 4 名土豪的财产；开展宣传工作，刷贴：“漳平民众赶快暴动起来打土豪分田地”“增加工人工钱”等革命标语；武装城区赤卫队，并发给龙岩赤美山赤卫队 60 余条枪和一批子弹。8 月中旬，红四军战士、赤卫队员和贫苦群众 500 多人在西园钟秀村“彰福堂”召开漳平城防第一赤卫队成立大会。朱德亲临会场，分析革命形势，宣传革命思想。漳平城防第一赤卫队下设钟秀、进庄、基泰 3

个分队，队员70多人，队长苏振源。与此同时，西园的丁坂、进庄、基泰、卓宅等村纷纷成立村苏。16岁“放牛娃”陈开路（原名陈光照，西园前洋坪村人）入伍编入红四军第三纵队三营五连，任勤务员，后逐渐成长为出色的红军指挥员。

8月17日、8月19日，红四军分两批离开漳平县城，分别沿溪南小潭和芦芝圆潭两路进发，溯感化溪奔袭溪南圩。18日，先头部队攻下溪南东湖山的2个民团炮楼，歼灭反动团丁10多人。19日，朱德率红四军前委到达溪南圩，当晚住宿临街店房。20日经象湖的杨美、灶头，吾祠的内林、彭炉、留地洋、厚德等地，进入闽中地境。闽中是福建土著军阀卢兴邦的地盘，拥有十几个团上万人马和兵工厂。21日，红四军从大田县武陵进驻玉田，随即围攻县城3个制高点霞山、白岩山、马路岭的敌阵地。敌卢兴邦部凭借战壕、炮楼、碉堡等工事抵抗，红四军在武器低劣、人困马乏等诸多不利条件下，围攻大田县城失利。当日下午撤离，转移至大田县石牌、屏山一带开展革命活动。24日，大部队转入永春县一都、福鼎等村休整。出击闽中是一次极其艰苦的行动，由于闽中的党组织、群众基础比较薄弱及疫病流行，部队损失300多人、枪100多支。此时敌情发生不利于红四军的变化，前有卢部围困，后有尾随的张贞部张汝匡旅两个团，分别占领漳平县城和溪南圩，形成前围后堵的夹击之势。红四军前委采纳中共闽西特委的建议，决定回师闽西。

8月28日，红四军从永春县一都、福鼎等村出发，急行军进入漳平县象湖的半华、宽田、土坑等村至杨美村夜宿。29日拂晓，以象湖寺庙的和尚和杨美放木排的农民为向导，兵分两路，从溪南的南柄和象湖抄小路包围溪南圩。红四军从溪南圩后面的打鼓岭突袭敌阵，敌军毫无戒备，仍然朦朦胧胧地酣睡在被窝里，以为红四军还远在永春县。红四军占领溪南圩后一路追击，在下林击毙敌团副1名。此战全歼张汝匡旅一个团，毙敌数百人，俘敌200余人，缴获轻重武器数百支（机枪1挺、迫击炮1门）、大批弹药和一些马匹等军用物资，史称溪南突袭战，为红四军入闽的七大战斗之一，其光辉战绩永载史册。

红四军发扬连续作战的精神，星夜奔袭漳平县城。8 月 30 日，向城关外围的东山塔、佛仔隔等处敌阵发起凌厉攻势，第二次攻克漳平县城。此战歼灭张汝匡旅一个团又一个营和一个迫击炮连，击毙敌团长 1 名，俘敌 100 余人，缴获武器装备 600 多件（重机枪 4 挺、迫击炮 6 门）。8 月 31 日，为彻底粉碎敌围追堵截的图谋，红四军兵分两路，在永福文星汇合后，乘胜追击逃往永福的张汝匡旅残敌。9 月 1 日，攻占永福，消灭张汝匡旅残部和永福反动民团的一部分。

9 月 1—5 日红四军驻扎永福期间，朱德分别在永福圩场庵后头、石牌埔、吕坊店等处发表演说，宣传革命道理，激励青壮年参加红军队伍；亲自领导重建永福总区苏维埃政府；详细听取郎车（今龙车）暴动筹备的工作汇报，果断指示立即举行武装暴动，以郎车暴动为先声，揭开漳平工农武装斗争的序幕。

9 月 2 日，在红四军节节胜利的鼓舞下，郎车农民暴动队伍 600 余人，与前来支持的龙岩红军武装排，以及蕉坑、适中赤卫队等 200 余人汇合，攻占郎车国民党乡公所，歼灭地方反动民团，公审枪决土豪恶霸，烧毁田契债约，没收地主豪绅财产分给穷苦群众，一举取得郎车暴动的成功。暴动的胜利，紧密配合了红四军打破敌三省“会剿”的军事行动，打响了漳平人民以革命武装反抗国民党反动派的第一枪，点燃了漳平武装斗争的星星之火，进一步把漳平的工农运动推进到武装创建苏维埃政权的新阶段。

红四军采取一系列果敢的军事行动，赢得“张贞已败，赣军不来，粤军陈维远只得回去”有利的军事局面。9 月 6 日，红四军离开郎车，回师龙岩，痛快淋漓地粉碎敌三省“会剿”。

红四军所到之处，秋毫无犯，至今仍然在漳平群众中传为佳话，如“茶碗底下留银毫”“瓜棚架上挂白银”。红军不拿群众一针一线，买米买菜均按市价公平交易，赢得百姓“红军真好”的交口称赞。1929 年 8 月 20 日，红四军进驻象湖杨美村，在荣福堂左边辅厝的内墙上，竖写一幅“红军题壁留款信”，全文 4 行 30 个字，无标点符号，文为：“老板你不在家你的米我买了廿六斤大洋二元大洋在观泗老板手礼红军”。这幅迄今全国唯一保存最完好的“红军题壁留款信”成为人民军队传承优良传统和行动准则的历史见证。时任第三纵队二支队二十四大队大队长、南京军区原副政委赖毅回忆:“打闽中时,我们第二、第三纵队是从龙岩、漳平出击的……那时,毛主席虽不在部队,但他亲自制定的三大纪律八项注意深入人心。部队一到营地,纪律检查委员会就到各驻地先察看房子里有什么东西,登记起来,部队出发前,又来检查有没有少掉什么东西。我们吃了群众的米就留下条子和钱。记得在溪南时,我就住在小店里的柜台上,柜台上放有糖果和香烟,就把糖果和香烟包起来放好,出发前又把糖果和香烟放回原处。同时把房子打扫得很干净,连每个角落都打扫得干干净净。”至今,在中国革命博物馆、古田会议纪念馆等国家级展馆里,仍陈列着红四军入漳时期的不少珍贵文物,如“红军第四军司令部布告”“红军士兵会石柱标语”“红四军《浪花》创刊号”“红军第四军司令部政治部布告”等文物,成为漳平人民革命斗争的有力佐证。

朱德率红四军军部和第二、第三纵队出击闽中,进军漳平、宁洋,到奉命回师龙岩,前后 37 天,行程 1000 多里,历经连城、龙岩、宁洋、漳平、大田、永春等县的广大城乡区域。其中,在今漳平市境内革命活动 28 天,足迹遍及今漳平市 13 个乡(镇、街道)、100 余个村庄,谱写了闽西革命史的光辉篇章,丰富了我党我军开辟工农武装割据的革命实践活动,拓展了福建中央苏区范围,为此后召开的古田会议提供了建党建军的新鲜经验。

第四节　红色苏区的创建与形成

中共福建省委高度重视漳平土地革命斗争的开展,以正式文件形式,反复指示中共闽西特委应尽可能地加大漳平、宁洋的工作力度,并从战略高度指出向这一带区域发展的重要意义。即不仅可以巩固现有的红色区域,还可以向闽南、闽北发展,而且可以和漳州联结起来。仅1929年8月至1930年5月，朱德、罗荣桓、伍中豪、邓子恢、郭滴人、郭化若、赖毅、邓毅刚等党政军重要领导人都曾具体指导过创建漳平苏区地方党政军的建设。正因为如此，以龙岩、永定、长汀为中心的闽西红色区域呈波浪式地迅速扩展到漳平。

1929—1930年，在上级和地方党组织的领导下，漳平的农民武装暴动声势浩大、持续不断，新建或重建区、乡、村各级苏维埃政府，红色区域迅猛扩大。与此同时，根据毛泽东关于"革命战争是群众的战争，只有动员群众才能进行战争"的指示，地方革命武装蓬勃发展，成为保卫和拓展漳平红色区域的中坚力量，走出一条由村赤卫队、区乡赤卫中队、县赤卫大队发展到地方红军，并随时编入中央红军的道路。

1930年1月，为打破国民党第二次三省"会剿"，漳平成立中共南福区委，书记游祖桂(1932年12月为陈廷良)，副书记陈朝攀，隶属龙岩县委。2月，永福大岭下农民举行武装暴动，建立岭下区苏维埃政府和赤卫队。随即，大岭下赤卫队与适中区(今属新罗区)赤卫队200多人，联合攻打南靖县月水、下窟盂的地主土豪，打击反动民团。2—3月，在大岭下农民暴动的带动下，大岭下附近的四旺、坪仑、元沙、内佳山、古溪等村农民纷纷暴动，建立村苏和赤卫队。红九军辖部龙岩红一团团长邓毅刚率领龙岩红一团、永定红三团及地方武装3000余人，向盘踞在永福圩的安溪反动民团萧继武部发起总攻。永福总区苏、永福总暴动指挥部组织南河区、东河区、北河区等区的赤卫队，在约定的时间，高唱暴动歌，手执劈刀长矛，从四面八方向永福圩突进。红九军和赤卫队共消灭反动民团300余人，缴枪300多杆，公审处决安溪反动民团首领萧继武，史称"永福总暴动"。永福总暴动是漳平在土地革命战争时期规模最宏大、影响最广泛的一次农民暴动，总暴动的巨大胜利，不仅稳固了永福总区苏与东河区、南河区、北河区、郎车(今龙车)区等区苏的上下隶属关系，而且将永福总区苏的辖域拓展到新安社的上堺、下堺、内山及官田的梅营、官东、下浙等村庄，鼎盛时总面积达1000余平方千米，相当于县级苏维埃政府，成为当时漳平境内面积最大的一块红色区域，是闽西苏维埃政府的直辖特区。1930 年春，漳平县独立游击大队改编为（龙）岩南（靖）漳（平）游击队，队员 164 人，队长陈金富。3 月，红九军辖部龙岩红一团团长邓毅刚领导成立永福赤卫队总部，相当于县级游击大队，队员达 1600 余人，总部设在永福石洪村，成为漳平人数最多、战斗力最强的一支革命武装。1930 年夏，为适应扩红的需要，中共闽西特委命令岩南漳游击队 164 名队员及永福赤卫队总部 1000 余名队员，整编为红十二军第二团（后称为漳平红二团），团长邓克明，政委陈正。截至 1930 年 8 月，漳平曾成立城防第一赤卫队，县游击独立大队，永福赤卫队总部、红十二军第二团等县级和县级以下各级工农武装 60 余支，暴动队员及赤卫队员达 2500 人，参加地方红军和中央红军 1500 余人，绝大部分光荣牺牲，成为无名英雄。

1930 年春，新安社（今拱桥镇）广大农民群众以暴动为契机，普遍建立工农政权，革命景象生机勃勃。1930 年 2 月，新安社内山乡（今拱桥镇罗山村）农民暴动，成立内山乡苏维埃政府，实行减租减息，没收地主豪绅财产等政策。同时成立漳平福里区新安社内山乡赤卫队，队员 60 余人，队长黄国川（黄永豪）。此时，新安社的上堺、下堺、高山等村均活跃着农民赤卫队。内山乡赤卫队进行军政训练，勇猛作战，缴获国民党黄耿辉部反动民团枪支 20 多杆。3 月，高山、隔顶、岩高、上堺成立乡级苏维埃政权。至此，新安社已建立 5 个乡苏，20 余个自然村建立村苏或赤卫队，赤卫队员达 200 人。其中，内山、上堺的乡苏与永福总区苏辖下的北河区建立上下隶属关系。上堺乡苏还开办夜校，宣传革命道理，提倡男女平等。新安社人民的武装斗争得到了闽西工农红军的有力支持。3 月，红九军辖部龙岩红一团团长邓毅刚率部从永福进驻新安社的内山、岩高、高山等地，打击反动民团。4 月，高山、隔顶等地 50 余名赤卫队员编入红十二军，转战闽西、粤东、赣南等地。仅高山村就有 25 名赤卫队员参加红十二军，其中 18 名为捍卫红色政权壮烈牺牲，高山村由此赢得“红高山”的美誉。

1930 年 1—4 月，在永福总区苏辖下东河区苏的具体领导下，官田的梅营、官东、坪山、豪山、黄坪、梧村、下浙、黄土乾、和坑等地都建立乡、村级苏维埃政权或农会，并成立梅营、官东、黄坪 3 支赤卫队，分别由陈天灵、陈进发、陈进峰任队长。其中官东、梅营赤卫队屡次与漳平交界的华安县反动民团发生战斗。同年 4 月，根据龙岩白沙区苏维埃政府指示，南洋北寮村赤卫队队长张财广从白沙区（今属新罗区）苏维埃政府，领回 100 余个红袖章，将南洋的北寮、梧溪、红林 3 村的赤卫队合编为漳平县北寮赤卫中队，下设 3 个分队 6 个班，队员 100 多人，张财广任队长，隶属龙岩白沙区赤卫大队领导。6 月，漳平县北寮赤卫中队在梧溪村溪东坂与当地反动民团展开遭遇战。赤卫队员首战得胜，缴获 10 多支步枪，俘团丁 10 余名。同月，北寮赤卫中队在梧溪伏击南洋村反动民团，缴枪 7 支及数百发子弹。而后，北寮赤卫中队攻打南洋营仑村反动民团，缴枪 10 多支。7 月，为加强客寮三村（北寮、梧溪、红林）武装斗争的统一领导，白沙区苏维埃政府派中共党员陈庆云领导客寮三村成立北寮乡苏维埃政府，辖域范围包括北寮、梧溪、红林。100 多名赤卫队员集中梧溪，进行为期一个月的军政训练。乡苏维埃政府、赤卫中队没收土豪的粮食财产，并在梧溪召集群众大会，公审枪毙当地反动民团团长。穷乡僻壤的客寮三村人民冲破与世隔绝的状态，激荡着土地革命的风暴。

随着红色区域的逐步扩大，漳平普遍进行自下而上的政权建设运动。绝大部分区、乡都召开工农兵代表大会，民主选举区、乡苏维埃政府主席、副主席和政府执行委员会委员。大部分区、乡苏维埃政府机构健全，内设财产没收、土地分配、宣传等委员会或小组，行使行政、财政等权力，确保各项革命工作的有序开展。1930 年 3 月 18 日，闽西第一次工农兵代表大会召开。漳平根据闽西苏维埃政府筹备处颁发的《闽西工农兵代表会（苏维埃）代表选举条例》的规定，民主选举 3 名代表参加大会。4 月，闽西苏维埃政府指示漳平县永福选举县级代表，于 4 月 30 日以前，到驻龙岩县城的闽西苏维埃政府集中，参加闽西出席全国苏维埃代表大会代表的终选。至 1930 年 4 月底，漳平境城内先后建立 1 个总区苏，8 个区苏，60 余个乡、村苏维埃政权，并统一在闽西苏维埃政府的领导下。党的红旗插遍大半个漳平，70%的地区成为红色区域，红色区域人口达4万人(当时漳平全县人口7万余人，含现划归漳平管辖的原宁洋县境内1万余人)，占当时总人口的65%左右。

1930年5月，闽西苏维埃政府在向全国苏代会呈送的《闽西出席全国苏代会代表的报告》中，明确记载龙岩、永定、长汀、上杭、漳平、连城、武平都是赤色区域。这是闽西苏维埃政府对漳平革命根据地的首次认定，也是漳平人民在土地革命中浴血奋战的重大成果，标志着漳平革命根据地的正式形成。

1930年7月8—21日，中共闽西特委第二次代表大会在龙岩县城召开，漳平选派3名代表出席大会。《闽西特委工作报告》充分总结在蒋冯战争爆发后，占领龙岩、永定二城和相继打下永福、漳平、金丰、四都等地，闽西局面大开展的革命形势；指出闽西苏区包括龙岩、长汀、永定、漳平、宁洋等12个县。可见，漳平革命根据地的巩固和发展，已成为中央苏区范围及闽西工农武装割据不可缺少的重要组成部分。

第五节　历经反“围剿”战争

漳平革命根据地的形成和发展，不仅动摇了国民党在闽西东南部的反动统治，而且引起闽中、闽南邻近诸县反动势力的极度恐慌。1930—1934年，国民党军队对漳平苏区发动军事“围剿”。漳平地方各级党组织坚持分散游击，深化分田运动，开展拥军支前，积极支援中央革命根据地的反“围剿”战争，扮演着“前哨尖兵”的光荣角色。

1930年7月，闽南悍匪詹方珍部侵占永福，威胁龙岩。红二十一军军长胡少海奉闽西苏维埃政府的命令，率红二十一军及地方工农武装2000多人，分两路夹击詹方珍部。7月底，经过连续一个星期的苦战，扫清了永福圩外围的敌据点，詹部退守永福天主教堂和溪边炮楼两个孤立据点负隅顽抗，战斗异常惨烈。8 月 5 日，胡少海为了减少伤亡，亲临永福圩十字街口前沿阵地观察敌情，不幸腹部中弹，壮烈牺牲，年仅 32 岁，成为红军第一位牺牲在闽西红土地的高级将领。

面对国民党反动势力的疯狂反扑，中共闽西特委决定集中力量，建立健全漳平党组织。1930 年 8 月，奉中共闽西特委指示，成立中共漳平特区委，下辖 3 个支部。11 月底，中共闽西特委指示永定、龙岩县委加强与漳平特区委及永福党组织的工作联系，做好反“围剿”斗争准备，巩固和捍卫漳平现有的红色区域。

在 1930 年 12 月至 1931 年 9 月中央革命根据地三次反“围剿”战争中，漳平党组织根据闽西特委的指示，一方面继续深化分田运动，巩固胜利果实。另一方面健全地方党组织，武装抗击国民党反动军队。永福郎车区苏根据中共闽西一大《关于土地问题的决议案》精神，切合实际地采取以下分田措施：废除封建土地所有制，没收地主豪绅的田地归苏维埃政府所有并统一分配；采取“抽多补少”“抽肥补瘦”等方法适当调整自耕农田地；以村为单位，不分男女老幼，按人口均分；落实全乡土地总亩数，妥善调整各村相互交错的“插花地”；按产量将田地分成等级，逐片逐丘算出“田头担”。分田结果经群众大会通过并张榜公布，并由乡土地委员会发给“耕田证”，使大多数贫雇农实现“耕者有其田”。郎车区苏的分田最为成功，1800 多贫雇农分得土地，其典型经验在境内其他区、乡苏得到普遍推广，为支持反“围剿”奠定坚实的物质基础。

1931 年春，永福恢复南福区苏维埃政府，主席陈朝攀，并组建南福区游击队，队员 30 多人，队长游祖贵。正当苏区地方党政军逐渐恢复元气之时，由于受党内“左”倾肃反工作扩大化的影响，1931 年 4—7 月，漳平各区成立肃反委员会，错误地认为：凡本地区参加红十二军的战士已被定为“社会民主党”即“社党”分子的，本地区的地方党政军组织内部一定也有“社党”组织，正随时内应敌人向苏区全面进攻，应当予以无情打击。参加红十二军的漳平籍红军干部、战士因“社党”问题被错杀 20 余人，后方家属因此也受株连。这场肃反运动，造成苏区党政军干部严重损失，导致军事上不断失利和红色区域日益缩小。仅郎车区苏的红色区域就由原来的 19 个自然村，锐减到 4 个自然村。

1931 年 7 月，蒋介石对中央苏区发动第三次“围剿”，国民党张贞部萨镇冰旅大举进犯漳平苏区，革命形势面临严峻考验。为加强各乡村武装力量的领导，漳平游击队办事处在岭下村四旺下路坂成立，主任陈朝攀、政治委员游祖贵。7 月中旬，漳平游击队、南福区游击队在火德坑伏击萨镇冰旅一部。游击队凭借险要地形，巧妙利用滚木、滚石袭击敌人，歼敌 30 多人，缴枪 30 余杆、子弹 2000 余发。火德坑伏击战的胜利，极大地增强了漳平苏区军民对敌武装斗争的信心。各地赤卫队、游击队重新活跃起来，分散游击，组成 3～5 人的游击小组，灵活机动地袭扰敌人，迫使萨镇冰部无法大规模进犯闽西苏区腹地。同时，在三次反“围剿”战争中，漳平籍红军战士在江西省宜黄、瑞金，永定县虎岗、坎市、下洋，上杭县丰稔、蛟洋等地浴血奋战，仅红十二军就有 30 余名漳平籍红军战士英勇捐躯。

1932 年春，南洋李全为、麻清等当地反动民团纠集合国民党正规军，对北寮、梧溪、红林红色苏区进行残酷“围剿”，见人就抓，见物就抢，客寮三村笼罩在白色恐怖中。北寮乡苏维埃政府组织赤卫中队反击，掩护群众转移。但由于敌强我弱，革命力量损失较大，客寮三村的革命斗争被迫暂时转入隐蔽斗争。

1932 年 4 月，历经三次反“围剿”的漳平苏区革命形势出现新转机。4 月 13 日，毛泽东、聂荣臻、罗荣桓等指挥红军东路军 2 万余人从龙岩出发，南下挺进漳州。漳平苏区党组织和苏维埃政府根据福建省苏维埃政府《为打破广东军阀进攻和消灭张贞宣言》的指示，紧急动员，掀起拥军支前热潮。中共南福区委在中共闽西特委特派员的具体指导下，开展各项支前工作。游击队、赤卫队抽调精干队员参加东征先遣工作团，侦察敌情，送信带路；在郎车、吕坊、西山、元沙、岭下等东路军进军途经的地方，设立联络点或供应站；发动沿途百姓筹备大批粮食、蔬菜、猪肉、草鞋等军需物品慰劳红军；组织 1000 余人参加运输队、担架队，紧随东路军征战漳州。4 月 20 日，东路军攻克漳州城。中央红军东征漳州的胜利，直接推动了漳平苏区的巩固与发展。进剿漳平境域的国民党军萨镇冰旅慑于红军东路军的强大攻势，仓促逃往华安县。此时，漳平革命局势大有起色，红色区域基本恢复，地方党政军组织乘势开展巩固苏区各项工作。4月中旬，漳平第一支“红色娘子军”——南福区妇女游击队在永福元沙村万善庵成立，队长张瑞娘，指导员林金銮。30余名女游击队员参加东征漳州支前队伍，表现勇敢，成为漳平坚持反“围剿”武装斗争的一支生力军。区、乡、村苏维埃政府发动群众，重建家园，保证生产，最大限度地减少国民党三次军事“围剿”所造成的物资损失。永福各区苏发动农民自愿组成耕田互助组，帮助红军、游击队家属犁田施肥，修缮房屋，并大种地瓜、南瓜等粮食。游击队、赤卫队一手拿枪，一手拿锄，大搞生产自救，为第四次反“围剿”提供较为充实的物资保障。

1932年6月，国民党对中央苏区发动第四次“围剿”。7—9月，国民党第十九路军一部进占漳平县城，国民党张贞部萨镇冰旅一部重占永福，漳平苏区又一次面临严峻的军事形势。面对敌人的重兵推进，南福区游击队分成2个游击分队，采取突袭战术，牵制打击敌人。第一游击分队捣毁永福的鳌头、西山、后盂等地敌炮楼4座，缴获土豪恶霸粮食2万余斤。第二游击分队拔掉龙岩的铁寮、石埠岭等地炮楼2座，迫使萨部龟缩永福圩据点，不敢轻举妄动。1933年春，魏金水在郎车主持召开中共南福区委会议，加强（龙）岩南（靖）漳（平）边境游击武装割据的领导。5月，南福区游击队扩大到130多人。南福区委在南靖县的坂场，漳平永福的福里、西山、石洪、洪坑、元沙、岭下，官田的官东、梅营，新安社的内山、上堺等地建立了一条地下交通线，沿线组织地下交通站（点）和游击小组，灵活机智地袭击敌人，使沿线50余个自然村的革命斗争紧密联系，相互呼应，共同牵制敌人，开辟了闽西东南边缘革命根据地的新局面。

1934年春，在中央主力红军第五次反“围剿”的关键时刻，周恩来、朱德、王稼祥、刘伯承等中革军委领导在瑞金叶坪召开军事会议。会议决定正式成立中国工农红军独立第八团、第九团（简称红八团、红九团),挺进中央苏区东线,开展游击战争,直属中革军委领导。红八团的具体任务是挺进到漳(州)龙(岩)公路两侧,破坏敌交通运输。红九团挺进到(龙)岩连(城)宁(洋)地区,破坏漳(平)宁(洋)敌人的筑路计划,并与红八团相互呼应,相机向闽南发展,共同牵制东线敌军向中央苏区核心地域的进犯。

1934 年 6 月,为了扫除漳龙公路两侧的反动地主武装,红八团迂回到公路东侧的广大地区,深入漳平的新安社及永福的郎车、岭下村四旺等一带老苏区村落,恢复党组织,建立游击队,稳固立足点。为了瓦解新安社土匪,红八团开展绿林兄弟的宣传工作,促使部分被迫为匪的贫苦农民解械归耕。嗣后,红八团团长邱金声带领一些战士化装成敌"八十三师巡逻队",奇袭永福敌税收站,引诱歼敌一个连,消灭永福反动民团。敌八十三师误以为红军大部队所为,派 1 个旅追到永福。当敌人调集重兵扑向永福之时,红八团又转移至漳龙公路沿线,破坏公路、桥梁,击毁敌军车辆,迫使敌疲于应付,派重兵把守。从 6—10 月,红八团基本上完成中革军委交给的破坏漳龙线交通的军事任务,不仅拖住了敌八十三师,而且在中央红军长征之前,在漳龙公路两侧建立包括龙岩、漳平、南靖三县,纵横二三百里的岩南漳游击区。

与此同时,红九团向漳平、宁洋出击。1934 年 3 月 26 日,红九团夜袭宁洋县城(今漳平市双洋镇所在地),歼灭宁洋县保安团 700 余人,缴枪 400 余杆、子弹 4 万余发、食盐 4000 多斤、洋油 20 余箱和大量布匹,没收国民党宁洋县政府银行 5000 余块银元。宁洋工农劳苦群众主动帮助红军,将军需物资运送到中央苏区,支援反"围剿"斗争。4 月 3 日,福建军区政治部《战线》报刊登了三则红九团攻打宁洋县城的胜利消息:《红军一部夜袭宁洋》《夜袭的胜利》《赶快挑胜利品去》。1934 年 5 月 9 日,已接替红七军团防务永安的红九团遵照中革军委的命令,主动撤离永安。根据当时形势,团部决定深入龙岩、连城、宁洋、漳平 4 县交界边区,建立游击根据地。7 月,团长吴胜率部设伏于漳平、宁洋边界的邹家山(今属新罗区白沙)。红九团先以小股部队诱敌深入,主力则集中在邹家山,设下埋伏圈。

经过一天激战，击溃福建省保安十二团。随后，红九团横扫岩连宁漳4县交界处的各村反动地主武装，为立足岩连宁漳边区扫清障碍。8月，为完成破坏漳宁公路的筑路计划，团部派二营（代号“维营”）和机枪连挺进宁洋县中村（今漳平市双洋镇中村），成立村苏维埃政府和村游击队，开展“按口插标，定户分田”运动。二营以中村为前进基地，向龙岩白沙出击，破坏白沙到漳平、宁洋和龙岩沿线的公路交通。驻宁洋县城省保安十二团绕道偷袭中村，二营察觉后，营长郑树昌立即指挥部队和30多名中村游击队在坑仔口设伏，分成左右两翼拦截。经过数小时激战，击溃省保安十二团，俘虏包括团副及其以下官兵70多人，缴枪70多支。同月，红九团在宁洋县苏一田发动成立岩连宁特区革命委员会（苏维埃政府）。这一时期，红九团多次在漳平的灵地、新桥活动，主要从新桥这些地方解决部队经费、给养等问题。10月下旬，红九团突袭漳平新桥，歼灭当地及漳平团匪一个中队，俘敌40余人，缴枪50余支及一大批盐、布。驻漳平城关及宁洋县城的国民党军队同红九团屡次交锋均被击败后，一时不敢轻举妄动。11月，红九团在苏一田成立岩连宁边区县革命委员会，方方任主席。至此，红九团不仅成功地破坏了漳宁线敌人的筑路计划，而且在岩连宁建立了纵横300余里，有四五万人口的游击根据地。

在漳平党组织和游击队的配合下，红八团、红九团采取灵活机智的游击战术，在漳平、宁洋境内与敌激战，阻击国民党军队，分别扼守或控制从福建东边通往中央苏区的交通要道，漳平苏区实际上成为中央苏区第五次反“围剿”的前沿阵地之一。红八团、红九团不仅出色地完成中革军委的任务，而且开辟大片游击根据地，客观上有力地配合了中央主力红军的战略大转移，并为日后支持闽西南三年游击战争夯实了坚固的基础。

第六节　坚持岩南漳和岩连宁的三年游击战争

1934 年 10 月中央主力红军长征后，漳平红土地的革命烽火从未熄灭。1935 年 4 月，为坚持闽西南三年游击战争，张鼎丞、邓子恢、谭震林领导的闽西南军政委员会，决定把闽西南红军游击队划分为四个作战分区。其中，红九团第二营和胡光独立营组成第一作战分区，游击范围：龙岩、连城、宁洋三县地区；红八团和龙岩、漳平两地的游击队成立第三作战分区，游击范围：龙岩、南靖、漳平三县。由此，全面展开了岩南漳和岩连宁地区的反"清剿"游击战争。两块游击根据地的重心均在今漳平境内，分别以永福、双洋（原属宁洋县，今属漳平市）为中心，南北遥相呼应，同数十倍于我的国民党军和地方反动团匪展开殊死搏斗，有效地粉碎敌五期"清剿"，漳平名副其实地成为坚持闽西南三年游击战争的中心游击区域之一。

1934 年底，32 名中村游击队员分成 3 个班，整编加入红九团，随团转战于龙岩白沙以及赤水的安坑、麻畲头及南洋的客寮三村（北寮、梧溪、红林）等地。由于客寮三村与中村一样，绝大部分是客家人，又是邻近村庄，因此二营营长郑树昌经常派出部队在客寮三村开展游击战。北寮赤卫中队队长张财广重新组织赤卫队，紧密配合二营，客寮三村由此成为红九团坚持岩连宁游击区可靠的根据地。

1935 年 2 月，红八团 6 个连 700 多人，连同龙岩游击大队和岩南漳游击支队等地方游击队共约 1000 人，集中到永福郎车进行第一次整训。据《伍洪祥回忆录》载："郎车地处漳平、龙岩、南靖三县的边界，群众基础好，是 1929 年举行过武装暴动的老苏区，……地理位置十分重要。我们在这里建立了岩南漳特区游击根据地，建立了党的特区委员会开展工作，特区的中心是郎车。这个特区是县一级的建制，我们红八团派了一批干部到这个特区工作……所以选定在郎车整训，比较稳定，也比较安全。"同月，在永福宝山成立中共永福宝贤支部。红八团在永福岭下村四旺组织成立南(靖)漳(平)边区军政委员会,红八团政治部主任魏金水兼任主席,副主席陈朝攀。经过一个多月的整训,大大提高部队思想政治素质和游击作战素质,为粉碎敌第一期“清剿”做了充分准备。3月正当第一次郎车整训尚未结束时,国民党李默庵部第十师两个团进攻永福。红八团、龙岩游击大队、岩南漳游击支队1000余人设伏于郎车附近的铁鸡岭,依托有利地形,在歼敌100余人后,主动撤出战斗。

1935年4—6月,国民党军对闽西红军游击队发动第一期“清剿”。反“清剿”刚开始时,红八团采取集中行动,向龙岩东边与漳平边界地区的永福、新安社游击,面临被敌包围遭受重大损失的危险。团部采纳政治部主任伍洪祥提出的分兵游击的意见,由政委邱织云、参谋长王胜率团部及一连、三连、五连转战岩南漳边界地区,伍洪祥率二连、四连掩护团部向龙岩方向突击,终于摆脱“追剿”重围,逐渐掌握分兵游击战争的主动权。

1935年6月,为加强游击战争中的领导力量,邓子恢深入岩南漳地区检查工作,在郎车主持成立中共岩南漳县委,书记魏金水。县委曾经发展10个区委,其中东河区、南河区、北河区、南福区、岭下区在漳平境域内。党组织的整顿和恢复,促成了以永福为中心的岩南漳游击区域的扩展。这一时期,闽西南第一作战分区委派吴潮芳、芦毅、林如成进驻赤水石寮村,具体负责双洋、赤水(原属宁洋县,今属漳平市)一带的反“清剿”斗争,石寮、安坑、罗坑、黄山、中村等地成为红九团稳固的游击据点。

1935年7月,红八团、龙岩县独立营(原游击大队)3个中队、岩南漳游击支队以及不少区委书记、区长等地方干部共约1000人,集中于郎车进行第二次整训。邱织云政委作动员报告,邱金声团长总结第一期反“围剿”的经验教训,决定采取更加灵活的战略战术,进行分散性的、群众性的游击战争。同年秋,闽西南军政委员会领导人张鼎丞、邓子恢、谭震林抵永福新坑村小村,主持成立中华苏维埃共和国岩南漳县军政委员会,主席魏金水、副主席陈朝攀,下辖区委员会,隶属闽西南军政委员会。该军政委员会取代原来的岩南漳边区军政委员会，一直坚持到抗战胜利。

1935 年 8 月，更加残酷的第二期反“清剿”斗争开始了。9 月，敌第十师一个旅向郎车进攻，发现红八团已离开根据地向华安方向游击，立即出动第五十六团追剿。红八团转移至漳平境域内的官田梅营村时，与尾追而来的敌人发生激战。战斗开始后，政委邱织云为掩护部队安全撤离，不幸壮烈牺牲。邱金声和代理政委职务的伍洪祥率部摆脱敌追击以后，决定按郎车整训时的原定部署，将全团 5 个连化整分零，分散在岩南漳边区及漳龙公路两侧的广大山区，积极灵活地开展反“清剿”斗争。11 月，赤水的黄山、安坑、石寮、麻畲头等分队 80 多名游击队员归属岩连宁游击大队统一指挥，与驻扎宁洋县城的省保安十二团及“红带会”等地方反动武装周旋，斗争异常激烈。

1936 年春节前后，红三支队（红八团）、龙岩独立营、岩南漳游击支队等第三分区的武装第三次集结于永福的郎车、村头、四旺一带整训。主要传达贯彻闽西南军政委员会第二次会议精神，总结第二期反“清剿”经验，进行思想政治动员，重新确定部队的番号，做好迎击国民党第三期“清剿”的一切准备工作。整训期间，应永福群众要求，红三支队和岩南漳游击支队派出小股武装，化装成乡村游击组到永福圩抓土豪、打哨所，引诱保安团和永福民团进入伏击圈。1936 年 2 月在永福附近的新楼过坑设伏，歼敌 100 多人，俘敌 60 余人，缴获步枪 100 余支、机枪 1 挺。但红军游击队也伤亡 10 多人，红三支队三连指导员赖井荣光荣牺牲。

第三次郎车整训后不久，敌第三期“清剿”开始了。1936 年 2 月中旬，岩南漳县委在永福新坑村小村召开扩大会议，讨论中共中央关于建立“抗日反蒋”民族统一战线的方针。16 日发布《中华苏维埃共和国岩南漳县军政委员会布告》，明确提出当前的中心任务是：“本军政委员会决定与白军民团、各党派、各团体以及群众组织联合讨蒋的策略……扩大岩南漳对日直接作战的武装斗争，创造对日作战根据地——苏维埃区域。”同月，岩南漳县军政委员会将岩南漳游击支队改编为中国工农红军岩南漳抗日讨蒋支队，下辖四个大队，支队长陈朝攀、政委陈德清，所属的各大队队长、指导员到队员绝大多数为漳平籍。岩南漳县委和县军政委员会坚决执行联合抗日反蒋的统一战线策略，感化争取了在岩南漳地区各地占山为王、独霸一方的多股绿林武装，使之归顺红色游击队，变消极因素为有利条件。5月，红三支队巧布疑阵，歼灭永福民团一个排。6月，为声援西南事变，红三支队和岩南漳抗日讨蒋支队在永福朝天岭伏击，歼灭国民党调往广西镇压抗日讨蒋力量的敌八十师一部100余人。国民党军和地方反动民团在岩南漳地区连续受到打击后，不敢再贸然进山"清剿"，龟缩到碉堡中。显然，国民党的第三期"清剿"已成强弩之末。闽西南军政委员会抓住这一有利时机，直接领导漳平境域内的红色游击区开展三项主要革命工作。一是6月下旬，邓子恢深入永福新坑村小村，指导郎车、四旺、玉宝等地的分粮、分田运动；二是7月2日，岩南漳县军政委发布《告龙岩漳平群众书》，号召广大群众"暴动起来，组织分粮队，捕捉豪绅地主……拥护抗日讨蒋及救国救民的工农红军"；三是8月10日，在永福新坑村小村召开闽西南军政委扩大会议。邓子恢代表岩南漳县委作《六、七两月工作的检查与今后五十天工作的决定》的报告，部署漳平境域内的东河区、南河区、北河区、南福区、岭下区5个区的扩红、发展党团员、筹措经费和破仓分谷等9项具体任务，以促成"实现土地革命，恢复与创建苏维埃"的革命形势。

1936年9月，平息西南事变后的国民党军全面展开第四期"清剿"，敌粤军一五七师九三八团增调进剿漳平。同月底，邓子恢、魏金水在永福宝山召开岩南漳县委和县军政委员会常务会议，决定武装起来，毁灭炮楼土堡，粉碎保甲制度。11月初，闽西南军政委员会副主席谭震林深入永福新坑村小村，视察红三支队和岩南漳抗日讨蒋支队，并同邓子恢、魏金水等领导研究，决定在漳龙公路沿线的岩南漳地区，伺机打击敌九三八团与漳平反动民团。10—11月，红九团二营营长郑树昌足智多谋，采取"引蛇出洞"战术，在赤水组织安坑伏击战和石寮包围战，打击"红带会"地方反动武装。至10月，疲惫不堪的敌军终结第四期"清剿"。

1936年11月上旬，国民党中央军和粤军联合发动第五期“清剿”。粤军九三八团进驻漳平后，首先奔袭位于永福的岩南漳县委驻地仙宫楼仔顶和红三支队驻地岭下村四旺。由于县委和红三支队均有准备，敌人扑空后，大肆破坏永福各区党组织。12月，谭震林、邓子恢在永福后盂村宝山主持召开闽西南抗日讨蒋第一纵队军事干部会议。会议强调要学会与粤军打军事仗和政治仗的本领，并对军事力量作如下调整：岩南漳抗日讨蒋支队下辖的第二、第四大队留在岩南漳地区由魏金水领导。第一、第三大队合编为挺进大队，转移到漳平新安社、龙岩万安后，深入宁洋一带开展游击战争，以避敌锋芒，拖垮敌军，保存有生力量。1937年2月，郎车、四旺的红军伤兵寮、看守所、机械所、印刷所等均被粤军九三八团肆意摧毁。为更好地反击敌人，红三支队在岩南漳抗日讨蒋支队的配合下，发挥夜袭战、肉搏战等战术优势，打了几个漂亮战。仅在3月，击毙永福保安队27人，缴获步枪20余支、机枪3挺，并重创粤军九三八团一营。同月，岩连宁县委在赤水石寮组建红军医院。石寮村游击队和群众帮助红九团采购药品和油盐柴米，并负责游动哨所警戒，保证红军医务人员和伤员的安全。4月17日，敌九三八团疯狂反扑。30多名南福区妇女游击队在四旺村锯齿岭红军寮，顽强抵抗敌九三八团，保卫岩南漳县军政委员会留守处和中共南福区委领导，从队长、指导员到队员绝大部分光荣牺牲，谱写一曲巾帼英雄的赞歌。随着西安事变和平解决以及抗日民族统一战线在闽西南日渐酿成的局势，5月，国民党当局的第五期“清剿”不得不遂告结束。

为粉碎国民党军对红军游击队的围追“清剿”，漳平党组织、广大群众竭力支持和帮助红军游击队，并为此付出重大牺牲。仅郎车区被杀害的苏区干部达10余人，被抓去服苦役的群众达100余人，下落不明40多人，毁坏房屋530多间，抢走的耕牛100余头。反攻倒算的地主豪绅强迫农民交纳1929—1934年所“欠”的全部租谷。四旺村有20多户人家，因拒绝“移民并村”，被敌灭绝。水尾村40多人因犯“通匪连坐”被敌杀害，连未满月的婴儿也未能幸免于难。敌人的血腥暴行，并没有使漳平人民屈服。在闽西南军政委员会、岩南漳县委和县军政委员会的坚强领导下，境域内的红色地方武装和党组织逐步发展壮大。到1936年底，不但保存了原有的岩南漳游击支队，还新发展了诸如永福的新坑村小村、岭下、新安社的内山等大小不等的游击队。中共永福特区委、龙车区委、东河区委、南河区委、北河区委、岭下区委、宝贤支部等地方党组织始终成为坚不可摧的战斗堡垒。各个游击基点村之间，都建立武装交通队，及时为红八团带路送信，刺探敌情，成为一支打不垮的“尖刀”队伍。为帮助红军游击队渡过“天当帐，地当床，野菜草根充肚肠”的难关，根据地群众创造发明了“串担”(插通竹节，用竹做担杆)装盐、“双层桶装米粪”(上层装肥料，下层装米)、妇女背小孩藏盐米等巧妙办法，冒着生命危险为红军游击队输送急需物资。宝山村革命接头户陈宝英、黄国堆夫妇俩多次临危不惧，机智灵活地掩护邓子恢、魏金水等领导同志安全脱险。

“莫道浮云终蔽日，严冬过后绽春蕾。”漳平苏区党组织和革命群众经受了闽西南三年游击战争的严峻考验并获得重大胜利。1938年3月，坚持游击战的80余名漳平籍红军战士整编加入新四军第二支队，奔赴苏皖抗日前线，继续开展迂回曲折的革命斗争。

第七节　全面抗日与反顽斗争

1937—1945年全面抗日战争时期，漳平党组织和地方武装根据中共中央抗日民族统一战线的方针，坚持开展独立自主的抗日反顽运动，不断壮大和成熟。

1939年3月，中共闽西南特委直接领导成立漳平县永福工作团。永福工作团首先在永福的龙车、福里、适榕、山兜及新安社内山乡(今拱桥镇罗山村)石祭头等地建立5个地下党支部，并在短短几个月内，恢复和沟通漳平至龙岩、南靖、宁洋的地下交通线。5月，中共新安内山支部成立后，发动农会会员筹集粮款，开展减租减息，并将2万多斤稻谷和一批枪支弹药送往龙岩县委，支援抗日前线。

1940年10月，中共永福区委组建永福工作团武装侦察队，承担侦察敌情、武装自卫，运送枪支弹药等任务。至1940年冬，仅永福、新安社一带的南部地区的党员已达180余人。

1940年春，中共大田县委派遣党员林清奇到新桥村、西埔村开展革命活动。林清奇以新桥小学校长的公开身份作掩护，着手开展建立新桥抗日反顽根据地的一系列工作。1941年1月“闽西事变”发生后，漳平国民党顽固派乘机在漳平县的永福、新安社、官田、西园、南洋，以及双洋、赤水（原属宁洋县，今属漳平市）等地大肆搜捕地下党员和革命骨干，党组织暂时受挫，转入“隐蔽精干、长期埋伏、积蓄力量、等待时机”的革命活动。1941年12月，中共闽中工委在大田县武陵垵领导成立中共大（田）漳（平）边委，林志群任书记，林清奇任副书记，在新桥、吾祠、灵地、溪南、象湖、宁洋县城等地发展党组织和革命武装。1942年，随着中共新桥西埔支部、中共新桥北坑场支部以及新桥、吾祠武装工作队和人民自卫队的成立，抗日反顽斗争在漳平北部地区蓬勃开展。林清奇遵照中共大（田）漳（平）边委的具体部署，以新桥村、西埔村为据点，进行抗日宣传，领导新桥人民开展革命斗争，新桥村、西埔村成为大（田）漳（平）边委抗日反顽斗争可靠的革命基点村。根据中共闽中工委的指示，林清奇积极开展统战工作，以义父子的感情为纽带，经常与义父林维邦彻夜促膝谈心，加强策反工作。林维邦家居西埔村，时任新桥国民党民团营长，其所部盘踞新桥圩，系地方实力派的头面人物。在林清奇的争取下，林维邦前往大田县武陵垵，参加闽中人民自卫武装军事会议，支持中共一致抗日的革命行动，严禁所部民团伤害革命群众，并利用其特殊身份，在武器弹药、粮食供给等方面支持新桥人民自卫队，为新桥村、西埔村的革命活动提供便利。林清奇白天上课，晚上在西埔村崇德堂组织新桥村、西埔村等地的进步农民学习革命理论，培养中共西埔支部、新桥人民自卫队的革命骨干。1945年10月，时任中共大漳边委书记林清奇在新桥大山村不幸被捕，被敌杀害于新桥浮桥头，年仅26岁。

全面抗战时期，漳平籍英雄儿女在抗日战场上英勇顽强，斗志昂扬。1938 年 1 月，坚持闽西南三年游击战争的 80 余名漳平籍红军战士组成一个连，整编加入新四军第二支队。3 月，奔赴苏皖抗日前线，绝大部分在 1941 年 1 月的皖南事变中为国捐躯，成为无名英雄。老红军陈开路亲历平型关大捷、百团大战等著名战役，历任八路军一一五师独立团营长、平西六团参谋长、晋察冀四分区三十六团团长等职，立下显著战功。其间，在国民党军队服役的漳平籍爱国官兵也义无反顾、共赴国难，俞福全、廖光春等 10 多名抗日战士阵亡。

以陈性初为代表的漳平籍海外爱国华侨积极从事抗日救亡工作，成绩卓著，成为巴达维亚（今印度尼西亚雅加达）颇有声望的华侨领袖。1937 年抗日军兴，陈性初被任命为国民党驻巴达维亚直属支部执行委员，组织侨胞捐款捐物。他多次在华文报刊发表诗文，声讨日军侵略暴行。1938 年世界和平运动大会第四次扩大会议在伦敦召开，他在《天声日报》发表题为《拥护世界和平》的文章，呼吁华侨一致抗日。同年，厦门被日军占领，同胞备受蹂躏，他在报上发表《为闽南灾民请命》，并发动闽籍侨胞捐助，以济民难。1939 年 6 月，68 岁的陈性初奉命调进国民党中央训练团第三期党政训练班受训，并慰劳抗日将士。7 月中旬结业南返，取道昆明，因积劳成疾，病逝于旅舍，安葬于昆明县华寺附近。由于他对抗战的卓越贡献，死后备受哀荣。蒋介石、孔祥熙、陈立夫、陈果夫、孙科、冯玉祥、白崇禧等 40 多位国民党军政要员均为他题送悼词或发唁电，高度评价这位爱国侨领一生的事迹。

第八节　全境解放

1949 年 4 月 20 日晚和 21 日，中国人民解放军第二、第三野战军遵照中央军委的命令和总前委的《京沪杭战役实施纲要》，先后发起渡江战役，百万雄师彻底摧毁国民党军的长江防线。4 月 23 日，第三野战军一部解放国民党统治中心——南京，南京政府垮台。5

月，第二、三野战军向南挺进，先后解放杭州、南昌、上海等城市；第四野战军南渡长江，解放武汉三镇；第三野战军第十兵团和第二野战军第四、五兵团各一部，先后进入福建，拉开解放福建的序幕。6月2日，第三野战军一部解放崇明岛。至此，渡江战役结束。渡江战役的胜利，为人民解放军持续南进，解放南方各省创造有利条件。

在渡江战役节节胜利的鼓舞下，中共漳平县党组织加快漳平县的解放步伐。5月下旬，原中国三民主义青年团（国民党控制下的青年组织，简称“三青团”）漳平分团干事会干事长、福建省参议员刘子熙深受解放战争形势和民主进步思想的影响，秘密特派县督学官慈帆抵达安溪县长坑村，表明愿意弃暗投明，接受中国共产党的领导，准备策动起义，解放漳平县城，得到中共安溪中心县委的赞许和支持。为加快策动漳平县国民党军政人员起义、发展武装民兵的步伐，经中共闽南地委批准，中共安溪中心县委决定组建中共漳平县临时工作委员会（简称中共漳平县临时工委），钟炎（王新整）任书记。6月3日，钟炎率中共漳平县临时工委党政干部和武装小分队共22人抵漳平县的溪南、新桥、芦芝、党泰（今西园）等地，以刘子熙的旗号为掩护，发动群众抵抗“三征”（征兵、征粮、征税），组织武装民兵800余人，广泛开展人民武装解放斗争。同时，钟炎与刘子熙协商，组成漳平县人民解放委员会，准备解放漳平县城。6月上旬，中共安溪中心县委在长坑村成立中国人民解放军闽粤赣边区纵队第八支队四团，配合漳平武装民兵解放县城。钟炎与刘子熙深感起义武装力量不足，向中共安溪中心县委书记兼闽粤赣边纵队第八支队四团政委陈华汇报，请求调派部队，援助漳平解放县城。中共安溪中心县委决定调派闽粤赣边区纵队第八支队四团一营十一连、十二连援助漳平，并定于6月21日解放漳平县城。6月19日凌晨，溪南武装民兵包围国民党漳平县自卫队一部驻守的下林仓库，缴获步枪18支、子弹400多发、手榴弹10多枚，打响武装解放漳平的第一枪。驻溪南圩的国民党军政人员闻讯后惊恐万状，当晚即仓猝逃往漳平县城，下林民兵乘胜解放溪南圩。6月21日凌晨，中共漳平县临时工委、漳平县人民解放委员会组织漳平县各路武装民兵800余人，同时攻打县城。陈华率闽粤赣边区纵队第八支队四团一营十一连、十二连2个主力连和300余名安溪县民兵赶赴支援，刘子熙率国民党漳平县部分旧职军政人员策应起义。国民党漳平县自卫队一个分队被民兵包围后投降，国民党漳平县县长卢智锟带领县自卫队、警察局残余武装败逃永福。第四团一营和漳平县各路武装民兵进城，首次解放漳平县城。此次战斗俘敌30多人，缴获机关枪2挺及一批步枪、子弹。至此，新桥、溪南、党泰（含今西园、南洋）、桂华乡（桂林和华寮的合称，含今芦芝）、新安乡（今拱桥镇）已经解放，仅剩永福、官田两地尚待解放。6月26日，经中共安溪中心县委的批准，在漳平县城关成立闽粤赣边区漳平县人民民主政府，设县长、副县长各1名，刘子熙任县长，曾文光任副县长。同时，加强地方党组织建设，成立漳平县政工作团，邹永贤任主任，林敏任副主任兼工作团党支部书记。县政工作团向新桥、溪南等地派出政治指导员，组织政治宣传，巩固地方人民民主政府。为加强民兵武装力量，漳平县民兵武装主力连（代号“活泼”）改编为漳平县人民民主政府警卫连，郑一中任连长。7月1日，漳平城区首次举行纪念中国共产党成立28周年大会。经中国人民解放军闽粤赣边纵队第八支队四团批准，大会宣布正式成立中国人民解放军闽粤赣边纵队第八支队四团五营，漳平县武装民兵点编为第五营，原第四团一营十一连连长王云露任营长，下辖第十八、第十九、第二十共3个连。

漳平县城第一次解放后，争取实现宁洋县城（今漳平市双洋镇所在地）的解放工作亦提上日程。一批宁洋县进步青年在永安党组织的指导下，赶到漳平与解放军闽粤赣边纵队第八支队四团取得联系，商讨解放宁洋县城事宜。6月25日，中共漳平县临时工委和解放军闽粤赣边纵队第八支队四团党委在新桥成立宁洋县地方工作团，蔡蓁任政治指导员，吕沁任主任，具体配合县游击大队，筹划解放宁洋县城事宜。宁洋县县长林文章得悉后弃职潜逃福州，国民党宁洋县党部书记长俞水潮被地方士绅推举为县长。7月5日晚，宁洋县地方工作团和县游击大队从新桥出发挺进宁洋县城。7月6日凌晨，进攻县城。驻城国民党军宁洋县自卫队一个分队阵前起义，俞水潮带领部分武装逃往赤水，宁洋县城第一次解放。

渡江战役胜利结束后，在中国人民解放军各路野战军追击下，南逃的国民党残军窜入闽西境内，苟延残喘，夺路而逃。7月17日，在逃往永福的漳平县城国民党残余军警势力的配合下，南逃的国民党军刘汝明兵团第五十五军曹福林部一个步兵团及山炮营，从龙岩县雁石、白沙与漳平县永福兵分两路，进攻漳平县城。敌主力1300多人从桂林进攻漳平县城，其武器精良，火力强大。驻守漳平县城的人民武装，仅有第五营2个连及部分民兵数百人，敌众我寡。中共漳平县临时工委书记钟炎与县长刘子熙商议对策，冷静分析敌我双方力量对比，果断做出尽量减少损失、暂时撤离县城的决定，全部党政工作人员及武装部队立即转移到县城外围，继续在溪南、新桥等地与敌战斗。国民党军刘汝明部占领县城，国民党漳平县党部书记长陈祖仁自封为县长，成立"漳平县勘乱委员会"，猖狂迫害革命人士及其家属。同日，宁洋县地方工作团和县游击大队亦奉命撤出宁洋县城，转移至新桥及漳平县与安溪县、永春县的边界一带，坚持解放斗争。俞水潮乘国民党军刘汝明兵团进攻，宁洋县地方工作团及县游击大队奉命撤离之机，带领旧部从赤水反扑，重踞宁洋县城。

国民党军来势汹汹，占领漳平县城不到5日，又扑向溪南、新桥等解放区。敌情严重，中共漳平县临时工委、县人民民主政府先紧急撤退到溪南东湖山和象湖上、下德安等地，尔后又转往安溪县桃州、永春县一都、漳平县与大田县边界等地，训练队伍。8月上旬，转回漳平县新桥，准备再次解放漳平县城。这时，中共漳平县临时工委书记钟炎奉命调回安溪县，副书记林江负责主持工作。刘子熙到达新桥，与林江会晤，并联络已经收复溪南的闽粤赣边纵队第八支队四团五营营长王云露，共商再度解放漳平县城事宜。根据侦察员的报告，驻漳平县城的国民党军刘汝明兵团第五十五军步兵团主力已调往龙岩，驻守县城的国民党军力量薄弱。中共漳平县临时工委、县人民民主政府决定抓住有利战机，组织武装民兵500余人、第五营2个连的兵力，分别从新桥、溪南兵分两路，攻打漳平县城。8月11日拂晓前，连夜冒雨进发的第五营和漳平县各乡民兵从东、西、北三面向漳平县城发起进攻，中共安溪县委调派一个连增援。第五营十九连、安溪增援连从城东方向攻击东山塔的敌火力点，从拂晓与东山塔守敌激战 3 个多小时，战斗最为激烈。由于西、北两路攻城部队受阻，无法突破敌防线，以致第五营十九连、安溪增援连受敌三面包围，被迫渐次撤离东山突围。第五营十八连、武装民兵英勇奋战，但遇到从龙岩方向回援漳平县城的国民党武装，双方在县城西、北方向对峙交战到 16 时。此时天色阴暗，攻城解放部队仍未取得进展，分路撤退至溪南、新桥。此次战斗毙敌 10 余人，攻城解放部队牺牲 2 人，负伤 7 人。县城之所以未能攻克，主要原因在于未及时侦知敌情的变化。在攻城的前一夜，国民党军闽南保安纵队先行调派一个团和新兵一支队，开进漳平县城补充换防，驻城守敌骤然增至 2000 余人。攻城解放武装仅有 700 余人，处于敌强我弱的劣势。

8 月下旬，为加强解放漳平的组织领导，经中共安溪中心县委批准，成立中共漳平县临时委员会(简称中共漳平县临委)，林敏任书记，隶属中共安溪中心县委，同时撤销中共漳平县临时工委。再度解放漳平县城的时机与中国人民解放军南下大军的进军速度紧密相连。8 月 17 日，中国人民解放军第三野战军第十兵团解放福州，随即解放莆田、泉州等地。第四野战军亦先后解放南昌和赣南各县。各路南下解放大军势如破竹，长驱南下，突进闽粤赣边区大门。8 月 30 日上午，窜扰龙岩县近 2 个月之久的国民党军刘汝明兵团第五十五军曹福林部，在解放大军压境、惊恐退路将被截断的情况下，撤离龙岩县。9 月初，逃往漳平县，沿九龙江北溪干流往漳州方向逃窜，再度解放漳平县城的革命形势已经曙光在望。

9 月 11 日，中共漳平县临委、县人民民主政府组织闽粤赣边纵队第八支队四团五营和各乡民兵，兵分两路向盘踞漳平县城的国民党残余军队发动进攻。第五营一部进抵芦芝东坑口，扎竹木排筏渡九龙江，从南岸形成包围之势，一部攻打县城制高点——东山塔。国民党军在东山塔、漳平浮桥等处筑建坚固工事，攻城解放部队遭到敌火力压制，暂时受挫。11 日傍晚，第五营从各连中挑选 12 名智勇兼备的战士，组成精干突击队，陈志光任突击队队长。突击队从东山塔后面的集结地出发，乘漆黑夜色快速通过田野荒地，绕行到八角楼底下，沿江畔草地潜行，但被高耸城墙横阻。突击队在大垫石上架起木梯，陈志光攀登木梯，挥舞开山斧，挖掘了一个城墙洞，队员按顺序登梯穿洞，突围进入东门公园，切断东山塔敌军与国民党漳平县政府的联系。午夜时分，突击队以迅雷不及掩耳之势，歼灭国民党漳平县警察局军警，迅速控制通往国民党漳平县党部、县政府的路口，城外解放部队亦即刻挥师攻城，打响解放县城的夜战。12 日，敌军乘夜幕弃守东山塔，城里部分守敌见大势已去，孤城难保，开始向永福方向败逃。13 日晨，突入城里的突击队与城外的攻城大部队会合，展开强大军事攻势，彻底消灭驻守县城的国民党军残部，第二次解放漳平县城。此次战斗历时 2 天，毙敌 10 余人，俘敌 50 余人，缴获步枪 30 多支，第五营、武装民兵伤亡 10 余人。国民党漳平县县长陈祖仁带领国民党漳平县大队残部弃城逃奔永福，纠集 400 多人企图顽抗。

9 月下旬，闽粤赣边纵队第八支队四团五营紧追至永福圩，国民党永福联防大队起义，以陈祖仁为首的国民党漳平县大队大部分人马宣布就地投诚，少部分逃往新安(今拱桥)的上堺、下堺等地。9 月 27 日，永福宣告和平解放。10 月上旬，中国人民解放军闽粤赣边纵队闽西南临时联合司令部组建中国人民解放军漳平县军事代表团，张震东任主任，林敏任副主任。成立后的漳平县军事代表团准备与中共漳平县临委、漳平县人民民主政府进行政权移交，实行党政军集中领导，全面接管漳平县。张震东率领漳平县军事代表团全体成员进驻漳平县城，举行庆祝中华人民共和国成立大会，与漳平人民共同欢度中华人民共和国的诞生。10 月 13 日，张震东率领漳平县军事代表团部分人员前往永福，接受国民党漳平县陈祖仁、欧阳豪所带残部的投降，接管永福国民党区、乡政权。永福召开庆祝永福解放暨热烈欢迎漳平县军事代表团的万人大会。继而，官田、新安(今拱桥)一部分尚未解放的地方亦先后解放，设立永福、官田 2 区，从而宣告漳平县获得全境解放。在解放漳平县全境的战斗中，共毙敌 30 余人，俘敌 60 余人，阵前起义 180 多人，缴获机关枪 3 挺，步枪 510 多支、短枪 10 多支、子弹 7000 余发、手榴弹 100 多枚，第五营、民兵等解放武装队伍牺牲 18 人，负伤 19 人。

与此同时，解放宁洋县城的时机日臻成熟。9 月下旬，经中国人民解放军南平军分区司令员、原中共大（田）漳（平）边委书记林志群的动员，争取新桥国民党地方民军起义工作取得重大突破。原新桥国民党地方民军营长林维邦回到新桥，召集旧部 100 余人起义，组成宁洋县游击大队（闽西北游击纵队第六支队），林维邦任大队长。宁洋县游击大队大队长林维邦与原国民党宁洋县县长俞水潮和宁洋县参议会议长林国勋谈判，达成和平解放宁洋协议。林维邦率部进驻宁洋县城，俞水潮逃离县城，纠集地方民团盘踞赤水一隅，企图继续顽抗。10 月 1 日，经中共永安地委批准，宁洋县地方维持委员会成立，林维邦任主席，宁洋县城和平解放，宣告宁洋县城再度解放。

漳平县全境的解放，标志着漳平县新民主主义革命已经取得重大胜利，漳平人民当家做主的时代已经到来，漳平历史进入从新民主主义革命向社会主义革命转变的新时期。

第九节　重要的历史地位与重大贡献

土地革命战争时期，漳平革命根据地是闽西革命根据地的重要组成部分，是中央苏区范围不可分割的一部分，是岩南漳和岩连宁两大游击根据地的中心区域之一。在鼎盛时期，境域内的红色区域面积达 1800 平方千米以上，红色人口 4 万余人，分别占当时总面积、总人口的 70％和 65％以上，在闽西革命根据地发展史上占有重要历史地位，并做出重大贡献。

漳平党组织与苏维埃政权的建立和发展，在闽西革命根据地东南部筑起一道坚不可摧的红色屏障。

漳平是闽西也是福建省较早发展共产党员和建立党组织的县份之一。1925年春，中共党员蓝秋帆（化名）奉中共广东地方党组织的指示，赴漳平永福中学宣传中共四大精神。同年冬，发展林仲堪、陈天枢、陈尚益等永福中学进步教员加入中国共产党，菁华书院成为漳平早期共产党员进行革命活动的重要地点。1928年8月，邓子恢、郭滴人在永福郎车直接领导漳平成立第一个党组织——中共郎车支部，党员14人。1929年8月，红四军第二、第三纵队和军部在漳平县城驻营12天，在红四军军长朱德的指导下，成立中共漳平支部。9月，奉中共闽西特委指示，成立中共永福区委，下辖5个党支部，党员20人。1930年，地方党组织的发展进入新阶段。3月，郎车支部扩大为郎车区委，隶属中共龙岩县委；根据8月21日《中共闽西特委通讯第二十八号（漳字第一号）》的指示，成立中共漳平特区委（低于县委，高于区委），下辖3个支部，隶属中共闽西特委；1—7月，中共南福区委隶属中共龙岩县委。1932年12月至1933年冬，中共龙岩县委与县苏再度合并成立工委时，其中包括下辖的南福区委。1934年底，红八团军政委员会领导成立中共永福特区委员会（低于县委，高于区委）。1934年10月中央主力红军长征后，境内党旗依然风展如画。1934年11月，红八团在永福岭下村四旺成立中共（龙）岩南（靖）漳（平）边区工作委员会。1935年春，永福相继恢复成立的东河区委、南河区委、北河区委、岭下区委、郎车区委，直接与永福特区委发生联系。1935年2月，中共永福宝贤支部成立。1935年6月，邓子恢在郎车主持成立中共岩南漳县委（县级），先后以永福为中心在周边县发展了10个区委，其中东河区委、南河区委、北河区委、南福区委、岭下区委5个区委在漳平境内。上述十几个县级及县级以下各级党组织，分别隶属于中共闽西特委、中共龙岩县委、闽西南军政委员会领导，一直坚持到抗战全面爆发。

漳平的苏维埃运动持续不断，苏维埃政权遍及乡村。早在1929年春，在中共闽西临时特委直接领导下，业已相继建立了永福总区苏维埃政府与东河区、南河区等各区、乡、村苏维埃政府。1929 年 8—9 月，红四军进军今漳平市 13 个乡（镇、街道）、100 余个村庄时，土地革命的烽火迅速燎原。8 月，红四军发动成立漳平城关苏维埃政府，并逐步与西园、南洋等地的乡、村苏连成一片。9 月，朱德领导重建永福总区苏维埃政府。1930 年，境内的苏维埃运动蓬勃发展。首先，境内南部形成以永福总区苏为中心的苏维埃运动。1930 年 1 月，永福成立岭下区苏维埃政府。1930 年春，红九军龙岩红一团团长邓毅刚领导恢复了永福总区苏及其所属的各区、乡、村的苏维埃政权。永福总区苏下辖东河区、南河区、北河区、郎车区、岭下区等苏维埃政府，面积达 1000 余平方千米，隶属闽西苏维埃政府，成为当时漳平境内面积最大的苏区。与此同时，新安社（今拱桥镇）的内山、高山、隔顶、上堺、下堺以及官田乡的梅营、官东、豪山、黄坪等地也纷纷成立乡、村级苏维埃政府，与永福总区苏的东河区苏和北河区苏的辖域紧密结合，占据漳平的半壁江山。1931 年 1 月，随着南福区苏维埃政府的成立，（龙）岩漳（平）边界的红色区域也日益稳固。其次，北部即原宁洋县现划归漳平市管辖的双洋、赤水的赤色区域不断扩大。1930 年春至 1934 年，宁洋县的中村、罗坑、石寮、黄山等村均成立过苏维埃政府。1934 年 8 月，红九团成立岩连宁特区革命委员会，机关驻地苏一田。11 月，红九团发动成立岩连宁县革命委员会。革命基础良好的中村、安坑、石寮等北部村庄成为岩连宁游击根据地稳固的基点。再次，从 1929 年 8 月至 1930 年 7 月，中部西园的基泰、进庄以及南洋的北寮、梧溪、红林等地均成立过苏维埃政府，成为离漳平县城较近的一块红色区域。由于斗争的复杂性，在 1934 年 10 月中央红军长征前，除漳平县城及附近一部分地区出现反复外，北部即今漳平市境内原宁洋县辖的部分及南部绝大部分已是红色区域。尔后在 1935—1937 年闽西南三年游击战争中，在红八团、红九团的指导帮助下，漳平新建和恢复不少革命政权。1935 年秋，中华苏维埃共和国闽西南军政委员会领导人张鼎丞、邓子恢、谭震林在永福新坑村小村主持成立岩南漳县军政委员会（县级苏维埃政府），下辖区委员会，隶属闽西南军政委员会。

1936 年 9 月，永福成立岭下革命委员会，直接受岩南漳县军政委员会的领导。至此，在土地革命战争时期，漳平境域内相继建立 1 个县级、15 个区级、80 多个乡村级的苏维埃政府。共产党员、苏区干部凭借山川地理的优势和良好的群众基础，开展分田运动和武装暴动，牵制和消耗了国民党军队及反动民团的大量兵力，从而在闽西革命根据地东南部筑起了一道打不垮、摧不烂的铜墙铁壁。

红军的重大军事活动，直接推动漳平成为红白双方搏斗的前沿战略要地，并扮演着“前哨尖兵”的光荣角色。

土地革命战争时期，由于漳平地处闽西、闽南、闽中接合部的特殊地理位置，一直是敌我双方反复拉锯式争夺的战略前沿要地。从打破敌人三省“会剿”起到历次反“围剿”，一直到闽西南三年游击战争，漳平实际上承担着巩固闽西革命根据地、保卫中央苏区东大门和东南大门的光荣任务，扮演着“前哨尖兵”的角色，军事斗争异常惨烈。我党我军老一辈革命家朱德、张鼎丞、邓子恢、谭震林、罗荣桓等，著名的老将军和老红军郭化若、赖毅、王直、伍洪祥、魏金水等都在漳平战斗和生活过，留下了光辉的革命足迹。

1929 年 8—9 月，朱德率红四军第二、第三纵队和军部出击闽中前后 37 天，其中在今漳平市境内活动 28 天，取得一克宁洋县城，二克漳平县城、歼敌两个团的辉煌战果，打破敌人三省“会剿”，促进了漳平革命新局面的蓬勃发展。1930—1934 年，在漳平这块战略腹冲地，红白双方反复展开拉锯式的争夺战。张贞部、杨逢年部等国民党正规军队，邻县华安、安溪、南靖等反动民团都曾大规模地轮番进剿漳平。为打垮国民党军队和反动民团的反扑，红九军、红十二军、红二十一军等红军部队连续挥师漳平，革命形势一日千里，打开了闽西革命根据地东南边缘的新局面。1930 年春，邓毅刚率领红九军辖部红一团、红三团及地方红色武装出击岩东，连续出击永福、新安社（今拱桥），歼灭安溪反动民团萧继武部 300 余人，促成永福总暴动。1930 年 8 月，红二十一军军长胡少海率部及地方红色武装，分两路夹攻盘踞永福的闽南悍匪詹方珍部，不幸壮烈牺牲。在1934 年第五次反“围剿”的关键时刻，红八团、红九团奉中革军委命令，挺进漳平、宁洋，开展游击战。红八团活跃在漳（州）龙（岩）公路线上，破坏敌交通线，不仅拖住了敌八十三师，而且开辟了纵横两三百里的（龙）岩南（靖）漳（平）游击根据地。红九团向漳平、宁洋出击，破坏东线敌军在漳平、宁洋的筑路计划，与红八团相互呼应，建立了纵横300余里，有四五万人口的（龙）岩连（城）宁（洋）游击根据地。1934年3月，红九团“夜袭宁洋城”，歼敌700余人，宁洋工农群众自动帮助红军，将缴获的枪支弹药及洋油、银元、布匹等大批军需物资运送中央苏区，支援反“围剿”斗争。红九团二营（代号“维营”）以中村为基地，破坏龙岩白沙至漳平、宁洋沿线公路。32名中村游击队队员整编加入红九团，组成3个班，随团转战各地。红八团与红九团在漳平境内与敌激战，分别扼守控制从福建东边通往中央苏区的要道，漳平实际上成为第五次反“围剿”的“前哨尖兵”。1935—1937年，境内开辟岩南漳和岩连宁两大游击根据地，成为闽西南三年游击战争的中心活动区域之一。1935年4月，闽西南军政委员会决定把闽西南红军游击队划分为4个作战分区，其中第一作战分区游击范围是龙岩、连城、宁洋3县地区，第三作战分区游击范围是龙岩、南靖、漳平3县。在五期反“清剿”的游击战争中，漳平不仅保存了地方党组织、工农政权和革命武装，而且在原有的基础上有所发展。岩南漳县委、岩南漳县军政委员会、中国工农红军闽西南抗日讨蒋军岩南漳游击支队等，都是在这一时期发展壮大的革命组织，这是漳平持久坚持土地革命战争极其可贵的胜利。

漳平苏区地方工农武装割据的星星之火始终燎原燃烧，成为闽西工农武装斗争重要的前沿实践地之一。

“枪杆子里面出政权”。从1928年成立第一支地方工农武装到1938年初北上奔赴苏皖抗日前线，漳平工农武装一直蓬勃发展并浴血奋战。漳平工农武装的建立，经历了由村、乡、区、县赤卫队到整编加入红军的发展过程。仅1928年至1930年8月，境域内相继成立岩漳龙赤卫队、郎车赤卫队、漳平城防第一赤卫队、漳平县独立游击大队、宁洋县赤水赤卫中队、新安社内山乡（今拱桥镇罗山村）赤卫队、南洋北寮赤卫中队、永福赤卫队总部等县级和县级以下各级工农武装 40 余支，参加红军、红军游击队和赤卫队达 4000 多人，绝大部分成为无名英雄。在 1935—1937 年闽西南三年游击战争中，红色武装依然发展并保存了相当力量。1936 年 2 月，成立中国工农红军闽西南抗日讨蒋军岩南漳游击支队，下辖 4 个大队，支队所属的各大队队长、指导员到队员绝大多数为漳平籍。其间，境内还相继建立岩南漳妇女游击队（1932 年 4 月始建，1935 年 6 月恢复）、龙岩独立营（1936 年底建）等红色游击队。1938 年初，80 余名漳平籍红军战士组成一个连编入新四军第二支队，北上奔赴苏皖抗日前线。

武装斗争是巩固和发展革命根据地最主要的斗争方式。在上级和地方党组织的坚强领导下，漳平工农武装把革命的暂时退却和革命的主动进攻有机地结合起来，有效地牵制和打击敌人。一方面，配合和策应主力红军的重大军事行动或掩护各级党政领导机关的转移。另一方面，依托山高林密有利的地理条件，依靠广大群众的基本力量，采取“引蛇出洞”“白皮红心”“围点打援”等灵活战术，紧紧地拖住敌人，转战于崇山峻岭之中。在长期艰苦的峥嵘岁月里，涌现出陈世鉴、苏振源、陈朝攀、陈月娘、张瑞娘等一批党的忠诚战士，锤炼出一支英勇顽强的革命武装。

漳平苏区人民生死与共的有力支持，为中央革命根据地的巩固和发展做出历史贡献，并为此付出重大的牺牲和代价。

革命的首要问题是农民问题。土地革命战争时期，漳平苏区普遍组织农民协会，开展分田运动和扩红支前等群众工作。1925 年 10 月，境内共产党员就组织成立“漳平县农民运动委员会”，进行“二五减租”，反对苛捐杂税的斗争。1926 年 10 月，成立漳平县农民协会，共有 2000 多农友参加成立大会。1927 年，宁洋约有 15000 名有组织的农友。1929 年，恢复并成立漳平县工会、县农会、县少年先锋队等革命群团组织。1929—1934 年，为加强土地革命的组织领导，漳平的区、乡级苏维埃政府选举产生没收委员会、土地委员会，村级苏维埃政府选举成立分田小组，具体负责分田工作。根据中共闽西一大《关于土地问题的决议案》，漳平党组织和苏维埃政府采取废除封建土地所有制、“抽多补少、抽肥补瘦”、“按口插标、按户分田”等方法，使大多数贫雇农实现耕者有其田。永福郎车及宁洋县中村（今属漳平市）的分田运动最为成功，其典型经验在境内其他区乡苏得到普遍推广，从而为支持红军提供了坚实的物资保障。战争是人、财、物的角力。在人力方面，为确保武装割据的需要，从1928—1937年，境内先后成立县和县级以下各级革命武装60余支，6000余人参加正规红军、红军游击队和赤卫队或暴动队，并发展了2万多名农友。在财物方面，为保证红军顺利作战，区乡苏维埃政府组织了担架队、运输队、慰问队、看护队等组织。例如1932年，永福党组织和苏维埃政府动员群众支援红军东路军东征漳州，南福区妇女游击队和1000多名农友组成运输队、担架队随部参战。《伍洪祥回忆录》翔实记录了以红八团为主体的第三作战分区武装，三次集结于永福郎车一带山村，进行军政整训的重大史实。1982年4月，王直将军从福州军区亲笔写给漳平县武装部转漳平县赤水公社的信函，充分肯定原宁洋县今漳平境的中村、罗坑、石寮、黄山等村，是红九团坚持岩连宁游击战争的重要据点。在五期反“清剿”游击战争中的最困难时期，以陈宝英、谢志仁等为代表的红军接头户，经常冒着生命危险，想尽各种办法，把平时节省下来的米、盐、油、菜等物品运送上山，支援红军游击队。永福宝山革命接头户陈宝英、黄国堆夫妇多次临危不惧、机智灵活地掩护邓子恢、魏金水等领导同志脱险。正是因为人民群众真心实意的有力支持，从而保证党的红旗始终不倒，红军立于不败之地。

在长期的革命战争中，境域内建立的革命根据地遍及今漳平市16个乡（镇、街道）的400多个自然村。为支持革命战争，漳平人民屡遭国民党军队、地主武装的烧杀抢掠，付出了重大的牺牲和代价，赢得了“红旗不倒”的美誉。据不完全统计，全县被严重摧毁的自然村24个，其中被烧毁成为无人村2个，被绝灭960多户，被无辜杀害380多人，被摧残致死2510余人，被抓走660多人，被迫流落他乡148户670余人，被抢走或宰杀耕牛880余头，被烧毁房屋9590余间，被劫掠财物不计其数。在土地革命战争时期，仅有7万余人的漳平县，就有6000余人参加正规红军、红军游击队和赤卫队或暴动队，绝大多数成为无名英雄。中华人民共和国成立后，评定在册烈士300余名，其中240余名在土地革命战争时期中壮烈牺牲，占革命烈士总数80%左右；“五老人员”(老地下党员、老游击队员、老交通员、老接头户、老苏区乡干部)1100多人；革命基点村129个，其中省定革命基点村31个，漳平市级革命基点村98个；老区乡镇的比重为100%，老区人口占总人口的90%左右，属于全国一类老区县(市)。2006年12月22日经中共中央党史研究室审定，正式认定漳平市在土地革命战争时期属于中央苏区范围，成为福建省第12个“中央苏区县”，充分肯定了漳平革命根据地重要的历史地位与重大贡献。

第三章　社会主义建设探索

（1949年10月—1978年11月）

第一节　抗美援朝的支前运动

1950年6月25日，朝鲜内战爆发。6月26日，美国为维护其在亚洲的地位和利益，调动其驻日本的空军和海军入侵朝鲜，干涉朝鲜内战，支援韩国军队作战，同时派遣其驻菲律宾的海军第七舰队入侵台湾海峡。7月7日，美国操纵联合国安全理事会通过决议，成立由美国指挥的“统一司令部”，组织“联合国军”入朝作战。在朝鲜战争期间，先后派兵参加“联合国军”侵朝行动的国家有：美国、英国、法国、土耳其、加拿大、荷兰、澳大利亚、新西兰、泰国、菲律宾、希腊、比利时、哥伦比亚、埃塞俄比亚、南非、卢森堡共16个国家。在“联合国军”中，美军占90%以上，大多数国家只是象征性地出兵。10月1日，韩国军队全线越过北纬38度线(简称三八线)。10月7日，美军越过“三八线”，大举进犯朝鲜北部，战火燃烧到中朝边境的鸭绿江边。美军飞机频繁入侵中国领空，进行侦察、扫射、轰炸，造成中国人民的财产损失、人员伤亡，严重威胁中国安全。10月19日，中华人民共和国政府应朝鲜民主主义人民共和国的请求，派出中国人民志愿军跨过鸭绿江，秘密赴朝鲜前线战场。10月25日，揭开抗美援朝战争序幕。

在“抗美援朝，保家卫国”的号召下，县委、县政府领导全县人民迅速开展抗美援朝运动。1950年12月14日，在漳平县各界人民代表会议第一届第一次会议上，成立漳平县抗美援朝分会，掀起宣传发动的热潮。全县开展以反细菌战为主要内容的教育，动员群众行动起来，开展消灭鼠、蚤、蚊、蝇、虱“五害”运动。11—12 月，漳平县一万多群众先后参加“反对美帝侵略，保卫世界和平”的签名，680 余名职工订立爱国公约和参加反对美国侵略朝鲜、武装日本的和平签名活动。城乡通过大会小会，普遍开展传达讨论，普遍订立和修订爱国公约，村村都受到抗美援朝的教育，户户都订立爱国公约，全县有三分之二的群众订立与执行爱国公约。1951 年 1—6 月，抗美援朝的宣传教育此起彼伏，形成以漳平城区、宁洋城区（今漳平市双洋镇所在地）为中心的宣传氛围。城区三角坪、西门头、骑楼街道及大街小巷到处张贴“打倒美帝国主义”“反对美帝侵略”“踊跃参军，抗美援朝”“增产节约，支援前线”等宣传标语。各单位晚上组织干部、职工读报讲时事、教唱爱国歌曲。在农村，区、乡政府结合扫盲识字，开办形势座谈会、控诉会，激起在场群众对美帝侵略行径的愤怒，纷纷表态要以努力增产的实际行动，支持祖国的抗美援朝。1951 年 3 月 8 日，漳平城区妇女首次集会纪念“三八”国际劳动妇女节，并举行示威游行。5 月 1 日，漳平城区举行万余人爱国游行示威，全县 31984 人参加和平签名。宁洋城区干部、群众 7900 余人举行爱国示威游行，反对美国武装日本。全县中小学组织教师暑期政治学习，或主办少年儿童夏令营，参加绘制朝鲜地图、张贴标语与漫画等宣传活动。广大群众的阶级觉悟、政治认识有所提高，基本上肃清落后、反动的亲美、崇美、恐美的情绪，产生藐视、鄙视、仇视美帝国主义的革命思想。

在县委、县政府、县抗美援朝分会有计划、有步骤的领导下，从 1950 年 12 月始，全县干部、职工、农民和工商界民主人士节衣缩食，踊跃捐款。至 1952 年 12 月，全县共捐献武器弹药款 49288.63 元（按 1955 年发行的新版人民币折算），支援国家购买手榴弹、大炮、飞机等武器装备。全县共组织二次较大规模的捐献活动，其中第一次捐献手榴弹 121294900 元（旧版人民币，简称旧币，1 万元相当于 1955 年发行的新版人民币 1 元），第二次捐献大炮 371591350 元（旧版人民币)。捐献活动的充分发动,使广大群众的爱国主义与国际主义意识不断增强。

在征兵参军、拥军优属方面,从1950—1952年,一批热血青年志愿报名参加中国人民解放军,各地都涌现兄弟争当兵、父母送儿郎的感人事迹。各区、乡普遍召开欢送新兵入伍的群众大会,场面热烈隆重。经审批参军入伍的青年胸戴大红花,甚至身披红彩绸,与其父母就坐在主席台上。区领导、群众代表上台发言,宣传参军光荣的革命思想,赞扬英雄人物事迹,鼓励入伍青年杀敌报国。欢送群众大会结束后,有的区、乡政府还组织腰鼓队或锣鼓队,一路敲锣打鼓、燃放鞭炮,一路高呼爱国口号,欢送入伍青年到县政府、区公所集中。县委、县政府向入伍青年的家庭颁发"光荣军属"标牌,民政部门、入伍青年的所在单位或区、乡,适时登门慰问军属,给予一定的困难帮助。每一次的征兵入伍都使群众受到深刻的国防教育,"一人参军,全家光荣"逐渐成为全社会良好的精神面貌。此时,县政府已经设有民政科,区公所设有民政助理员,乡设有民政委员会,具体负责军人烈士优待抚恤、复员军人安置、军属救济慰问、支前民运等事务。1951年春节,县民政部门开始向烈军属致慰问信,赠光荣灯、光荣牌悬挂门首,自此从县至区乡,每年春节都开展拥军优属活动,福建省、龙岩专区、漳平县三级政府分别印刷各式年画、春联、慰问信赠送张贴,县、区党政机关组织人员,赠送慰问品,发放优待金。

为从经济建设上支援抗美援朝,县委、县政府号召全县人民努力生产、超额完成增产任务。1951年在漳平县抗美援朝分会的推动下,家家户户订立爱国公约,各生产单位制定增产计划,提出"努力增产,赶走美国佬!"等口号,掀起爱国增产竞赛热潮。1952年,全县开展以互助组为骨干的爱国增产挑战、应战竞赛活动,参加县挑战竞赛的有75个互助组,396个单干户,其中有11个互助组向省应战,这一竞赛大大推动了生产支前运动的开展。

1953年7月,《朝鲜停战协定》在朝鲜半岛板门店签字,此后漳平县基本上停止以抗美援朝为主要内容的各项工作。在抗美援朝运动中，随着捐款、参军、支前、增产等保家卫国工作的深入开展，广大群众在政治上、思想上受到一场深刻的爱国主义教育和国际主义教育，民族自信心和自豪感普遍增强，成为漳平县老区人民在解放初期恢复和发展国民经济的精神动力。

第二节　土地改革运动

中国革命的基本问题是农民问题，而农民问题聚焦于土地问题。中华人民共和国成立初期，漳平县尚未彻底改变封建土地所有制。1950 年 12 月土地改革运动前，漳平县辖菁华、党泰、永福、官田、溪南、新桥 6 个区 544 个自然村，农户总数 20447 户，农业总人口 820585 人，耕地总面积约 18 万亩。占总人口 8.52%的地主、富农、高利贷者及残余官僚阶层等剥削者，却占有耕地总面积 51.91%，而占总人口近 91.48%的贫农、中农、雇农、小土地出租者、农村手工业工人、小商贩等劳动者，仅拥有耕地总面积土地 48.09%。

1950 年 6 月，中央人民政府颁布《中华人民共和国土地改革法》，全国开始土地改革运动。1950 年 12 月，福建省人民政府发出《关于龙岩老区经过土地革命地区有关土地改革若干具体政策实施意见》，有步骤地将封建半封建的土地所有制改变为农民的土地所有制。

漳平县按照福建省委、龙岩地委的部署，实行“依靠贫雇农、团结中农、孤立富农、打击地主”的阶级路线，开展土地改革运动，从 1950 年 12 月开始至 1952 年 6 月基本结束，历时 19 个月。全县 63 个乡(镇)分三类参加土地改革运动，一类乡(镇)7 个，占 11.11%；二类乡(镇)39 个，占 77.78%；三类乡(镇)7 个，占 11.11%。漳平土地改革运动大体经历组织机构、政策制定、骨干培训、先行试点、全面铺开等步骤。

县、区两级分别成立组织指挥机构，县级建立土地改革委员会，各区建立土地改革指挥部，加强土地改革工作的领导，并制定《漳平县土地改革的意见》，实现“耕者有其田”的土地政策。1950 年 12 月底，县委举办第一期土地改革运动培训学习班，为期 15 天，培训骨干 110 多人。1951 年 1 月上旬，县委在菁华区新民村（今上、下桂林）进行土地改革运动试点，前后历时 20 多天。试点主要任务是进行宣传教育，摸索经验。从 1951 年 2 月中旬开始，土地改革运动工作全面铺开，总体分为土地分配和土地证发放两个阶段，每个阶段又各分三批进行。

分田阶段（1951 年 2 月—12 月）。1951 年 2 月中旬至 4 月底，县委、县政府派出第一批土地改革运动工作队 100 余人，入驻菁华区 8 个行政村，历时 70 余天；1951 年 6 月上旬至 9 月中旬，派出第二批土地改革运动工作队 500 余人，入驻 26 个行政村，其中党泰区、永福区、溪南区各 7 个，菁华区 2 个，官田区、新桥区各 1 个，历时 90 余天；1951 年 8 月下旬至 12 月上旬，派出第三批土地改革运动工作队 500 多人，入驻 26 个行政村，其中新桥区 12 个、官田区 6 个、党泰区 5 个，溪南区 2 个、永福区 1 个，历时 100 余天。

在分田阶段，土改工作的主要做法分四步进行。第一步：宣传教育、调查摸底。土地改革运动工作队驻村后首先召开群众大会，广泛宣传《中华人民共和国土地改革法》，随后逐户访贫问苦，宣传土地改革目的、方针、政策，奠定良好的思想基础。其次召开诉苦会，组织贫苦农民诉苦，向地主恶霸开展面对面的斗争，同时发现和培养积极分子，建立农民协会、妇代会、民兵队等各种组织。第二步：民主评定，划定阶级成分。采取自报公议的方法，经过三榜公布，报上级审批定案。各户自报土地面积，进行插标、收标、评定等级，供民主参评参议。划分阶级成分时，先评审地主、富农，后评定贫农、中农，分别张榜公布，并经村、区、县三榜定案（地主、富农报区转县批准后公布）。第三步：没收、征收和分配果实。阶级成分划定后，立即公布被没收、征收的各户名单及财产，通过农代会制定没收、征收分配方案，同时由农民协会、没收征收委员会接管没收、征收的财产，并设立登记、保管、检查等职能小组，分工负责，有计划、有步骤地分配土地改革运动胜利果实。第四步:民主建政,发展生产。1951—1952 年,结合土地改革运动,逐步进行基层民主建政,各行政村相继改称乡(镇),建立、健全乡(镇)工作制度。全县仍设 6 个区,即第一区(菁华区)、第二区(党泰区)、第三区(永福区)、第四区(官田区)、第五区(溪南区)、第六区(新桥区),共辖 64 个乡(镇)。各区、乡(镇)负责整顿农会、妇代会、民兵队等组织,广泛发动群众,开展土地改革大生产运动。

发放土地证阶段(1951 年 12 月—1952 年 6 月)。1951 年 12 月下旬至 1952 年 2 月,县委、县政府派出第一批土地改革运动工作队 258 人,分赴全县 30 个乡(镇),其中新桥区 11 个,官田区 6 个,菁华区、党泰区各 5 个,永福区 2 个,溪南区 1 个,历时 60 余天;1952 年 3 月初至 4 月上旬,派出第二批土地改革运动工作队 207 人,分赴全县 24 个乡(镇),其中菁华区 8 个,党泰区、永福区各 6 个,新桥区 2 个,官田区、溪南区各 1 个,历时 40 余天;1952 年 4 月下旬至 6 月上旬,派出第三批土地改革运动工作队 90 人,分赴全县 9 个乡(镇),其中永福区 2 个、溪南区 7 个,历时 40 多天。根据上级指示,全县在土地改革运动第三批(1952 年 4 月下旬—6 月上旬)时,开始分配山林并确权登记,纳入土地计算分配,与分配土地一并进行。1952 年,全县有山林收益的乡(镇)30 个,处理原则是:有收益的山林折成田亩,地主和众尝的加以没收、征收,分配给无山、少山的农民,属于农民所有的山林予以保留,其余的分别按面积大小划为组有、乡有、国有,全县共登记山林面积 455007.32 亩。对无亩数的山林则按块计算登记,全县共登记山林 774 块。

在发放土地证阶段,土改工作队主要分三步开展土地改革运动。第一步:检查、发现和处理阶级成分划分、土地分配是否公平合理等问题。全县通过检查,发现并纠正漏划地主 91 户,错划阶级成分 259 户。对少数地主反攻倒算行为,区分具体情形,分别予以公审关押、判刑或交群众管制。第二步:核查田地,评定等级。查清各区、乡(镇)及各户的土地面积、山林面积,核实耕地面积,按产量评好田地等级。第三步:确权登记,颁证确认。丈量各户房屋面积、土地面积，填写土地证，召开发证大会暨总结会，宣布土地改革运动结束。

1952年6月，历时19个月的漳平县土地改革运动基本结束，从根本上改变剥削压榨的生产关系，确立新型的“耕者有其田”制度，广大贫苦农民大众扬眉吐气，兴高采烈，饱享土地改革运动的胜利果实，取得显著的实际成效。全县土地改革运动共没收、征收耕地83566.56亩，耕牛709头，房屋3708间，农具15491件，大件家具7485件，多余粮食879483斤；全县共有17775户63395人贫雇农及其他劳动者，通过分配得到上述土地和其他财产；土地改革运动后，全县小土地出租者以下21855户83359人，分配和占有土地179179.87亩，人均2.14亩，占总耕地的100%；贫雇农人均占有耕地由0.63亩提高到2.02亩，中农由1.70亩提高到2.34亩，实现“耕者有其田”的愿望。但是土地改革运动也发生过一些偏差，出现政策执行处理不当、笼统错划阶级成分等错误，在一定程度上侵犯中农和侨眷利益，以致遗留一些历史问题。尽管如此，漳平县土地改革运动的主流终究是健康的，成绩仍然是显著的，宣告最终消灭二千多年的封建土地所有制，确立了贫雇农在农村中的优势地位，巩固了工农联盟的执政基础，客观上为农村经济的复苏与发展，引导千百万农民走上农业集体化道路提供了前提条件，因而极大地加速漳平农村变革的历史步伐。

第三节　“三反”“五反”运动

1951年，在增产节约、支援朝鲜战争运动中，全国揭发出大量贪污浪费、严重官僚主义的现象，引起中共中央的高度重视。12月1日和8日，中共中央分别发出《关于实行精兵简政，增产节约，反对贪污，反对浪费和反对官僚主义的决定》及《关于反贪污斗争必须大张旗鼓地去进行的指示》，强调必须像镇压反革命运动一样重要，开展“三反”（反对贪污、反对浪费、反对官僚主义）运动，随即形成全国性的群众运动。

1951 年 12 月 20 日，中共漳平县委召开县直机关党员干部扩大会议，要求各系统各部门雷厉风行地反对官僚主义作风，检查贪污浪费现象，由此拉开漳平县“三反”运动的帷幕。漳平县的“三反”运动，从 1951 年 12 月 20 日开始，至 1952 年 6 月底基本结束。整个运动大体分为四个阶段，采取领导带头“下水洗澡”，自上而下和自下而上相结合的群众运动方式进行；重点检讨党政机关内部存在的官僚主义作风，层层查处党政机关工作人员的贪污浪费行为，“打虎”退赃，定案查办。

第一阶段：1951 年 12 月 20 日至 1952 年 1 月 15 日的民主整风阶段。在这一阶段，从县委到区委主要采用动员报告、学习文件、典型示范、小组坦白与检举及大会发言等方式进行。县委部署为期 12 天的民主整风学习，县一级机关干部职工 235 人、区干及土改队 395 人先后参加。1952 年 1 月 2 日—12 日，县委召开扩大会，发扬民主作风，揭发县委领导的官僚主义、铺张浪费问题，着重批评县委主要领导的山头主义、宗派主义。通过这一阶段的揭露批评，初步打击了官僚主义，停止了浪费现象。

第二阶段：1952 年 2 月 5 日至 4 月底的限期“打虎”阶段。“三反”又称“打老虎”：贪污 1000 万元（旧版人民币，简称旧币，1 万元相当于 1955 年发行的新版人民币 1 元，下同）以上者即为“老虎”，贪污 1000 万元以上 1 亿元（旧币）以下者为“中老虎”，贪污 1 亿元（旧币）以上者为“大老虎”。1952 年 2 月，县委、县政府组织“打虎”队，深入粮食、税务、财政等重点单位督促查办，揪斗大、中、小“老虎”，县、区级机关干部职工共计 630 人参加“打虎”整风。县、区级领导结合整党整风，率先“下河洗澡”，层层“下水”，在大会、小会上明确作出诚恳接受批评的表态，主动检讨自身存在的官僚主义、铺张浪费的问题。“打虎”采用大会点名、小组补充、限期坦白、撤职查办、扣押逮捕、交给群众大会斗争等方式进行。经过四次“打虎”战役，取得如下战果：查处贪污人数（尚未划清界限前）：县、区级机关单位 342 人，其中县一级 174 人，区一级 168 人，分别占参加“打虎”整风县、区级机关干部职工总人数的27.6%、26.6%；查实贪污款数：县、区级机关单位111811500元，其中县一级90381889元，区一级21429611元；铺张浪费总数：县、区级机关单位25093070元，其中县一级22124800元，区一级2968270元；追查“老虎”人数：追捕大贪污，查办小贪污，打出“中老虎”1只，“小老虎”26只，经定案后6只。全县查出私挪公款1400万元，其中600万元既无记账又无借条；购买物资从中贪污；偷盗仓库公粮、贪污税款；虚报车旅费；购物涂改发票，多列支出，从中贪污；敲诈商业，索贿腐败；勾结奸商，损公肥私，做投机生意；出卖经济情报；贪污机关菜金；借用公款私放高利息或存入银行生利息。

第三阶段：1952年5月初至6月11日的定案审判阶段。1952年4月21日，中央人民政府公布施行《中华人民共和国惩治贪污条例》，明确贪污犯的认定、量刑等处理办法。5月初，县委、县政府成立漳平县“三反”追赃定案小组，吸收群众意见，实事求是地进行定案工作。5月6日，漳平县“三反”人民法庭成立，审判员9人，县长张震东任审判长。至6月底，县“三反”人民法庭二次开庭审案，判决案件13件，宣判贪污犯13人，其中判决管制8人，有期徒刑4人，劳役1人。贪污分子13人中，贪污100万元至1000万元计7人，1000万元至5000万元计6人，无贪污1亿元以上的“大老虎”。从贪污分子的个人成分上看，旧政权留用干部10人，新任干部3人；从政治面貌上看，中共党员1人，其余12人均为群众。

第四阶段：1952年6月12日至6月底的分析总结阶段。县委、批评“三反”运动中暴露的右倾思想，认为：预防贪污、浪费的主要办法，应从加强队伍人员的思想改造入手，因为多数旧职留用人员出身成分复杂，缺乏政治教育，根本办法就是提高政治思想觉悟。同时，结合整党，纯洁组织，要求在职人员如实向组织交代社会关系。全县重新查出交代的各种社会关系11种共计88人，清退极少数政治成分复杂的人员。

在漳平县“三反”运动中，被绳之以法的腐败分子大多高发于财政、税务、粮食、银行、公安、邮电、商业等部门，且多为利用经手管理钱、粮、物的职务便利，从中贪污、受贿，或徇私舞弊，非法牟利。如，县政府财政科会计陈某某将公款 500 万元存入银行生息 207500 元；税务人员林某某贪污 7 头猪的猪税，合计 80 余万元；仓管员陈某某隐瞒压报接管粮食，贪污稻谷 8 万多斤；银行工作人员曾某某泄漏经济情报，勾结不法商人投机倒把，使国家资金蒙受重大损失；公安局干事章某某贪污公款 600 万元，一次即向商人敲诈大洋 200 块，收贿 133 万元，折合 1093 万元。

漳平县的“三反”运动取得较大成绩，打退了资产阶级的猖狂进攻，揭发了铺张浪费，扫除了官僚主义，树立了廉洁奉公的新作风，提高了党在群众中的政治威信。县直机关参加“三反”运动 313 人，查出有贪污行为 103 人(划清界限后)，其中 1000 万元以上“老虎”6 名。全县查实贪污总额 3 亿 2 千多万元，按 1955 年新版人民币计算，共计 32015.13 元；共收到群众检举信 300 余件，开除党内贪污蜕化分子 2 人。截止 1952 年 10 月，定案宣判贪污犯 13 人，追回赃款 1.4 亿余元。

1951 年 12 月“三反”运动开始后，全国大量暴露出国家机关贪污分子与不法资本家的行贿、偷税漏税、盗骗国家财产、偷工减料、盗窃国家经济情报的“五毒”行为密切相关，要杜绝贪污、浪费和官僚主义的“三害”行为，就必须铲除“五毒”行为。1952 年 1 月 26 日，中共中央发出《关于在城市中限期展开大规模的坚决彻底的“五反”斗争的指示》，要求各地向违法资本家开展一场大规模的反行贿、反偷税漏税、反盗骗国家财产、反偷工减料、反盗窃国家经济情报的“五反”运动，基本上与“三反”运动同时进行，在各地全面铺开。

漳平县解放初期，漳平县的生产得到初步恢复和发展，城乡私营工商业经济也因此逐渐活跃。其时全县有私营、手工业作坊 500 余家，从业人员 1400 余人，县城有商店 182 家。但是，部分不法私营工商业主、资本家不满足于用正常经营方式获得正当的一般利润，常常拉拢腐蚀干部，采取偷税漏税、偷工减料等不正当手段攫取高额利润。

1952 年 2 月中旬，中共漳平县委、县政府在城关召开“五反”运动动员大会，决定在全县资本主义工商界开展“五反”运动，重点打击不法资产阶级分子严重腐蚀干部、破坏抗美援朝和国家经济建设的非法活动。各单位以党支部为主，召开群众大会，进行政治动员，采用个人坦白与发扬民主相结合的方法，发动群众检举揭发。不少不法资本家和奸商慑于“五反”运动的强大政治威力，向党和政府坦白交代行贿、偷税漏税、偷工减料、骗取国家财产等问题，争取宽大处理。极少数腐败分子害怕问题暴露，与不法资本家、奸商订立攻守联盟，企图蒙混过关。县委发现这些问题后，一方面加大“三反”运动力度，从党内问题查找党外不法资本家、奸商的问题；另一方面逮捕拒不坦白交代问题的不法资本家、奸商，批评教育因贪图私利成为“糖衣炮弹”俘虏的个别工人、店员，促使“五反”运动沿着健康的轨道发展。至 4 月，城区及永福、新桥等地的各工会组织、工商团体、私营工商企业与手工作坊普遍展开“五反”运动，与正在形成高潮的“三反”运动交错进行，至 1952 年夏基本结束，取得重大成果。“五反”运动期间，检举、查处不法资本家、奸商与干部相互勾结、损公肥私典型案件数起，如银行干部曾某某勾结奸商投机倒把，出卖经济情报。曾某某假借别人名义贷款 1000 万元（旧版人民币，下同），与奸商勾结从事木排投机活动，公然向奸商泄漏厦门欲采购漳平大批木排的经济情报，致使漳平木排价格突然上涨，从中牟取非法暴利；以王某某为首的 3 名干部前往龙岩县采购棉被 300 条、棉衣 500 件，与奸商沆瀣一气，贪污银元 200 元以上；邹某利用采购棉布、食盐等紧俏物资的职务之便，与奸商串通，收贿入股，以高价买进、低价卖出的手段，致使国家损失 4200 余万元。全县普遍审查私营工商业者的经营行为，发现其中不同程度地犯有行贿、偷税漏税、偷工减料、损公肥私等违法违规的现象，查处偷税漏税及违规案件 400 余起，补交税款 5 亿余元，移送司法机关处理案件 8 起。

漳平县“五反”运动主要集中在县直机关和城区、永福、新桥等地的工商界开展，与“五反”运动同步进行。总的说来，全县“五反”运动取得明显成效，锻炼和教育了大多数干部，挽救了犯错误的同志，清除了党员队伍和国家干部队伍中的腐化分子，有力地抵制了资产阶级的“糖衣炮弹”的进攻与腐蚀，稳定了工商界的经营秩序，促进了党风、社会风气的健康形成。特别是有力地打击了不法资本家、奸商严重的“五毒”违法行为，在工商业者中进行了一次遵规守法教育，推动了私营企业建立工作监督制度和实行民主改革，是我们党在对资产阶级的限制和反限制斗争中所取得的又一次胜利，从而为全县资本主义工商业的社会主义改造铺平道路。

第四节　国民经济的初步恢复和发展

漳平县解放初期，县委、县政府在国家的支持下，领导漳平老区人民自力更生，重建家园。至 1952 年底，经过三年努力，国民经济得到全面恢复和初步发展。

民国期间，漳平经济处于自给自足的自然经济状态，基础薄弱，发展缓慢。至 1949 年底，全县社会总产值 1375 万元，人均 168 元，国民收入 984 万元，人均 120 元；社会商品零售总额 50 万元，人均 18.30 元。1950—1952 年，县委、县政府采取鼓励措施，扶持发展手工业生产；成立粮食、百货、专卖、纺织品等国营企业，恢复私营商业，促进商品流通，稳定市场物价；全面完成土地改革任务，解放农村生产力，农民生产积极性普遍高涨。同时，全县取得剿匪反霸斗争的胜利，人民政权日益巩固，为恢复经济、发展生产创造安定团结的社会环境。因此，全县经济得到初步的恢复和发展。至 1952 年底，全县社会总产值 1569 万元，比 1949 年增长 14.11％，年递增 4.75％，社会商品零售总额 207 万元，增长 38％。

工业方面，民国期间，城镇就开始有私营碾米、印刷、酿造和小型电厂，技术落后。工业仅限于手工业生产，城镇为零星分散的手工作坊，农村为传统的家庭手工业，生产规模小，产量低。1949 年底，全县工农业总产值 1259 万元，人均 154 元，其中工业总产值 169 万元，占 13.4％。漳平县解放后，人民政府积极兴办国营和集体工业。50 年代初期，人民政府接收漳平青年电厂，试办手工业社

(组)，着手恢复和发展工业、手工业生产。县委、县政府贯彻省政府、龙岩专署的精神，加快建立国营和集体工业的步伐。1952 年，全县工业总产值 171 万元，比 1949 年增长 1.2%。

农业方面，民国期间，农民从事以粮食为主的单一农业生产活动，耕作粗放，工具简陋，农耕技术水平低下，加上封建地租剥削，绝大多数农民处于饥饿、半饥饿状态。1949 年底，全县农业总产值 1090 万元，占全县工农业总产值 1259 万元的 86.6%，粮食总产量 21981 吨。漳平县解放后，县政府倡导农民改进水田耕作制度，以解决农田亩产低下、农业产品单一的问题。特别是全县实行土地改革后，广大农村逐步推广多熟制的农田耕作制度，即把一熟田改为两熟或三熟田，尽量减少秋季、冬季闲田，推广种植多品种的高产农作物。全县水田主要采取双季稻区、单双混栽区、单季稻区三种复种、套种方式。随着耕作制度的改革，复种指数的增加，以及土改以后农民生产积极性的提高，全县粮食在 1950—1952 年连续三年丰收，总产量逐年提高，人均占有粮食不断增加。1952 年，全县粮食总产量 28518 吨，比 1949 年增长 29.7%。根据内洪、适园、后盂、清源、罗山、上界、郎车、吕坊等 8 个乡革命老区的调查，粮食亩产量亦有所增产。例如适园乡 1949 年、1952 年平均亩产分别为 150 斤、180 斤，比增 20%；郎车乡 1949 年、1952 年平均亩产分别为 170 斤、200 斤，比增 18%；内洪乡 1949 年、1952 年平均亩产分别为 210 斤、230 斤，比增 9.5%；上界乡 1949 年、1952 年平均亩产分别为 240 斤、260 斤，比增 8.5%。

与此同时，全县采取兴修水利、捕捉害虫、增施肥料等措施，促进农业增产。1950—1952 年，农村普遍兴修水圳、水堤等农田水利，其中修建水圳 163 条、水堤 1494 条、水塘 47 口、小水坝 8 座，受益农田达 50600 余亩。仅 1952 年，新建水圳 57 条、水塘 31 口、水坝 7 座，受益农田 4348 亩。由于农用化肥匮乏，农村广泛采取人工捕捉害虫、增施肥料的措施，以防治病虫害，增加田地肥力。1950 年，个别区乡不够重视农业防治病虫害工作，如菁华区各乡感染小麦白穗病达 25%～30%，每丛(平均 30 株)小麦白穗病平均达 8 株，单丛最高达20株，造成小麦减产。1951年、1952年，各区乡高度重视，及时防治，取得显著进步。在1950—1952年，全县发动28852人捕捉农业害虫，焚火烧虫33607堆，拔除水稻枯心苗69443斤、稻出葱370斤，除灭稻苞虫16246条、稻椿象15288条、螟蛾313681只、浮尘子49085272只、稻蝗7597672只，捕灭老鼠3729只。积肥增产工作也取得较大进展。据1952年春三个月的统计，全县共积人粪肥1610816担、畜肥180031担、草木灰104080担，其他火土、骨肥236016担，合计积肥2130943担，平均每亩肥料约4担，比往年增加约1担。

革命老区的恢复建设方面取得相当成绩。其时，全县建立过老苏区共有20个乡125个自然村，5474户，21020人，其中属革命基点村有8个乡28个自然村，701户，2582人。1951年，县组建老区工作队，深入老区乡村，帮助老区人民渡过难关，恢复生产。1950—1952年，县政府共发放冬种救济和重建家园粮52095斤，拨款4.86645亿元(旧版人民币，简称旧币，1万元相当于1955年发行的新版人民币1元)；1951—1953年，免征基点村公粮77.3万公斤。1952年的工作扶持力度为漳平县解放后的历年之最。1952年5月，为救济基点村春荒，县机关干部捐献大米1255斤，款663.5元(旧版人民币)，救济184户。1952年7—12月，拨款4亿元(旧版人民币)，专项帮助革命老区乡村新建房屋153间，修缮翻新928间；拨款6千万元(旧版人民币)，专项制作棉被200条，棉衣132件。

由于全县实行统一财经工作，财政状况有所好转，收支基本趋于平衡，但仍需上级拨款补助。1949年10月，漳平县开征屠宰税，当年共收入银元23269.72元，稻谷293704公斤。1950—1952年，财政收入全部上缴，县财政开支由上级核拨。1953年始建立县一级财政，此时财政收入来源渠道不多，主要依靠农业税、工商税、企业收入和其他收入这四大项，其中工商税收入始终占据财政收入的主要地位。

随着生产的恢复和发展，农民、职工的收入有所增加，生活水平得到一定改善。漳平县解放前，绝大多数农民终年辛劳，所得无几，即使在正常年景，也过着糠菜半年粮的生活。若遇灾荒，仅靠树叶野菜充饥；职工收入微薄，加上货币贬值，大多数职工挣扎在贫困线上。1949 年，农民人均纯收入仅 35 元。土地改革后，农村经济得到恢复和发展，农民收入逐年增加。1952 年为 40 元。在物价长期稳定的情况下，职工工资逐步增加，1952 年，全县职工人均年工资 350 元，城镇个体劳动者人均收入在 320 余元。

第五节　社会主义改造的基本完成

实现社会主义，是中国共产党自创建时起就确定的奋斗目标。随着全国土地改革的基本完成和国民经济的恢复与发展，1953 年 9 月 25 日，中共中央正式向全国公布社会主义过渡时期的总路线和总任务，即要在一个相当长的时期，逐步实现国家的社会主义工业化，并逐步实现国家对农业、对手工业和对资本主义工商业的社会主义改造。党在过渡时期的总路线是“一化三改”“一体两翼”的总路线，它的主体任务是逐步实现社会主义工业化，两翼分别是对个体农业、手工业的社会主义改造和对资本主义工商业的社会主义改造，主体和两翼是不可分割的整体。

1953 年 11 月，中共漳平县委召开县、区、乡三级干部及社会各界代表扩大会议，要求全县宣传、贯彻总路线精神，明确总路线的方向和任务。通过总路线的宣传贯彻，“一化三改”总路线的基本精神深入人心，得到广大党员干部、人民群众的拥护，从而推动全县社会主义改造等各项工作的顺利进行。至 1956 年，在这条总路线的指引下，漳平县用 3 年多的时间，基本完成对农业、手工业和资本主义工商业的社会主义改造，提前超额完成第一个五年计划。

漳平县对农业的社会主义改造，经历农民个体私有——互助组——初级社——高级社的变革，转变为单一的劳动群众社会主义农村集体所有制。1953 年夏初，县委、县政府贯彻“积极领导，稳步前进”的方针，在芦芝乡邦坑村以杨柏互助组为基础，试办漳平县第一个初级社，推广杨柏互助组试办初级社的典型经验，引导互助组走上发展初级社的道路。初级社采用土地评产入社，统一经营、按劳分配的集体管理模式，初步显示集体经济的优越性。1954 年底，全县建立初级社 271 个；1955 年 10 月，全县初级社激增至 499 个。1955 年冬，县委贯彻中共中央《关于农业合作化问题的决议》，全县开始试办高级社。在 1956 年大办高级社的高潮中，批判右倾保守思想，一律按村成立高级社。至 5 月，全县成立农业生产合作社 333 个 16422 户，占农户总数的 76.05%，其中高级社 70 个 10596 户（含地、富 200 户），占农户总数的 49.63%；至 12 月，全县共办高级农业社 164 个，入社农户 22147 户，占农户总数的 90.52%；1957 年，全县建立高级社 199 个，参加农户 22932 户，尚存初级社 22 个，572 户，全县基本实现高级社的农业合作化。

对手工业的社会主义改造，县委、县政府根据个体手工业生产规模弱小、经营零星分散的实际情况，有组织地引导个体手工业者走上集体化道路。在组织形式上，采取按行业特点，试办各行业的手工业生产合作小组或生产合作社，逐步从手工业供销合作社发展到手工业生产合作社，实现由小到大、由低级形式向高级形式的过渡。1952 年 10 月，按照自愿互利的原则，试办全县第一个手工业合作社——菁华农具社，集体经营，共负盈亏。随后，全县各区陆续组织手工业社（组），稳步发展集体经济。1954 年 6 月，县委、县政府根据中共中央对手工业社会主义改造实行积极领导、稳步前进的方针和省委、地委的指示，初步掀起手工业合作化改造的热潮，陆续组织 5 个社（组）。当年，溪南、永福、新桥、双洋等地铁具作铺兴办农具生产合作社。至 1955 年底，共组成木器、农具、糕饼、斗笠等合作社（组）12 个，社员 180 人。1956 年漳平县手工业改造工作队成立后，全县对手工业社会主义改造进入高潮。1956 年底，全县基本完成对手工业社会主义改造，共建立手工业社（组）28 个，社员 446 人，占全县手工业从业人员总数 77.7%，分散经营的私有手工业基本转化为集体企业。

在对资本主义工商业的社会主义改造过程中，县委、县政府较好地贯彻执行党对私营工商业团结、教育、利用、限制和改造相结合的方针，重点发展国营企业，积极扶持集体供销合作企业，通过和平赎买和国家资本主义的形式，实现对资本主义工商业全行业的公私合营，并将其纳入社会主义轨道。私营工商业的社会主义改造基本完成后，全县初步建立以国营、集体经济为主导，个体经济为补充的工商业体制，符合广大人民迅速建立社会主义经济体制和分配体制的强烈愿望。至1956年，全县有7家私营企业参加公私合营，职工81人，83%的私营工业企业纳入公私合营或合作化的轨道。对私营工业实行生产资料折价入股，定股定息。定息年限期满后，公私合营企业最后转变为社会主义全民所有制；全县96%的私营商业转化为国有或集体商业，私营商业仅剩13户、13人，占原有私营（个体）商业3.7%，全县共有合作商业227家、377人。同时，对关系到国计民生的粮油、棉花实行统购统销，对生产资料和一些重要商品实行专营或纳入计划轨道。这在当时特定的历史条件下，对防止不法商人囤积居奇、稳定市场物价、保障人民生产与生活必需品的供应等方面，均发挥积极的调控作用。

1956年"三大改造"的基本完成，标志着漳平县基本确立社会主义制度，基本完成从新民主主义向社会主义的转变，进入社会主义的初级阶段。一个崭新的社会主义制度初步建立，漳平人民在党的领导下走上社会主义的康庄大道。

"三大改造"实质上是漳平县社会生产关系一次前所未有的大变革。生产资料的社会主义公有制（全民所有制和集体所有制）取代长达数千年的生产资料私有制，生产资料的社会主义公有制在国民经济中占绝对优势；全县开始全面实行"各尽所能，按劳取酬"的社会主义分配原则。这种新型的生产关系基本上消灭了剥削阶级和剥削制度，人民群众真正成为国家的主人，极大地调动广大人民的建设社会主义国家的积极性，适应并促进当时漳平县社会生产力的发展。

第六节 “一五”计划的实施与成就

第一个五年计划是指从1953年至1957年，中华人民共和国成立后，我国仿照苏联工业化模式实施的第一个为期五年国民经济发展计划。漳平县在实施第一年五年计划时期，全县人民发扬不怕苦、不怕累的奋斗精神，克服资金困难、物资供应紧张的重重困难，以高涨的生产热情忘我劳动投身社会主义各项建设。县各级政府紧缩财政开支，五年在工业、交通邮电、农林水利、文教卫生等行业，累计投资基本建设总额99.5万元，年均投资19.9万元。到1957年底，漳平县实施国民经济发展的第一个五年计划如期完成，国民经济面貌发生显著变化，城乡经济日趋繁荣。

经济综合实力明显增强。1957年，全县社会总产值3399万元，比1952年增长116.6％，年递增16.72％，工农业总产值3017万元，增长108.5％，年递增15.83％，其中工业产值454万元，增长165.5％，年递增21.57％，农业产值2563万元，增长100.86％，年递增14.97％，粮食产量37247吨，增长30.32％，年递增5.44％，社会商品零售总额669万元，增长223.19％，年递增26.44％。各行业的社会产业结构得到了初步调整，比重逐步发生良好变化。中华人民共和国成立前，漳平县国民经济基本上属于农业经济，工业、商业、建筑业、运输邮电业等行业在社会总产值结构中所占的比重较小。“一五”计划实施后，“五业”（农业、工业、商业、建筑业、运输邮电业）之间的结构不断变化。总的趋势是农业所占比重逐年下降，工业、商业、建筑业、运输邮电业所占比重逐步上升。1949年，全县社会总产值1375万元，农业产值1090万元，占79.27％；工业产值169万元，占12.29％；商业产值59万元，占4.33％；建筑业产值29万元，占2.11％；运输业产值28万元，占2％。1953—1957年，“五业”社会总产值逐年增长，“五业”结构之间的比例关系较为协调。1957年，全县社会总产值3399万元，农业产值2562.84万元，占

75.40%；工业产值454.11万元，占13.36%；商业饮食业产值242.00万元，占7.12%；建筑业产值93.13万元，占2.74%；运输邮电业产值46.90万元，占1.38%。

工农业结构健康发展。1949年，漳平县经济以农业为主，工农业总产值1259万元，其中农业产值1090万元，占工农业总产值的86.58%；工业产值169万元，占工农业总产值的13.42%。随着社会主义建设的进展，二者的比重逐步变化。1953年，工农业总产值1558万元，其中农业产值1340万元，占工农业总产值的86%；工业产值218万元，占工农业总产值的14%。1957年，工农业总产值3017万元，其中农业产值2563万元，占工农业总产值的84.95%，比1953年下降1.05%；工业产值454万元，占工农业总产值的15.05%，比1953年上升1.05%。

工业门类内部结构得到一定改善。中华人民共和国成立前，漳平县以手工作坊为主，几乎没有近代工业，工业门类简单，未能形成行业结构体系。在“一五”计划实施时期，省、地、县先后投资开始兴建一批具有现代规模的工业企业，虽尚未初步形成门类比较齐全的工业体系，但近代工业从无到有，门类逐渐增多。1953—1957年，轻工业产值均超过重工业产值，其中1957年轻重工业比重为72.9∶27.1，在工业门类内部结构中占主导地位。

基础交通建设的迅速崛起。漳平，地处戴云山、玳瑁山和博平岭三大山脉结合部。四周群山耸峙，交通闭塞。漳平县解放前，运输以水运为主，陆运靠肩挑。漳平县解放后，开辟铁路、县乡公路和矿区公路，同时疏通九龙江河运干线。1957年公路、铁路先后修通，内河航运逐渐为陆路运输所取代，初步改变山区交通落后的面貌。

铁路方面：1955年2月，列入福建“一五”计划重点建设项目的鹰厦铁路（北起江西省鹰潭市、南至福建省厦门市）福建段正式动工。鹰厦铁路由中国人民解放军铁道兵团8503部队承建，担负艰巨的施工任务。7月，中国人民解放军8503部队一个师进驻漳平修筑鹰厦铁路（鹰厦铁路修通后，1959年底陆续调离漳平）。1956年

10 月 19 日，漳平县各界万余人举行集会，欢庆鹰厦铁路铺轨到县城，成为漳平县建有铁路之始。10 月 23 日，印尼华侨归国观光团闽籍团员 25 人莅临漳平，参观鹰厦铁路铺轨工程，受到漳平各界热烈欢迎。12 月 5 日，省人民慰问团一行 140 多人莅临漳平，慰问修筑鹰厦铁路的中国人民解放军 8503 部队和民工。12 月 9 日，鹰厦铁路铺轨到达厦门。1957 年 4 月，鹰厦铁路全线竣工通车，全程 694 千米。鹰厦铁路(干线)漳平段贯通漳平南北，北自今新桥镇柯周坑入境，南至今芦芝镇大杞出境，境内长 88 千米。沿线设城口、麦园、城门、钱坂、卓宅、漳平、易坑、梅水坑等 8 个车站。其中，城口至梅水坑 74 千米由漳平段管理，柯周坑至城口 7 千米由永安段管理，梅水坑至大杞 7 千米由郭坑段管理。1959 年 1 月，由福州铁路局验收后正式营运。

公路方面：1956 年 6 月通车，全长 81 千米，每天对开客车一班，这是漳平历史上第一条全线修成通车的公路。1956 年 9 月 2 日平福公路(漳平—永福)动工修建，1957 年 4 月 6 日竣工，5 月 2 日正式通车，全长 41.5 千米，为龙岩专区第一条民办公助公路。各乡(镇)掀起修路热潮，简易公路不断延伸。

水利电力工程兴修建成。1957 年 12 月，在双洋南门圳建成装机 16 千瓦的试点水电站，为径流开发低水头电站。双洋水电站是中华人民共和国成立后漳平县境内建成的第一座水电站，亦是漳平县有史以来的第二座水电站(1945 年 3 月在永福蓝田兴建第一座水电站)。同时，动工修建漳平最大的引水工程永福新坑圳，该工程 1958 年夏竣工，圳长 15 千米，灌溉面积 1348 亩。

教育、卫生、文化等各项社会事业齐头并进，发展较为迅速。教育事业方面，学校贯彻“向工农开门办校”的方针，在发展全日制学校的同时，普遍兴办冬学、民校，掀起扫除文盲热潮，并创办干部、职工业余学校。到 1957 年，全县幼儿教育发展到 18 个园(所)，有 27 个班，在园幼儿 739 人，教职员 35 人，园(所)个数、班数、在园幼儿人数、教职员人数分比 1952 年增加 16 个、23 个、616 人、19 人。全县小学办学 183 所，教学班 373 个，学生 10398 人，小学校数和在校学生数分别比 1949 年秋增长 3.26 倍和 3.3 倍;完中、初中建校各 1 所,在校初中生 785 人,高中生 217 人,中学在校学生数比 1949 年秋增长 1.95 倍。医药卫生事业方面,1953 年设立县卫生院和妇幼保健站。1956 年卫生院改为县医院,并成立县医药公司。1958 年设县卫生防疫站,各公社均成立保健院,同时建立 32 个生产大队保健站和 154 个保健室,初步形成县、社、队三级医疗卫生网。文化事业方面,县人民政府开办文化馆、书店、广播站、剧团、电影队,各乡(镇)普遍建立文化站、俱乐部、业余剧团、广播室等文化设施或团体。秧歌队、腰鼓队、文艺宣传队、业余剧社举行的群众性文化娱乐活动和文艺大会演活动日趋活跃,同时涌现一批青年业余文艺作者。至 1955 年,全县共设放映点 27 个。至 1957 年,全县农村俱乐部 68 个,比 1955 年增加 65 个。

居民收入水平、生活水平明显提高。漳平县解放前,大多数农民无地或少地,挣扎在贫困线上。农民除食盐、布匹及铁制小农具外,极少购置其他商品,食品多自产自用。绝大多数农民穿土布衣裳,一衣穿多年,甚至穿单衣短裤过冬,终年赤脚,在家穿木屐,不少十几岁的姑娘因无裤子穿而羞于出门。许多家庭缺少被帐,睡稻草、盖棕衣、烤火笼过冬;夏天则用艾草驱蚊。1949 年,全县农民人均纯收入仅 35 元。土地改革后,农民收入逐年提升。1952 年为 40 元,1957 年达 57 元,比 1949 年增加 62.8%。职工工资收入和城镇个体劳动者收入逐步提升。1952 年全县职工人均年工资 350 元,城镇个体劳动者人均年收入 320 余元。1956 年后,个体劳动者为数极少,其收入水平大致与城镇集体所有制职工工资收入相当。居民的生活水平不断提高,1953 年农民人均生活消费品支出仅 28 元,1957 年达 63 元,净增 35 元。

第七节 “大跃进”运动

1956 年底，在“一五”计划社会主义建设的巨大成绩面前，党内“左”倾思想逐渐膨胀，在批评“反冒进”的同时，“左”倾错误指导思想却占了上风，从而吹响“大跃进”运动的进军号角。1957 年 10 月 27 日，《人民日报》发表社论《建设社会主义农村的伟大纲领》，要求“有关农业和农村的各方面工作在十二年内都按照必要和可能，实现一个巨大的跃进。”第一次公开使用“跃进”一词。11 月 13 日，《人民日报》发表社论《发动全民讨论四十条纲要，掀起农业生产的新高潮》，明确提出“有条件也有必要在生产战线上来一个大的跃进”的口号，“大跃进”三字吹遍全国城乡各地。

1957 年 12 月 4 日至 1958 年 1 月 30 日，中共福建省委召开中国共产党福建省第一届代表大会第二次会议，号召全省人民树立“大跃进”的思想，“可能跃进、必须跃进、敢于跃进，跃进！再跃进！”中共漳平县委贯彻福建省委关于组织农民和全体人民大讨论、大辩论《四十条纲要》的精神，在全县城乡掀起形式多样的辩论宣传活动。1958 年 2 月 23—28 日，县委在城区召开有 2800 多人参加的五级干部扩大会议，正式轰响开始“大跃进”的第一炮。会议提出“反右倾、鼓干劲、超英赶美、苦干三年、提前实现农业发展纲要四十条”的急进口号，迅速组织各行各业“大跃进”。众多与会干部头脑发热，充满跃进观念，永福区的干部说：“北方要过黄河、跨长江，我们就来个过海赶日本。”

农业一马当先，紧紧围绕“水、肥、土、密、种”五项指标，率先“大跃进”，掀起农业飞速跃进的热浪，原定四年“实现亩产 800 斤县”的计划提前在 1958 年这一年内完成。

首先是大规模的全民性兴修水利运动。根据省委 1957 年 11 月 20 日发出的《关于立即掀起一个空前规模的兴修水利的紧急指示》精神，全县随即发起全民性兴修水利运动。在“锄头当刀枪、土地当战场、松光当太阳、不修水利不过年”的口号下，兴修水利遍及农村各地。永福吕坊社没有水平仪量测量，就土造水平仪，即用酒瓶装水后放在三角架盘上当水平仪，修通20华里水圳。1958年，全县共投建水利电力工程1542处，解决旱地灌溉31617亩，等于解放以来的总和还要多几倍。但这些工程基本上采取土法上马的办法匆促兴建，结果多数因设计标准低、工程质量差而废弃，或因资金不足而停建。

普遍开展群众性积肥运动，推动农业“大跃进”。1958年春夏秋，全县分别开展三次大规模积肥，累计囤积各种肥料3.5亿多万担，每亩平均达1050担，比1957年增长50倍。在积肥办法上，贯彻多快好省、土洋结合的做法，大搞水绿肥，利用水库、山塘、空闲田积肥，大办土化厂906个，生产各种土化肥501万担。1958年，全县打破常规，平均每亩施肥1050担，比1957年增加51倍。

全县大力推广条插密植和高度密植。在春耕生产和夏种中，普及以条插密植为中心内容的所谓技术改革运动，这是农业超前跃进的又一出重点戏。县、社干部决定在春耕生产中普及推广7×2条插密植，每亩播种量由5斤提至25斤。当这一措施要求群众贯彻时，人们无不目瞪口呆，舌头都伸出来，普遍反映：自盘古开天地以来也没有听到一亩种籽要播种25斤，为什么每亩要播种25斤呢？在行政命令的强制下，全县的春耕播种普遍实行4×2或5×2条插密植，每亩插秧达7万丛以上。在夏种中，条插密植和高度密植愈演愈烈，连地瓜密植每亩都一般在6000丁以上，有的多达18000丁。事实证明，这种盲目追求高指标的瞎指挥，不仅浪费大量种子、人力，而且过于密植不能通风，违背了农业生产的客观规律，埋下了表面丰产、实际减产的无穷后患。

在大办农业“大跃进”的过程中，全县开展“五抓二保证”的整社整风工作，要求广大干部、群众思想跃进、规划跃进、措施跃进、行动跃进，规定男劳力全年出工300～330天，女劳力全年出工230～250天。各社普遍早出晚归，和加点干夜工，形成“男女老少齐动手，家家户户无闲人”“出工鸡报晓，收工满天星”的场景。

随着农业上的“大跃进”，高产“卫星”相继竞放。1958 年 7 月 10 日，《闽西报》载：河南省放出第一颗农业高产卫星、小麦单季亩产 7320 斤。8 月 27 日，《人民日报》刊登《人有多大胆、地有多大产》文章，宣称：一亩地要产 5 万斤，乃至几十万斤红薯。在跃进、跃进、再跃进的形势下，县干部层层下放，“大搞试验田，人人抛卫星、创高产”。安仁乡西埔党支书种植 1.11 亩甘蔗，报出亩产 68200 斤，比当地甘蔗亩产 8000 斤增长 8.5 倍多。溪南公社杨美大队隔垅盂小山岗，在这块仅 4.37 亩挖到 136109 斤地瓜，平均亩产 31146 斤，高出社队地瓜平均亩产的 7～8 倍，放出全县山凹地第一颗地瓜高产“卫星”。就水稻而言，高产“卫星”频频“抛头露面”。1958 年，全县早中稻总产量达 557220 担，平均亩产 502 斤，比 1957 年的 291630 担，增长 91％，相当于 1957 年的全年产量；晚稻总产量达到 984966 担，平均亩产 651 斤。全年若按粮食耕地计算，平均亩产达 835.3 斤，比 1957 年 380 斤增长 119.2％，总产量达 1565113 担，比 1957 年增长 111.7％，提前四年实现《农业发展纲要四十条》中的规定。全县有 80000 亩粮食达亩产 800 斤，有 40000 亩粮食达 1000 斤，有 7000 亩粮食达 1200 斤，有 2 个乡（社）实现 800 斤，有 3 个乡（社）实现 1000 斤。1958 年 11 月 1 日，在全县社队丰产“卫星”的形势下，漳平县宣布：全县已开始放开肚皮吃饱饭，能吃多少就给吃多少，吃饭吃菜不要钱，已从根本上解决了粮食问题。这些都充分反映浮夸风和农业高丰产，抛“卫星”已达到极其荒谬的程度。

农业“大跃进”后，工业大跃进也步步升级。1958 年 8 月，中共中央政治局北戴河会议通过《全党全民为生产 1070 万吨钢而奋斗》的决议，号召全民以炼钢为纲，苦战 4 个月，完成钢产量指标。

1958 年下半年，漳平县委多次召开社、乡书记会议，实施粮食和钢铁“两个元帅升帐”，成立粮食生产指挥部和煤铁生产指挥部，县委第一书记亲任煤铁总指挥，发出以钢为纲，坚决贯彻“小土群”方针，广泛建设炼铁炉型，一切为了钢铁高产而奋战的工作指示，迅猛掀起声势浩大的全民大炼钢铁运动。8—12 月，全县共组织四次大规模的全民大炼钢战役，总的特点是：政治挂帅，排除万难，十万大军，苦干苦钻，人人炼铁，炉火冲天，大放卫星，日破万吨。

在“钢帅升帐，带动一切工作”、“钢铁元帅升帐，各方停车让路”的热潮下，县委四个书记中有三个书记分工抓炼铁，各级党委第一书记也在炉边吃睡，发动群众投入运动。全县征调70％的力量抓煤抓铁钢，30％的力量抓农业，不仅集中大批精壮劳力投入炼钢，而且连七八岁儿童和六七十发老人也参加炼钢队伍。各部门动力机械调往前线运煤、木炭，学校基本上实行半工半读，特别是在第三、第四次大炼钢铁战役中，全面形成“千军万万齐上阵，各行各业同炼钢”的壮观局面。如第四次大炼钢铁战役打响后，在短短的10天内，发动全县8万多人投入备料，一共备足矿石2万多吨，燃料2万多吨，“练兵”（训练炉工）3000多人。

广大人民发扬忘我劳动、艰苦奋斗的精神，投入这场大拼搏、大奉献的炼钢运动。每天加班加点，劳动10～14小时，外地民工一天工资6～8角，本地民工一天工资4～6角，但没有人会因此而斤斤计较多少报酬，一心只想着早出钢，多出钢，“为国炼出争气钢、争气铁”。在缺乏冶炼钢铁资源的社队，则发动员群众砸锅卖铁，凡是民间属于铁的金属物品，如铁锅、铁门、铁条、铁栏杆、铁锁、铁丝网等，统统投入火焰腾腾的土高炉里溶化。全县妇女们的建设热情也相当高涨，捐献自己积存多年的金银首饰，共捐献黄金230两，银饰5332两，银元11324枚，银角13838角，支持炼钢设施的建设。

在大炼钢铁时期，“小土群”方针被充分肯定。“小”就是小型为主，建小型炉子；“土”就是运用各种土办法，解决设备、技术问题；“群”就是大搞群众运动。8月中旬，全县动员组织8万人挖煤采矿、伐木烧炭、广建高炉，形成“人人建炉、人人炼钢”的局面。至8月底，全县建有土高炉1684座。在大炼钢铁的第一、第二战役中，全县对贯彻“小土群”的方针认识不足，强调土洋结合，“洋”在作怪，炼铁生产曾一度停滞不前。县委在龙车铁厂召开现场会，总结肯定“小土群”方针的优越性，重新作战斗部署，小土炉（喇叭炉）炼铁很快就在全县范围内铺开，使全县大炼钢铁在第三、第四战役中，即一跃为全专区上游。

在“年产钢1070万吨”的伟大号召下，全县11万人民向钢铁发起总攻势，钢铁“卫星”遍地开花。11月26日，《漳平日报》刊登漳平煤矿放出日产煤8000吨所谓“巨型卫星”的浮夸报道；11月28日，漳平县宣布：一举突破日产钢铁1万吨的大关。据统计，这一天产铁11294.12吨，其中一类铁3875.12吨，二类铁7419吨，出现日产4千吨、2千吨的炼铁厂各1个，日产1千吨的人民公社3个，取得第四次钢铁战役的大捷。这一惊人的奇迹，再一次刷新龙岩专区钢铁日产的最高纪录。同日，大深铁厂放出一颗日产钢铁4235吨的“大卫星”，成为全省罕见的高产奇迹之一；截至11月29日止，县妇联为了确保钢铁元帅升帐，建立91个妇女炉，城关钢铁厂“木兰炉”报出日报3220斤，创全厂最高纪录。

在粮食、钢铁“两大元帅”跃进的情况下，交通运输、煤炭、铁矿等工业纷纷上马，形成各行跃进、全民跃进的氛围。由于盲目追求钢产量，群众将铁锅等生活铁制用具回炉炼铁，极大影响日常生活；大批劳力被抽调一空，致使一些晚稻、甘薯等农作物无法及时收藏，造成一定的农业损失；同时伐木炼铁，许多森林资源遭到破坏，炼出的铁基本上又是废铁，造成人、财、物的浪费。由于经验不足、技术落后，县办的大深铁厂、漳平铁厂投入成本太高，亏损严重。

第八节　人民公社化运动

1958年8月，中共中央政治局在北戴河召开扩大会议，通过《中共中央关于在农村建立人民公社问题的决议》，决定在全国农村建立以“一大二公”为特征的人民公社，作为向共产主义过渡的途径。人民公社化运动中有一句话家喻户晓：“共产主义是天堂，人民公社是金桥。”随后仅一个月内，全国的数十万个农业合作社迅速合并成两万多个人民公社。

1958年8月25日，中共漳平县委发出《关于试办人民公社工作方案（草案）》（简称《试办草案》），指出小社已不适应农业“大跃进”

发展的客观需要，应当小社并大社，全民办公社。《试办草案》确定全县163个农业社合并成为9个人民公社，8月底先试办3个试点社，9月全面开展，10月完全结束。在县委发出《试办草案》后不到一个月里，各乡社广泛开展群众性大放、大鸣、大辩论的思想宣传，通过现场会、训练班、广播大会、大字报等形式，宣传人民公社的优越性。截至9月20日，全县28个乡（镇）的169个高级社、22个初级社全部“一气呵成”，比原计划提前一个月合并成立红专（菁城）、红旗（芦芝）、红色（党泰）、永福、东方红（官田）、溪南、火箭（新桥）、建峰（吾祠）、东风（双洋）等9个人民公社；全县入社24803户，占全县总户数96.65％；平均每社2756户，最小的是东方红（官田）人民公社1282户，最大的是永福人民公社5232户。全县撤销自1957年以来实行的乡（镇）建制，实行政社合一，建立人民公社、生产大队、生产队三级管理体制。

人民公社是一种乡社合一、政社合一，集工、农、兵、学、商为一体的统一领导管理机构，也是一种生产资料高度集中的公有制形式，其建立之初，就明显体现“一大二公”的基本特点。所谓“大”，就是公社的规模大，人多地多。一个公社一般是千户社，乃至数千户社。公社内部设立半军事化生产组织（师、团、营、连、排），设有自己的农具加工厂、机械加工厂、粮食加工厂、肥料仓库、商店、信用部、农业中学、民办小学，以及公共食堂、托儿所、缝纫洗衣组、理发组、电影院、医院、幸福院等组织；所谓“公”，就是生产资料所有制的集体化、公有化程度比高级农业合作社更高。根据1958年9月20日县委办公室发出的《漳平建立人民公社情况简报》显示：农业社一切生产资料归大公社所有，即原农业社的公有财产，不论是公积金、公益金、还是公共建筑、储备粮，各公社都采取无代价地一律收归公社公有；农业社的股份基金，一般都由公社如数接受，不准拉平重摊；各个公社采取折价的办法，实行社、队分别集体饲养毛猪，家禽暂不折价入社，允许社员自己经营。公社既是政权机构也是生产管理单位，生产大队、小队没有独立的管理权。在公社范围内实行“一平二调”（平均和无偿调用），穷队和富队拉平，公社可以无偿平调社员、生产大队、生产小队的劳力、资金、财物或土地。当时，群众形象描绘这种高度集中的公有制："一人有一蚊帐、被子、衣服外，其余一切归公，归共产主义。"

大办公共食堂和实行大兵团生产作业是适应"大跃进"和人民公社化运动的需要而建立起来的产物。县委发出《试办草案》后，试办农村公共食堂全面高涨。农村公共食堂通常选择群众居住适中、宽敞干净的大房屋，其规模一般以生产队（连），或厂、场、专业队等生产组织为单位，一个单位建一个食堂，生产比较大、居住比较分散的生产队也可以建立若干个，就餐人数少则几十人，多则 100～500 人不等。为突击完成某项生产任务，征调大批劳力，有的实行田头"安营扎寨"，建临时性公共食堂。平时用膳实行大锅饭，集体吃饭，以桌为单位规定满桌人数，随到随打菜，逢年过节举行会餐。公共食堂除粮食及油盐等由公社统一供给外，蔬菜等供应采取生产自给的方针。公共食堂取消粮食定量供应，自主种菜、养猪、养羊、养鱼、养家禽、磨豆腐、制豆芽、制酱醋、腌制小菜等。在福利方面，随着大办公共食堂越来越红火，人民公社所包办的福利项目愈来愈多，起初一般是包吃饭、包治病、包家务服务，后来逐步发展成"六包""八包""十包"，如包吃饭、包衣穿、包教育、包医疗、包养老、包托儿、包理发、包缝纫、包洗衣等。许多社员说："人民公社实在好，生老病死公社管，从头到脚包到底。"截至 9 月 20 日，全县大办公共食堂 726 个，全县 99.3％的人在食堂就餐。至此，公共食堂实行"吃饭不要钱"的习惯，作为"共产风"的一部分盛行于城乡各地，成为全县人民新的集体生活方式，过早地实行按需分配而否定按劳分配，远远超越当时农村的经济承受能力。至 1959 年冬，农民能否吃上一顿饱饭都成了农村的大问题。

人民公社实行统一行政领导，是管理单一的公有制组织体。机构设置实行公社同乡一级的政权合二为一，即乡社合一，一套机构、一套人马，乡党委书记兼社委书记，乡长兼社长。为适应工农业大跃进的需要，迎合当时全国大办民兵师的热潮，漳平县人民公社的行政管理普遍推行大兵团生产作业的"四化"，即组织军事化、行动战斗化、生活集体化、管理民主化。组织军事化即一个公社编成一个师，大队编团营，生产队编连排，全县9个公社编制为9个师。行动战斗化即工农业生产均以“打响战役”拉开序幕，农业生产、大炼钢铁、挖煤烧炭都分成不同战役，农业分为春耕、夏收、秋收、冬种、积肥、水利等战役，大炼钢铁前后分为数个战役。组织劳动时采用大兵团作战这种高度集中的体制，出现“吹号吃饭、集合出工、红旗一插、大家劳动”的局面。全县工农业大跃进普遍采取大兵团作战的模式，大会口号鼓劲，行动大呼隆出击，今天一个突击，明天一个苦战，实行大兵团生产作业。干部、群众的积极性虽然高涨，但因缺乏科学合理分工，指挥调度混乱，特别是参加“战役”，男女老少齐上阵，会也上，不会也上，甚至一窍不通也要上，实际上造成更大的窝工浪费，为随心随欲的“跃进、跃进、再跃进”以及瞎指挥风、浮夸风、强迫命令风提供了阵地，愈加助长“共产风”的泛滥。

综观1958年漳平县开展的“大跃进”及人民公社化运动、大炼钢铁运动，基本上是贯彻中央、省委、地委的指示精神，其主观愿望无疑是良好的，尤其是农田水利建设，交通基础设施的改善以及地方工业的初步发展等，为漳平县以后的国民经济发展积累了一些“家底”。漳平老区人民以巨大的热情所创造的业绩以及艰苦奋斗、忘我苦干的精神也是不可磨灭。然而，从整个国民经济发展情况来看，漳平县出现农业生产的高指标、脱离实际的高速度、一哄而起的人民公社、得不偿失的大炼钢铁、损害群众利益的“一平二调”，以及各行各业大跃进过程中的瞎指挥风、浮夸风、强迫命令风等，是漳平县人民艰难探索社会主义建设征程上的一次挫折，给漳平人民留下发人深省的教训。

第九节　建设闽西铁路交通枢纽

漳平，地处戴云山、玳瑁山和博平岭三大山脉的结合部，群山耸峙，地貌复杂，中山、低山、丘陵、盆地互相交错，河流、峡谷穿插其间，自古交通闭塞。漳平县解放前，运输以九龙江河道水运为主，陆运全靠肩挑。1949 年漳平县解放后，设计铁路，修建县乡公路、矿区公路，初步改变山区交通落后的面貌。

1955—1962 年，漳平县掀起大规模的铁路建设，境内先后建成鹰厦线（干线）漳平段、漳龙线和漳泉线（支线）3 条铁路。1957 年鹰厦铁路竣工通车，1961 年漳龙铁路开通至龙岩，1962 年漳泉铁路通车至大深。其中，鹰厦线（干线）漳平段纵贯境内南北，漳龙、漳泉线横跨境内东西。

1955 年 2 月，列入福建“一五”计划重点建设项目的鹰厦铁路（北起江西省鹰潭市、南至福建省厦门市）福建段正式动工。7 月，中国人民解放军 8503 部队一个师进驻漳平修筑鹰厦铁路（鹰厦铁路修通后，1959 年底陆续调离漳平）。11 月 27 日下午，中国人民解放军铁道兵司令员王震视察鹰厦铁路建设莅临漳平，到会接见漳平县第一届人民代表大会第二次会议的代表，并在闭幕式上作重要讲话。为支援和配合筑路大军，福建省成立支前委员会，提供沿线的粮食、肉类、蔬菜等后勤保障，并动员 10 万民工和青年志愿筑路队，与铁道兵一道劈山凿洞，艰苦奋战。铁道兵和民工以“高山低头，河水让路”“铁路不修通，坚决不回家”的英雄气概，开展劳动竞赛，掀起一个又一个施工高潮。建设者们没有现代化的施工设备，几乎依靠肩扛手提，用铁锹、铁镐、箩筐、双（独）轮板车等人力工具，铺成了蜿蜒漫长的铁路线。同时，漳平、龙岩青年志愿筑路队在筑路工作中，经常开展读报、自编诗歌、山歌演唱等宣传活动，鼓舞筑路大军的劳动热情。

1956 年 10 月 19 日，漳平县各界万余人举行集会，欢庆鹰厦铁路铺轨到县城，成为漳平县建有铁路之始。10 月 23 日，印尼华侨归国观光团闽籍团员 25 人莅临漳平，参观鹰厦铁路铺轨工程，受到漳平各界热烈欢迎。12 月 5 日，省人民慰问团一行 140 多人莅临漳平，慰问解放军 8503 部队和民工。12 月 9 日，鹰厦铁路铺轨到达厦门。1957 年 4 月，鹰厦铁路全线竣工通车，全程 694 千米。鹰厦铁路（干线）漳平段贯通漳平南北，经过双洋、新桥、党泰、菁华 4 个区

17个乡，此线北自今新桥镇柯周坑入境，南至今芦芝镇大杞出境，境内长88千米。沿线设城口、麦园、城门、钱坂、卓宅、漳平、易坑、梅水坑等8个车站。其中，城口至梅水坑74千米由漳平段管理，柯周坑至城口7千米由永安段管理，梅水坑至大杞7千米由郭坑段管理。1959年1月，由福州铁路局验收后正式营运。

在鹰厦段（干线）漳平段建设期间，中共漳平县委贯彻以“支前为首要任务”的方针，发动全县干部和人民直接地或间接地为支前服务，保证铁道兵部队和民工“有住有用，食饱不冻”。在人力动员上，1956年1月，县成立支前委员会，共配备干部81名，各乡亦设立支前小组，由乡长负责各项支前工作。全县在铁路沿线建立供应机构32个，调配干部230名专门指导和保证供应工作。从1955年10月至1956年10月，县组织大批民（技）工参加鹰厦铁路的修建，平均每月出勤达5千人以上，占全县总劳力的19.22%；动员民船169条、船工711人直接服务支前运输，以解决物资内调问题。在物力支持上，从1955年10月至1956年10月，全县共供应大米1548万多斤、猪肉97万多斤、蔬菜805万多斤、干柴1829万多斤、毛竹29万多根、稻草437万多斤、土箕2万多担、枕木15万多根等主副食品、日常用品及施工建材。同时，由于铁路建设的需要，计征用土地1500多亩，房屋771间。

1958—1962年，漳平建设铁路的热潮持续高涨，漳龙线、漳泉线（支线）相继通车运营。漳龙线东起漳平县，西到龙岩县。1958年3月，铁道兵8503部队动工建设。1960年9月，漳平至龙岩雁石段通车运输。1961年10月，全线建成通车，全长56千米，沿线共设车站8个，其中漳平县境内8千米，设和春、基泰2个车站。线路在漳平县和春与鹰厦线（干线）漳平段衔接，从和春分轨向西北引出，跨新桥河以后，沿雁石溪经苏坂、坂尾、雁石、铁山至龙岩县城。漳泉线（支线）从鹰厦线（干线）漳平段梅水坑分轨，漳平境内13千米，终点站修至泉州。1958年动工兴建，1962年通车至大深，设有大深车站。

漳平革命老区铁路交通运输业的迅速崛起，使沿线丰富的煤炭，铁矿、木材、毛竹等资源，从山区源源不断地运出，促进了漳平工业、林业的腾飞，谱写了漳平老区交通发展史册上浓墨重彩的华章。

在修筑漳泉线（支线）的建设中，涌现出“救火英雄”龙均爵的感人事迹。龙均爵（1931—1958），贵州省锦屏县冲沟寨（今天柱县邦洞街道大河边村）人，侗族。1950 年，参加家乡民兵的剿匪斗争。1951 年夏，入伍编入中国人民志愿军铁道兵团第三师二十三团，参加抗美援朝，后任副班长，荣立二等功。1955 年秋，随中国人民解放军 8503 部队（铁道兵第三师）进驻漳平县修筑鹰厦线（干线）漳平段，荣立三等功。1956 年 10 月，加入中国共产党。1957 年 4 月鹰厦铁路全线竣工通车后，随部驻扎在芦芝大深村，修建漳泉线（支线），荣立三等功。1958 年 11 月 9 日下午，龙均爵正准备前往梅水坑火车站，迎接未婚妻回工地完婚，突然接到工地附近的复釜山发生森林火灾的通知，大火将危及潘洛铁矿及 509 地质勘探队的汽油和机械仓库。面对国家财产即将遭受重大损失的紧急情况，他毅然带领施工人员前去扑灭大火，不幸壮烈牺牲。龙均爵“舍家舍己舍新娘”的英雄事迹和高尚精神在全社会引起了巨大反响。中华人民共和国内务部称誉其为“救火英雄”，铁道兵第三师政治部为他追记一等功，中共福建省委、贵州省委、漳平县委发出向龙均爵同志学习的决定，铁道兵和福州军区领导机关号召全体指战员向他学习，《铁道兵报》《解放军报》、中国青年出版社、人民美术出版社等相继刊登或出版宣传龙均爵烈士的新闻、通讯、图书、画册等，龙均爵成为闻名全军、全国的英雄战士。1959 年在龙均爵牺牲的一周年之际，龙均爵烈士陵墓在芦芝大深村修建落成。时任国务院内务部部长钱瑛、中共福建省委第一书记兼福州军区政委叶飞（上将）、铁道兵司令员李寿轩（中将）、中共贵州省委第一书记周林为他题词或题诗，立碑以志悼念。一名普通士兵牺牲后，如此备受哀荣，碑文规格之高，为全省唯一，全国罕见。伟大的共产主义战士雷锋阅读了《党的好儿子龙均爵》后，在 1962 年 4 月 16 日的日记中，深情地写下学习龙均爵六个高尚的品质和精神。龙均爵的光辉形象，始终铭刻在漳平革命老区人民的心中，龙均爵烈士“无限忠诚、大公无私、英勇无畏、敢于献身”的崇高精神，激励着一代又一代新人的茁壮成长。

第十节 省属潘洛铁矿和漳平煤矿的崛起

漳平是福建矿藏比较丰富的地区之一。明初至民国时期，民间就有石灰石、铁矿、煤、石墨等零星、小量的手工开采业。例如在明代，拱桥的隔顶开始开采石灰石矿，赤水的挂山开采过铁矿。民国时期，双洋的员当、赤水的田头等地均有开采过煤。然而，直至1958年，漳平县始有大规模半机械化、机械化采矿业。当年兴建漳平煤矿、潘洛铁矿以及仁隔山、员当、大深、永福等小煤窑和拱桥石墨矿，尤其是潘洛铁矿和漳平煤矿，成为漳平采掘工业行业的龙头企业。

位于芦芝大深村的漳平潘洛铁矿，始建于1958年，属国有全资企业，是当时全省最大的铁矿生产基地。1958年2月，中共福建省委、省政府决定与中央冶金部华东矿山管理局联合开发潘洛铁矿，并紧锣密鼓地开展筹备工作。6月，中央决定潘洛铁矿改由福建省自办，以作为三明钢铁厂的原料供应基地。10月15日，潘洛铁矿正式成立，就此掀开潘洛铁矿艰苦创业史册的第一页。建矿伊始，矿区一片原始荒芜，生产、生活条件极为简陋。恶劣的自然环境、艰苦的工作条件并没有停止矿山建设者开拓的脚步。来自14个省、市的9675名矿山建设者汇聚深山老林，怀着建设社会主义的满腔热情，住工棚、照松明、喝山泉、吃竹笋，硬是凭着大锤、钢钎、土箕、扁担，披荆斩棘，移山填谷，建设矿区基础设施。12月，潘洛铁矿建成投产，由漳平洛阳和安溪潘田两个矿区组成。当年，矿山建设者发扬艰苦奋斗、拼搏创业的精神，采用土法上马的方式，开采铁矿石36710吨。三明钢铁厂就是用潘洛铁矿的铁矿石炼出第一炉铁水，从此改变福建省“手无寸铁”的历史。1959年，潘洛铁矿建成修配厂、金工车间、锻钎车间、医院等，矿区的生产、生活面貌焕然一新，各方面条件得到极大改善。1962年5月，由于国家实行国民经济调整，潘洛铁矿下马停产，只留下100余名职工护矿。1966年1月，潘洛铁矿再度上马,恢复生产,年产铁矿石60万吨,为福建钢铁工业的萌芽、成长和壮大发挥了重要作用。

就在1958年,一代漳煤人用赤诚和汗水抒写了不畏艰辛、励精图治的创业诗篇。1958年10月下旬,地质504分队的技术员沿着鹰厦铁路(漳平段)进行地质填图和普查时,在新桥钱坂的河沟里发现了一块含煤层童子岩组的化石。这个意外的收获让技术员欣喜若狂,勘探的足迹踏遍周围的山麓,随即发现了新桥大坑赋存烟煤。11月上旬,漳平县和龙溪地区在新桥大坑合办溪平煤矿,成为福建省唯一生产烟煤的国有企业。消息传至北京,引起国家煤炭工业部的高度重视。12月,时任煤炭工业部副部长徐达本同中共福建省委副书记贾久民莅临溪平煤矿考察,要求矿区克服困难,加快发展步伐。

1959年,福建省委、省政府加大烟煤基地的投资建设力度。1月,漳平大坑31线第一个烟煤普查钻孔开钻。同月,相继组织大批矿工、技术员采掘大坑煤矿大露天煤矿、小露天煤矿(红旗洞)。根据勘探显示,溪平煤矿探明煤的总储量达1385.6万吨,年生产能力可达原煤20万吨的水平。2月,省政府将溪平煤矿收归省属,省燃料工业局在溪平煤矿的基础上成立漳平矿务局筹建处,系省属全民所有制企业,设有大坑、大窑、苏坂、百花坪等矿区。3月,苏联专家高鲁别夫考察煤矿后认为:这个地方可以建成60万吨煤矿。12月,大坑四号煤井开工建设。12月26日、27日,中国人民解放军第28军83师工兵营230名指战员、第31军工兵营175名指战员相继进驻漳平大坑煤矿,405名指战员全部投入煤矿的生产建设,与当地矿工汇成一支建设大军,以空前的胆识和热情向深山竹林进军,战胜艰苦的生产、生活条件。广大矿工、指战员因陋就简,住进雨毛毡竹棚,夜宿竹片床,餐食竹筒竹笋饭,就连使用的筷子、衣服的箱子、锄头的把柄也是就地取材,用竹子自制而成;粮食供应紧张,大坑煤矿的矿工就步行20多千米到双洋集镇,大瑶煤矿的矿工徒步数十千米到赤水集镇,采购粮食和日常用品,一路喊着口号,唱着军歌,肩挑粮食,手提日常用品,成为矿区生活的一道风景线;蔬菜也经常短缺，全体矿工以班为单位，除了在井下出满工、干满点之外，其余下班后均开荒种菜，收成的蔬菜统一上交矿区食堂，自掏腰包用菜票购买。矿区没有电，井下作业只能用干电池矿灯勉强照明，用大锤钢钎艰难地掘进作业；采煤用人工打眼和铁镐铁锨，运输用扁挑或自制木矿车；井下也没有通风设备，只能采用并不通畅的自然通风口，矿工们常因空气闷热而汗流浃背。然而，淳朴、勤劳的矿工们无怨无悔，投入“有煤快干，争创万吨煤矿工作面”的劳动竞赛，争取快出煤、多出煤、出好煤，为社会主义建设发光发热。

1960 年 2 月，漳平矿务局与龙岩矿务局合并成立漳龙矿务局。6 月，时任中共福建省委第一书记叶飞，省政府副省长梁灵光视察漳平矿区，称赞矿区为“深山老林的一颗璀璨明珠”。7 月，撤销漳龙矿务局，改名为漳平矿务局。1964 年，漳平矿务局改名为福建省漳平煤矿。此后，在“工业学大庆”的精神鼓舞下，文宾山煤矿、武陵煤矿宛如雨后春笋般建成投产，漳平煤矿不断壮大，为福建经济建设和生产发展做出巨大贡献。

第十一节　“八字方针”的贯彻与国民经济调整

“大跃进”和人民公社化运动是漳平人民艰难探索社会主义建设征程上的一次严重挫折。1959—1961 年，漳平进入三年经济困难时期，收成锐减，粮食短缺，农村不少地方普遍饥荒。1960 年春，许多社队因缺种粮而无法播种，开始出现因营养不良而暴发水肿病、妇女闭经、子宫下垂和小儿疳积等疾病，并出现人口非正常死亡的严重情况。患病人数达 10872 人，其中治愈 7334 人，死亡 369 人。当年人口死亡率比 1959 年高 3.4 倍。6 月 9—10 日，强台风在广东中部登陆，穿过漳平东北，九龙江北溪上游连降暴雨，加之山林因“大跃进”遭受严重破坏，导致“6·9”特大山洪水灾暴发。城区河段水位高达 109.62 米，流量比 1924 年 6 月 22 日的 6320 立方米/秒还大 610 立方米/秒，水位超过 101 米警戒线达 56 小时。此次水灾为近百年来特大洪涝灾害,受灾损失仅次于道光廿二年(1842 年)漳平历史上的最大水灾。全县因灾毁房 3202 间,农田 19066 亩,水利设施 2007 处;公路塌方 4.7 万立方米,铁路塌方 9 万余立方米;木材流失 13449 立方米;死亡 11 人,伤 46 人。全县财损折款 400 多万元,其中全县厂矿企业单位财产损失 260 多万元,农村农作物损失 140 多万元。12 月止,因人民公社化运动以及高指标、瞎指挥、浮夸风和强迫命令风等“左”倾错误的影响,加之自然灾害的因素,全县粮食总产量从 1957 年的 37247 吨降到 1961 年的 20803 吨,比 1949 年减少 1178 吨,比 1957 年减 16444 吨;人均口粮从 1957 年的 297 公斤减少到 1961 年的 138 公斤,为中华人民共和国成立以来全县粮食总产量最低、人均口粮最少的一年。全县副食品短缺,集市价格猛涨。大米每公斤价格 6 元,比牌价高出 26 倍;猪肉每公斤价格 32 元,比牌价高出 20 倍,居民生活质量严重下降。

1962 年 2 月,县委传达贯彻中共中央“七千人大会”精神,开始实行国民经济“调整、巩固、充实、提高”的方针和农业六十条政策,制止瞎指挥和“共产风”的错误做法,全县的国民经济开始走上正轨,逐年好转。

农业方面,“以粮为纲”,肃清“五风”(共产风、浮夸风、强迫命令风、生产瞎指挥风、平调风)。1962 年春,全县推广“四统一”(生产队统一管理主要生产资料、统一安排生产计划、统一调配劳力、统一分配)的包产到户责任制。6 月,全县有 1063 个生产队实行“四包一奖”(包工、包产、包成本、包征购、超产奖励)包产到户责任制,占生产队总数的 73.4%,副业生产的自由经营则更为普遍。这一体制的改变,极大地调动农民的生产积极性,农业生产得到迅速恢复和发展。当年,稻谷总产量比上年增加 68.5 万公斤,增产 5%;生猪存栏数增加 6033 头,增长 62.8%;家禽增加 4 万余只;上市农副产品由 30 多种增至 120 多种。市场供应紧张状况得到缓解,价格逐步下降,通货膨胀得到初步控制,城乡人民生活水平趋于好转。为克服严重的经济困难,县委成立整风整社领导小组和处理平调委员会,深入 174 个生产大队,继续肃清“五风”和清理平调、退赔款物,纠正干部的“左”倾工作作风，密切党群关系。1962年，漳平县选送的优良晚稻品种——过山香在省和全国农业展览馆展出，被评为全国名贵水稻品种之一，全国先后有21个省、100多个农业科研单位引进该品种试种。此后至1964年，农业生产状况日趋平稳。1965年3月，全县首次组织知识青年上山下乡，动员首批城镇知识青年72人（男50人、女22人）到上坂公社宝山，即溪南宝山组成耕山队安家落户，接受贫下中农的再教育。

工业交通方面，决定撤销和停办“大跃进”期间上马的一批工业企业和水利工程，县以及各公社、大队兴办的钢铁厂、炼铁厂（场）相继停办，转为兴办电力与交通行业。1962年1月，位于芦芝东坑口村的龙岩地区最大的火电厂——漳平火电厂增装1台机组，共装机3000千瓦，年发电量610万千瓦时，总投资500万元。5月，县电厂并入省漳平电厂，年发电量491万千瓦时，产值31.25万元。1962年，自1958年动工兴建的漳泉线（支线）漳平段通车至大深。省道围禾线（晋江围头——武平禾仓坑）漳平永福至龙岩溪南段修通，此线公路横穿漳平东西，为沟通闽西至福建东部沿海的交通发挥重要作用。1963年12月，漳平煤矿大坑矿区4号斜井建成投产，为福建省第一座新型正规烟煤矿井，年设计生产能力15万吨。省道福三线古田县水口镇至漳平县城段公路建成通车。县境内路段起点半华，终点黄岭，全长72千米，途经象湖、溪南、上坂、小潭岭、城关、和平、进庄和基泰岭等地。此线横穿漳平东西，系通往境外的主要运输线，其昼夜平均交通量达2800～3000车次。

手工业方面，贯彻中共中央发布的《手工业三十五条》，恢复手工业体制，1958年下放到公社的手工业社（组），重新归口县手联社管理，公社办的工业企业仅存煤矿、石灰、陶瓷、水电等行业。1962年3月，漳平优质传统名牌产品游金山镰刀，被选送北京全国农业展览馆展出，获得好评。1965年10月，城关所有竹藤行业全部合并为漳平工艺竹藤生产合作社和工艺实验厂2家，职工147人。当年底，全行业共5家，职工185人。生产萝、谷笪、竹椅、竹床、门帘、藤椅、青丝竹篮等15448件，传统竹藤行业初具规模。其中，县工艺竹编社共生产青丝竹篮1373个，产品畅销全国并出口东南亚各国和港澳地区。

1965年为国民经济调整时期的最后一年，国民经济总体调整基本上顺利完成，社会事业也取得明显进步。全县社会总产值4915万元，比1957年增长44.6%，年递增4.72%；工农业总产值3559万元，增长112.16%，年递增10.49%；粮食产量34060吨，下降8.56%；社会商品零售总额1097万元，增长63.98%，年递增6.38%。与1962年相比，全县工农业总产值增长13.7%，粮食总产量增长58.5%，生猪存栏数增长1.34倍；财政收入增长78.4%，人均国民收入达195.38元。群众高兴地赞颂道："《六十条》像太阳，照到人民心里亮，照到田野粮食丰，照到农家粮畜增。"

第十二节　知识青年上山下乡

知识青年上山下乡（简称知青上山下乡），是指政府动员、组织大批城市知识青年离开城市，到农村定居和参加劳动，接受贫下中农再教育的运动。1965年3月，全县首次组织知识青年上山下乡，动员首批城镇知识青年72人（男50人、女22人）到上坂公社宝山（今溪南镇宝山），组成耕山队安家落户。1968年12月，毛泽东发出"知识青年到农村去，接受贫下中农的再教育，很有必要"的指示后，全国大规模开展知识青年上山下乡运动。漳平县革委会迅速贯彻，宣传发动，安排"文化大革命"期间第一批城镇知识青年125人到农村插队落户。1969年1月，漳平县成立"四面向"（面向农村、面向边疆、面向工厂、面向基层）办公室（1973年12月更名为上山下乡知识青年办公室），负责知识青年上山下乡工作。凡1966届、1967届、1968届（后称为"老三届"）的高、初中毕业生，家庭住所在城镇的居民户，列入动员上山下乡的主要对象。1969年3月，县"四面向"办公室安排"文化大革命"期间第二批城镇知识青年127人（内含女知青19人、晋江籍知青97人）到农村插队落户，分别安置在城郊、和平、芦芝、西园、南洋、官田、溪南、双洋、赤水、吾祠等10个公社知青点。同年，晋江县安海、石狮、青阳等公社390名首批知青及城镇居民下放到漳平县永福、新桥、双洋等农村插队落户。据不完全统计，先后安置漳平和晋江县知识青年2215人到农村插队落户，另有城镇居民564户2792人迁往农村落户。至1970年9月止，全县共有知识青年和城镇居民5789人，大中专毕业生264人，先后到农村插队落户或下放劳动。从1969年到1973年，漳平县每年都动员和安置知青上山下乡，知青人数一直在变化之中。在这几年中，除招工、升学、参军、病退、探亲、出国、死亡外，直至1973年12月全县仍有知青3024人，分布在15公社的195个大队。至1978年底停止动员知青上山下乡时止，全县共有3676名知识青年，其中接收县外知青1582人到农村上山下乡。至1980年3月，知青分布在13个公社105个大队，办有98个知青点，其中单独核算场6个，队办集体场队10个，集中居住、分散劳动8个。到1981年底，绝大多数的知青通过招工、招生、提干、提拔、参军等方式，先后调离农村。

知青上山下乡期间，漳平县采取比较灵活的安置方式。1968年采取插花的形式分配到各公社，进行分散安置。1969年采取相对集中安置，以小型插队为主。个别有条件的地方，安置到集体所有制农场、林场劳动锻炼。知识青年到所在社队后，与当地贫下中农同吃、同住、同劳动，按政策由政府每月发给生活补贴；在分配方式上，知识青年参加社队劳动均实行评工分，参加社队统一分配；在管理上，县、社成立“三结合再教育”领导小组，由县、社革委会主要领导担任领导小组组长，下设办事机构，大队普遍成立“三结合再教育”领导小组，负责协调知青各项工作。1975年后，漳平县推广湖南省株洲经验，实行厂社挂钩、集体安置的办法。具体而言，各公社建立知青点，有条件的个别大队也兴办知青场点，采取以小型集体插队安置为主。同时，以工厂或系统组织为单位，实行单位挂钩，集体相对集中安置。

“农村是一个广阔的天地，到那里是可以大有作为的。”知青在漳平县上山下乡，虽已成为历史回忆，但在漳平历史上留下了不可磨灭的青春记忆。广大知识青年长期经受农村的劳动锻炼和生活磨难，为漳平县发展农业生产、农田水利建设、农村教育、社队医疗卫生等方面做出一定贡献。许多知识青年在农村艰苦的条件下，刻苦磨砺，增长才干。全县有 65 名知识青年加入中国共产党、有 672 名加入共青团组织，有 106 名参加各级领导班子，还有不少知青担任农村政治夜校辅导员、民办教员、文艺宣传队员、农技员、饲养员、记工员、会计员、赤脚医生、拖拉机手等，成为一支建设社会主义新农村的主力军，为改变漳平县农村面貌发挥了重要作用。

第十三节　农业学大寨

大寨是山西省昔阳县一个贫穷的生产大队。1953 年农业合作化后，大寨社员敢于战天斗地，开山凿坡，修造梯田，大干苦干，一干就是十年，使粮食亩产增长 7 倍。1964 年 2 月，《人民日报》刊登《大寨之路》，介绍大寨的先进事迹，盛赞大寨完全凭借自己的双手，苦干、实干、拼命干，终于实现丰收的夙愿。1964 年 8 月，毛泽东肯定大寨艰苦奋斗的作风：要自力更生，要像大寨那样，不向国家要钱，也不向国家要东西。同年 11 月，周恩来在三届全国人大一次会议《政府工作报告》中，发出“工业学大庆，农业学大寨，全国学人民解放军”的号召，并把大寨精神概括为：“政治挂帅、思想领先的原则；自力更生、艰苦奋斗的精神；爱国家、爱集体的共产主义风格。”从此，全国开展农业学大寨运动。

漳平县开展持久的农业学大寨运动。“文革”初期，县委、县人委陷于瘫痪，农业学大寨运动曾一度中断。1968 年 9 月县革委会成立后，农业学大寨逐步提到议事日程。1969 年 8 月底至 9 月上旬，省革委会举办“农业学大寨毛泽东思想学习班”，为期 18 天，共有 313 人参加，漳平县选派县革委会副主任 1 人、新桥公社书记、官田公社梅营大队党支书 3 人，代表县、社、大队三级干部参加学习班。9 月 16 日，县革委会、县人武部生产指挥领导小组召开“抓革命、促生产”工作会议。与会代表听取参加省学大寨毛泽东思想训练班赴大寨取经同志的大寨经验介绍和新桥公社学大寨的汇报，并实地参观新桥公社治水治山、劳动管理情况。新桥公社在开展农业学大寨运动以来，共修水圳 594 条，治水灭旱田 6294 亩；建电站 10 座，造林 15000 多亩，成立林业队 22 个，有专业队 19 个；公社实行伐木、造林、工分统一分配管理制度，实现砍一片、造一片。与会代表们无不被大寨取得惊人成绩所震撼，被新桥公社学大寨的艰苦创业精神所感动。此后，全县人民鼓足干劲，学大寨、赶新桥，激发建设大寨式新农村的热情。1970 年 11 月中共漳平县第三届委员会选举产生后，县委加快农业学大寨的步伐，强调学习大寨典型，以粮为纲，批判“重副轻农”“工分挂帅”。在县城、乡村、公路两旁、山间田野，“农业学大寨”巨幅标语随处可见。县委树立新桥公社、官田公社梅营大队的农业学大寨榜样，要求每个公社搞一个大队，一个大队搞一个生产队的典型。全县贯彻农业“八字宪法”，大搞革命种田，科学种田，推广大队核算。截至 1970 年底，全县实行大队核算 136 个。县委、县革委会采取“农业学大寨点队”的办法，确定福满、下桂林、和平、芦芝、西园、营仑等 29 个“农业学大寨点队”，组织社队干部参观农业学大寨点队现场。各公社学大寨点队，学习大寨经验，树雄心、立壮志、订计划、见行动，依靠自力更生、艰苦奋斗的革命精神，开展治山治水，大搞农田基本建设，改变农村“三貌”(村貌、地貌、山貌)。据统计，截至 1972 年底，全县 29 个“农业学大寨点队”共挖建山塘 70 个，受益面积 2237 亩；修建水圳 69 条，受益面积 3636 亩；开荒造田 898 亩，改造低产田 1624 亩，积肥 25.05 万担。29 个“学大寨点队”粮食总产 2477.3 万斤，其中有 16 个点队粮食亩产实现跨《纲要》；养猪 13324 头，其中集体养猪 2028 头，私养 10296 头；完成征购粮 341.46 万斤，加价粮 100.33 万斤，分别完成任务的 100％、94％；生猪上调完成 2086 头，完成任务 82％。

1972 年 5 月，县委、县革委组织各公社书记和部分大队党支书、小队长 54 名，代表县、社、队三级干部赴大寨参观学习，于 6 月返回漳平。至此，连同前二批由省组织到大寨参观学习共有 31 个大队。

代表出发前参观城郊公社福满大队开山造田，返回漳平时又参观下桂林大队开山造田现场情况。大寨参观学习回来后，县革委会组织报告会，传达学大寨经验，提出“学大寨人、走大寨路、立大寨志、兴大寨风，学大寨、赶昔阳，重新改造漳平河山”的口号，制订规划措施。各社队都召开动员大会和举办学习班，广大干部、群众纷纷表决心：“学大寨、赶昔阳”“刀山敢上，火海敢闯”“大寨能办到的，我们一定要办到！”大家都以饱满的热情投入治山治水、开山造田、农田基本建设。灵地公社京口大队党支部带领社员改河道、移沙石，经过数月奋战，造出水田 12 亩，适时种上水稻，获得好收成，共收稻谷 5862 斤，平均亩产 488 斤；城郊公社福满大队、下桂林大队人多地少，大队党支部带领群众向荒山进军，开山造田 140 多亩，其中有一部分种下晚稻和地瓜等作物。至 1972 年 10 月 13 日，在短短四个多月，全县共开荒造田、开山造地 741 亩，新修水圳 5 条，受益农田 380 亩；新建山塘水库 12 处，受益农田 450 亩；垦复经济林 5500 亩，新修便道 12 条 60 华里，新建水电站 15 座。

1972 年 10 月，县委、县革委会提出农业学大寨的重点是加强党的领导，兴修水利、植树造林、建设基本农田、群众性冬季积肥，争取大干一个冬季和一个春季，改变农业生产条件，发展农村经济。1972 年冬至 1973 年，全县有 29 个农业学大寨点队，239 个大队，65 个小队建立党小组；坚持办政治夜校有 111 个小队，学习人数 4582 人；发展党员 124 名，团员 498 名；开展革命大批判 198 场，受教育人数 39430 人。

1973 年 1 月中旬，龙岩地区召开“农业学大寨经验交流大会”，漳平参加大会的有各公社书记、涉农单位负责人、各公社先进单位代表等 50 余人，代表涵盖农林牧副渔各业及妇女、民兵、上山下乡知识青年等集体单位。会后，县委、县革委会提出“大造林办林业、大造田兴水利、大养猪广积肥”口号。漳平是个山区县，林业在农林牧副渔全面发展中占有重要地位，搞好林业是农村经济发展的重要方面，是农民增收的重要途径。县委认为“山上是银行，田里是粮仓”。每次的县三级或四级干部大会和每年的年终总结，在提及农业生产方面时，都少不了强调林业生产。尤其是1973年以后，逐年加大造林任务，把发展林业列入“农业学大寨”的重要内容，制定林业生产发展计划，贯彻执行“公社、大队、生产队三级造林，那级造林归那一级所有，长期不变”的政策，调动全民办林业的积极性。县、公社成立植树造林指挥部，造林任务落实到民兵连、排，采取定时间、定任务、定地点、定质量的办法，做到战役前召开誓师大会，运动中组织检查评比，战役后进行评功表彰。各社、队发挥民兵连战斗队、青年突击队、妇女“半边天”(妇女耕山队)的作用以及党团员的模范带头作用，开展造林劳动竞赛，全县造林取得较大成绩。至1973年冬春，全县完成造林面积60074亩，其中杉木47563亩。在造林的同时，开展以“农田基本建设，兴修水利”为重点的农业学大寨运动。1973年，全县新建水利工程84处，扩大灌溉面积3.6万亩；兴建小型电站6座；开荒造田635亩，平整土地1200亩；新购置拖拉机60多台，机耕面积6万多亩。县委、县革委会还制订《关于开展队队办养猪场、户户再养一头猪，实现生猪跨纲要的决定》，落实养猪圈肥政策，组织群众性积肥，鼓励集体、社员发展养猪生产；规定社员积肥的任务、时间、工分，实行肥粮挂钩，按肥论价，调动社员养猪积肥的积极性。至1973年底，全县养猪达7500多头，共积各种肥料360万担。

1974年5月中旬，在省、地统一组织下，漳平县委书记带领150名代表赴大寨参观、学习。代表们回漳平县后，在全县广泛传达学大寨的经验。县委再次强调“学大寨，赶昔阳”“学不学大寨就是执行不执行毛主席无产阶级革命路线的问题”“农业学大寨关系着两个阶级、两条道路、两条路线的斗争问题。”1975年9月15日至10月19日，国务院召开全国“农业学大寨”会议。邓小平强调农业学大寨要真学、不要假学，不要半真半假；真学就是表现在学到了，回去就老老实实地干。1975年11月3—6日，县委召开三级干部会议，传达贯彻全国、省、地农业学大寨会议精神，加快普及大寨县的进程。县委在《全党动员大办农业，为普及大寨县而奋斗》的报告中指出：农业学大寨，普及大寨县，是一个在无产阶级专政下继续革命，多快好省地建设社会主义农业伟大革命群众运动。县委提出建设大寨县的“六条标准”，发出“全党动员，苦战三年，为建成大寨县而奋斗”的战斗动员令，制定在1976年到1978年三年内把漳平建成大寨县的奋斗规划。全县各社队的分期规划是：第一批于1976年把城郊、和平、西园、双洋、赤水5个公社、52个大队建成大寨式公社和大队；第二批于1977年把溪南、象湖、新桥、吾祠、灵地5个公社、66个大队建成大寨式公社和大队；第三批于1978年把永福、官田、芦芝、拱桥、南洋5个公社、40个大队建设成大寨式的公社和大队。

在1975年冬至1976年春的“农业学大寨”运动中，漳平县把大抓农田基本建设视为学大寨的根本，发动群众大搞农田基本建设。县成立农业学大寨办公室和建设指挥部，抽调350多名干部会同地区派来漳平县100多名干部组成40多个工作队，分赴农村各地抓革命，促生产；建立一支农田基本建设队伍。县抽调干部130多人指导建设，各公社建立160多个建设专业队，人数达1.26万人；全县组织15个公社劳力，成立20多个民兵团进行会战，投入农田基本建设的重点工程；抽调大批县、社直机关干部参加工地劳动，与民兵团一齐上阵，挑灯夜战，苦干一个冬季和一个春季。据统计，全县平整土地8844亩，改造低产田4790亩；开荒造田520亩；新开简易公路100千米；新建水利工程45处，增加灌溉面积4715亩，极大改变了农业生产条件，使“旱、涝、瘦、低”产的“洋面田”成了“高产田”。

1976年10月“文革”结束后，农业学大寨运动继续开展。1976年11月，县委提出深入揭批“四人帮”，推动农业学大寨、普及大寨县的群众运动。截至1976年底，全县粮食总产量达55261吨，实现亩产跨《纲要》。林业生产完成造林5.5万亩；实现养猪跨《纲要》，平均户养2.5头，集体养猪占三分之一；社队企业有所发展，社队集体两级经济收入达到总收入20%；改造低产田2万亩，平整土地1万多亩；续建和新建水利骨干工程21处，新增旱涝保收田1万多亩；扩大耕地1500亩；积肥170万担；完成土石方清理250万立方米。

农业学大寨运动对推动漳平农业生产发展起了较大作用，农村生产条件得到一定改善。“文化大革命”10年间，全县造林面积达31.769万亩，其中1972—1976年5年里，全县造林更新面积等于前17年总和的2倍。至1975年底，全县创办25个公社林场，固定劳力529人；成立9个林业专业队，固定劳力1351人，是社队林场、专业队发展的鼎盛时期。全县共建水电站装机容量3587千瓦，是1945—1965年这20年间建成的电站装机容量的22.4倍。20世纪70年代中期，全县陆续修建水电工程125处。其中有新桥上坂、南洋溪东坂、西园上乾、溪南后溪和永福文星一级电站等骨干水电站工程；修建小(二)型以上水库14处，其中中型水库1处、小(二)型水库4处、小(二)型水库9处，主要有上林水库、大坂水库等。从1972年冬开始，全县开山围河造田4991亩，改造低产田6.95万亩，投入劳动力14.3万人次。

在这场广泛、深入、持续的“农业学大寨”运动中，全县人民弘扬大寨自力更生、艰苦奋斗的精神，在改造自然的斗争中取得较大成绩。譬如改造中低产农田、改善水利条件、发展水电建设、大力植树造林、改变交通状况等，都有不同程度的可喜变化，使全县的农业生产条件和农村建设面貌发生较大变化。但也推行“左”的一些做法，片面强调粮食生产，忽视多种经营；开展“割资本主义尾巴”，取消自留地，限制家庭副业，限制自由集市贸易等。在一个时期内，一些经济作物被砍掉，一些鱼塘被填掉，一些传统的土特产被荒废，致使松香、竹木等轻工原料不足，副食品供应比较紧张。

第十四节　工业学大庆

大庆是中国工业战线的一面旗帜。20世纪60年代初期，中国开发了大庆油田，不仅结束靠“洋油”过日子的时代，还培养出一支有组织纪律、能吃苦耐劳、能打硬仗的石油工业队伍。以王进喜为代表的大庆人，自力更生、艰苦奋斗、吃苦耐劳、公而忘私，得到全国工业交通战线的崇敬。1964年1月25日,《人民日报》一版头条通栏刊出毛泽东的号召:“工业学大庆”,随即全国开展“工业学大庆”运动。

“工业学大庆”之初,漳平县工交系统干部、职工以大庆为榜样,开展比学赶帮,实行增产节约,开展社会主义劳动竞赛,学习大庆人吃大苦、耐大劳,争当“五好职工”。“文化大革命”前期,县工交战线学大庆活动因武斗频繁,生产秩序遭到破坏而基本停止。在批判“唯生产力论”浪潮中,大庆被诬蔑为“唯生产力论”的典型而遭到批判。

1968年9月漳平县革命委员会成立后,高举“鞍钢宪法”的旗帜,响应“工业学大庆”的号召。1969—1970年,县委、县革委会执行“抓革命、促生产”方针,先后恢复或新建20多个工矿企业,工业门类有所增多,规模有所扩大,机械化程度也有一定的提高。到1970年,全县工业总产值2510万元,比1965年1073万元增加1437万元;全县工业企业试制成功的新产品相当于前三年总和的两倍。

漳平县“工业学大庆”运动,在1971—1972年周恩来主持纠“左”时期和1975年邓小平实行全面整顿时期,出现两个活跃期。

1971年起,县工交战线职工在边学习、边贯彻、边行动中,掀起“学大庆人、走大庆路、创大庆业”的革命生产热潮。1971—1972年,全县大办“七小”企业,新建漳平农械厂、赤洋埔铁厂、漳平通用机械厂(漳平电工机械厂)、漳平水泥厂、漳平造纸厂、漳平林化厂等一批重点工矿企业;省属企业潘洛铁矿恢复生产,龙岩地区在漳平县兴建漳平化肥厂、漳平硫酸厂,生产秩序较为稳定,工业生产回升。据统计,1971年、1972年,全县工业生产实现扭亏为盈,1972年全县工业企业产值完成976.89万元,比1971年增长24.35%。

1973年开始,漳平县学习解放军的政治工作经验,以大庆人为榜样,培养“三老四严”“四个一样”的良好作风。“三老”即当老实人、说老实话、做老实事;“四严”即严格的要求、严密的组织、严肃的态度、严明的纪律;“四个一样”即黑夜和白天干工作一个样、坏天气和好天气干工作一个样、领导不在场和领导在场干工作一个样、没有人检查和有人检查干工作一个样。全县“学鞍钢、学大庆”，大搞技术革新，开展社会主义劳动竞赛。在“鞍钢宪法”指引下，坚持“小、土、群”原则，坚持工业为农业生产服务，为国防建设服务，为人民生活服务，并取得新的成绩。漳平农械厂生产大量的打谷机、插秧机和各种农机具，支援农业生产。交通运输企业开展支援农业服务也做出积极贡献。截至1974年，全县工业总产值4173万元，其中省地属企业2094.39万元。

1975年6月起，全县按照省委、省革委会关于全省工业整顿的工作部署，调整充实企业领导班子，改变班子“软、懒、散”现象；狠抓路线教育，整顿和加强企业管理；通过大检查、大评比，总结交流经验，推动以“优质、高产、安全、多品种、低消耗”的增产节约；建立健全以质量为重点的“七项制度”，促进“七大指标”的落实。全县工交战线实行“两参一改、三结合”，大搞技术革新、技术革命，取得技术革新成果43项。如漳平造纸厂应用“优选法”，使硷耗由原来18％下降到14％，并改革纸机上毯的分毯，延长寿命一倍，一年为国家节约7000多元；漳平农械厂应用“优选法”，解决铸铁件的焊接技术，保证焊接质量，达到成本低、修配快的效果。

1976年，县工交战线继续贯彻“鞍钢宪法”，开展“工业学大庆”。全县坚持政治挂帅，实行党委领导下的厂长负责制，涌现一批学习大庆的先进企业、车间、班组和先进工作者。截至1976年底，全县工业产值3740万元，主要工业产品产量：原煤2.79万吨、水泥3628吨、铁矿石58万吨、机制纸707吨、松香2358吨、木材10.96万立方米。

1977年4月，全国工业学大庆会议召开，要求不仅工业战线而是全国各条战线都要学习大庆经验，提出普及大庆式企业的任务。漳平继续落实工业企业整顿措施，推动工业生产的发展。至1978年，全县已经建立比较完备的冶金、煤炭、化工、建材、造纸、森工等工业体系。

“工业学大庆”运动对全县工业企业的发展和工业生产任务的

完成,起到重要的推动作用,但也出现一些偏差。例如有的企业流于形式,停留在口号和空喊上,刮风走过场;有的企业随意乱用“有条件要上,没有条件创造条件也要上”的提法,不讲实际,不求技术革新,生搬硬套,蛮干硬干,造成工业企业不应有的浪费和损失。

第四章　改革开放新篇章

（1978年12月—2012年10月）

第一节　实现伟大的历史转折

1976年1月周恩来总理逝世，全国人民自发以各种形式开展悼念活动，却遭到江青、张春桥、王洪文、姚文元"四人帮"的阻挠和压制，激起全国人民的抗争。4月北京发生"天安门事件"，掀起声讨"四人帮"的怒潮。漳平人民冲破"四人帮"在漳平县爪牙的阻拦，怀着深厚的无产阶级感情，刷写大字报，创作诗词，深切缅怀周总理，拥护邓小平，矛头直指"四人帮"及其在漳平县的爪牙。据统计，全县被追查所谓的"总理遗言"案件有9件、传抄反诗词1人、传播政治谣言1起、写诗词4件，涉及人员75人。因反对"四人帮"而遭受迫害所涉及案件这些的人与事后来均得到平反。

1976年9月9日，毛泽东主席逝世。9月18日，毛泽东追悼会在北京天安门广场隆重举行，百万群众参加。县直机关、驻漳部队、厂矿、企业、商店、学校、人民公社、生产大队都普遍设置庄严肃穆的灵堂，吊唁敬爱的伟大领袖。

1976年10月6日，以华国锋为首的中共中央政治局执行党和人民的意志，一举粉碎江青、张春桥、王洪文、姚文元"四人帮"。10月18日，中共漳平县委传达中共中央发出《关于王洪文、张春桥、江青、姚文元反党集团事件的通知》。消息在全县各地迅速传开，人们兴高采烈，奔走相告，热烈欢庆粉碎"四人帮"反党集团的伟大胜利。

县、社纷纷举行声势浩大的集会游行，漳平大地到处红旗飘扬，敲锣打鼓，鞭炮鸣响，城乡一派欢腾，人民久受压抑的心情得到全面释放。

1976年10月江青反革命集团覆灭后，县委领导全县人民，采取举办学习班、群众揭发、专案调查等方式，深入揭批江青反革命集团，清查与其帮派体系有牵连的人和事，重点清查“三种人”，即在“文化大革命”中追随林彪、江青反革命集团造反起家的人、帮派思想严重的人、打砸抢分子。据不完全统计，截至1977年3月16日，全县召开揭批“四人帮”批判会597场，参加142378人次，上台发言2864人，活靶子124人；写大字报和大批判文章15828篇，出专栏1072期，漫画70期1092幅；县委办学习班2期，参加人数345人。全县清查与“四人帮”及其亲信、爪牙有牵连的人，包括受影响、说错话、做错事的人共计109人，占全县干部总数2977人的3.66％。其中，属第一种人11人，第二种人7人，第三种人17人，第四种人31人，第五种人43人。县委采取果断措施，纯洁党的干部队伍，相应处理“五种人”，或实行隔离审查，或审理判刑，或下放到农村、农场参加劳动改造，给予改过自新的机会。

与此同时，县委整顿各条战线、各个部门，开展农业学大寨、工业学大庆活动，以及增产节约和社会主义劳动竞赛，尽快恢复全县的正常生产秩序。1977年全县实现工农业总产值7683万元，比1976年增长7.6％；财政收入比1976年增长8.9％；商业、供销商品销售总额比1976年增长9.4％。农业方面，战胜严重的干旱，获得粮食的丰收。1977年推广杂交水稻5.45万亩，1978年普及到7.8万亩；全县粮食总产量达到11791万斤，比1976年增长7％；生猪存栏数51300多头，比1976年增长5.38％。

然而，这一时期国民经济的发展，仍不可避免地受到“两个凡是”的束缚，即毛主席做出的决策，我们都坚决维护；凡是毛主席的指示，我们都始终不渝地遵循，使国民经济的发展呈现出徘徊中前进状态。于是，一场关于马克思主义思想路线的解放运动应运而生。1978年5月11日，《光明日报》发表特约评论员文章《实践是检验真理的唯一标准》，由此引发关于真理标准问题的大讨论。县委随即组织党员、干部，开展“关于实践是检验真理的唯一标准问题”的讨论，为摆脱“两个凡是”的束缚作好思想准备。

1978年12月中共十一届三中全会召开后，县委贯彻中央的路线、方针、政策，从政治、思想、组织、纪律和作风等方面进行拨乱反正，全面纠正“文化大革命”的错误。县委按照实事求是、有错必纠的原则落实政策，全面清理复查历史遗留案件，彻底平反冤假错案，先后平反“文化大革命”中的“反革命集团”假案7起，纠正错案1044个，对蒙冤受屈的3723人分别给予抚恤、撤销处分、补发工资、恢复职务和名誉等抚慰；纠正因在反右派斗争、“清理不纯分子”、反右倾、“整风整社”和“四清”等运动中，受到错误处理一大批人员的决定；摘除地主、富农等剥削阶级分子帽子1098人，改变其身份；按规定分别落实民族、宗教、华侨、去台人员家属、知识分子等政策。落实政策工作大部分在1982年结束，一些遗留问题陆续延至1988年。上述一系列落实政策工作，极大地调动了全县各阶层人士的积极性，促进了政治上的安定团结。

中共十一届三中全会重新确立马克思主义的思想路线、政治路线和组织路线，是中华人民共和国成立以来中国共产党历史上具有深远意义的伟大转折，开创了中国社会主义事业发展的新时期。漳平县和全国一样，平反纠正冤假错案，加强组织建设，结束经济工作和社会发展在徘徊中前进的局面，实现工作重点从阶级斗争到社会主义现代化建设的转移。1978年与1976年比，全县工农业总产值8922万元，增长24.9％；粮食总产量69823吨，增长26.35％。但产业结构仍极不合理，第一、第二、第三产业在国民生产总值的比重依次为42.5∶33.5∶24，农业仍居首位，第三产业不足四分之一；第一、二产业内部结构也极不合理，种植业和重工业占绝对优势，而养殖业、能源、交通运输业、通讯基础设施仍很薄弱。漳平县的社会主义现代化建设仍然任重道远。

第二节　家庭联产承包责任制的推行

1978 年 12 月中共十一届三中全会讨论了《中共中央关于加快农业发展若干问题的决定(草案)》和《农村人民公社工作条例(试行草案)》,并下发到各省、自治区,在全国农村开始试行农业生产责任制。《草案》规定在生产管理上“可以按定额记工分,可以按时记工分加评议,也可以在生产队核算和分配的前提下,包工到作业组,联系产量计算劳动报酬,实行超产奖励”。

1979 年 2 月,中共漳平县委召开四级干部会议,传达学习《中共中央关于加快农业发展若干问题的决定(草案)》和《农村人民公社工作条例(试行草案)》,研究落实农村经济政策,贯彻按劳分配原则,试行农业生产责任制等问题。至 1979 年上半年,有部分生产队探索建立不同形式联系产量计算报酬的生产责任制,占农村基本核算单位的 42%。但到 1979 年冬,因政策的不确定性和农民的疑虑,多数生产队放弃试行生产责任制,只有少数生产队还在坚持。

1980 年初,县委总结经验教训,决定继续肃“左”,克服“怕滑到分田单干上去”的思想,同时抽调干部深入基层,要求每个生产队都要有懂政策的干部作指导。至 1980 年春耕,全县约有 80%生产队建立不同形式的农业生产责任制,主要采取以下八种形式:五定一奖(惩):定地块、定人员、定农具、定产量、定报酬,超产受奖,减产受罚;三小一定:小组作业、小段计划、小段包工,定额管理;以产付工(分):春天定好报酬标准,秋天农民交多少产量,生产队付给多少工分;以产付工(分)外加超产奖:春天定出计划指标,秋天对超产部分除按劳付酬外还要给奖励;包工到户、到人:先包到作业组,再由作业组包到户、到人;多种经营专业责任制适用于林业、副业、集体企业、果茶、积肥等生产领域;定人员、定产值、定报酬、超产奖励;包产包值到户:适于一家一户经营的零散地块、小宗经济作物;匠人责任制:允许匠人外出打工,按规定金额上缴和记工分,超收归己。

从 1979 年 2 月到 1980 年春，全县生产队建立的各种形式生产责任制，适当地放宽了对自留地、家庭副业和集市贸易的限制，特别是尊重生产队的自主权，显示出初步效果。但已经建立的生产责任制都是在生产队“四统一”框架下运作的，农民劳动成果最终都折合成生产队工分，由生产队进行统一分配，与农民个人劳动成果没有直接联系。因此，一些责任制在试行中“黄”了，说明尚未完全符合农民的意愿。

1980 年 9 月，中共中央发出《关于进一步加强和完善农业生产责任制的几个问题通知》后，家庭联产承包责任制全面铺开。根据农村新政策，县委对农村农业生产方针作重大调整，由“以粮为纲”调整为“粮林牧结合，多种经营，全面发展”，同时改革农业经营体制，全面实行家庭联产承包责任制。1981 年 3 月，全县 1703 个生产队落实各种形式的承包责任制，占全县 1710 个生产队的 99.6%，尚未落实责制的只有 7 个生产队。其承包责任制采取主要形式有包产到户、包干到户、包产到劳、小段包工、定额计酬、专业承包、联产计酬等多种形式。1982 年春，全县各生产队全部落实家庭联产承包责任制，以家庭为经营单位，生产队不再统一分配。为了解决农户生产资金不足的困难和发挥集体资金效益，各生产队先后折价集体财产，连同积累资金、债权债务、粮食物资，通过核算结账公布，民主处理，并按人口或人劳比例分给各农户；队办茶果林场、企业等承包给专业户经营，也有的折价转归专业户经营。

家庭联产承包责任制开启了农村经济改革的序幕，极大地调动了广大农民的生产积极性，促进了农村经济的全面发展，1983 年全县粮食生产在 1977 年增产的基础上又夺得连续 6 年增产。1983 年全县粮食总产量达 1.74 亿斤，以复种面积计算，平均亩产 687 斤，亩产居全省第 6 位；总产比 1976 年增产 6320.82 万斤，增产 57.30%，创历年最高水平；农民人均口粮 360.5 公斤，基本解决温饱问题。1985 年以后，随着农村经济体制改革逐步深化，农村经济结构和农业内部结构得到合理调整，政府引导农民发展第二、第三产业，农村经济由自给自足的自然经济向商品经济转化。1990 年投入第二、第三产业的劳动力共 11600 个，占农村总劳动力的 13.3%，创产值（现行价）13349 万元，占农村社会总产值的 42.68%，创经济收入 12684 万元，占农村经济总收入的 40%；在农业内部，投入林、牧、副、渔业的劳动力共 5721 个，占农业总劳动力的 7.6%，创经济收入 10268 万元，占农业总收入的 54.07%；在农业总收人中，出售产品收入的比重大幅度提高。1990 年农业收入 18990 万元。出售产品收入 12280 万元，占 66.67%，比 1985 年提高 42 个百分点。1985—1990 年的 6 年间，农村社会总产值增长 1.44 倍，其中工业总产值增长 3 倍，比重上升；农业增长 1.2 倍，比重下降；其他各业均有不同程度的增长，比重相对稳定。

进入 20 世纪 90 年代，全市农村改革继续深化，在继续稳定完善家庭联产包责任制和统分结合的双层经营体制的基础上，进一步完善农村各业承包经营任制。同时围绕农业产业化经营，致力解决制约农业和农村发展的各种矛盾，发展农业社会化服务体系，为农业生产提供产前、产中、产后服务，不断扩大农业产业化经营规模。

第三节　念好老区“山字经”

1981 年秋，福建省委正式做出大念“山海经”，把福建省建设成为我国的重要林业、畜牧业、渔业、经济作物、外贸、轻工、科技和统一祖国等“八个基地”的战略决策，强调要放眼 8 倍于耕地的山区、10 倍于耕地的海域的综合开发，向“山海”进军、向山和海要财富。

漳平县贯彻落实省委提出大念“山海经”和建设“八个基地”的战略决策，根据山多、林多的山区资源条件，制定念好“山字经”的工作目标、主要措施，全县上下形成念好“山字经”的氛围。各社队根据自身实际，因地制宜，宜种则种，宜养则养，农业从单一种植业到农、林、牧、渔业全面发展。1981 年，为稳定山权林权，划定自留山，实行林业生产责任制，全县开展确定山权、林权和管护权的林业“三定”工作。按山权归国家和集体所有，林权分国家、集体和个人所有的原则，全县林权定权面积 248.48 万亩，其中私有林权面积 82431 亩，占全县林权定权总面积的 3.32%。在推行林业生产责任制后，全县兴起个体造林热潮，1982 年全县个体造林达 16389 亩，占当年全县造林面积的一半，涌现出一批造林大户。1983 年，全县又涌现出造林重点户 10 个，造林面积 1514 亩。城关青年李某某到永福乡文星村承包荒山造林的事迹被《福建日报》登载。

1984 年 5 月 15 日，县政府颁布《关于加强荒山绿化和山地开发步伐的决定》，规定社中自留山应占集体山林总面积的 20%左右，由政府发给自留山证，社员有长期经营权，荒山、荒滩谁种谁有，使用权 30～50 年不变，激发了广大社员开荒种果、植树造林的积极性。1984 年 11 月 9 日，县委在第五次党代会上，提出要根据漳平县的山区、林区的优势，大力建设用材林、毛竹（笋干、土纸）、水果、茶叶、油茶、花卉、水泥、林产化工等八大商品的生产基地，促进"二茶一果"的发展和花卉的生产，形成漳平县大念"山海经"的特色产业。

柑橘是漳平县大念"山海经"的一大特色产业。早在 1981 年，全县即推广柑橘嫁接苗，扩大种植面积，实行挖大穴，合理整形修剪，使生产得到大幅度增长，种植面积超万亩，为龙岩地区种植柑橘面积最多的一个县。从 1987 年开始，总产量一直居龙岩地区首位，成为福建省柑橘主产县之一。1990 年全县柑橘种植面积 49672 亩，总产 5294 吨。全县开展群众性柑橘优良单株评选活动，选出温州蜜柑、芦柑、蕉柑、橙类优良单株 20 余株，并进行株系繁育推广，成片种植。部分优良单株选育获省农业厅技术推广奖，其中"漳南一号"芦柑丰产稳产，少核或无核，味浓香清，其子代遗传性状稳定，1990 年 11 月通过省级测定验收，认定为福建极为少见的优良单株。芦芝柚是漳平地方名果，已有 400 余年的种植历史。因其果实成熟于八月中秋季节，故又称桂花柚，其特点是：果实倒卵圆形，中大，酸甜适口，肉脆质佳，无核，早熟，选送全国农展会展览和广州交易会展销。1988 年通过省级鉴定，被确认为福建省地方名果，1990 年全县共种植 484 亩。

花卉是漳平县大念"山海经"的又一大特色产业。永福是漳平著名的花乡，其花卉栽培技艺已有700多年历史。在20世纪80年代大念“山海经”中，永福的花卉资源得到充分开发和利用，先后成立各种花卉研究所、花卉生产公司、花卉联合体，涌现了不少种花致富的专业户，花卉生产走上专业化、商品化道路。1984年是永福花卉生产发展较快的一年，花卉面积1256亩，花农2771户，全镇拥有专职或兼职的花卉推销员573人，花卉收入477.1万元，被福建省列为重点栽培茶花、瑞香基地，成为全国十大花卉生产基地之一。漳平永福与福州建新、龙海九湖并列为福建省三大重点花卉产区，也是全国著名的花卉生产基地。1990年，全县花卉种植面积2500亩，总收入500多万元，永福花卉销往全国26个省(市)及港澳台地区。

经过全县上下的努力，大念“山字经”取得巨大的成绩。1987年全县造林、荒山育林卓有成效，被全国绿化委员会授予“全国绿化先进单位”。到1990年底，全县共造林36.57万亩，平均每年12.19万亩，比前三年平均每年的537万亩，增加6.82万亩，增长1.27倍;1990年水果产量比1987年增长28.07%;果树面积达58892亩，户均种果1.33亩，提前一年实现地委、行署提出“户种一亩果”的战略目标，名列全区第一。1992年1月11—18日，漳平市以优异成绩顺利通过省政府的宜林荒山造林绿化核查验收，各项核查指标均符合省定要求，提前一年基本完成海拔一千米以下宜林荒山造林绿化任务。

在大念“山字经”的过程中，县委、县政府坚持发挥老区优势，发展多种经营，有目的地推进产业结构调整，着重从种植业、农业和农村经济三个层次上进行调整。一是发挥内地山区优势，调整种植业内部结构。在强调不放松粮食生产的同时，努力发展多种经营，适当缩减粮田面积，扩种适销对路的、效益较高的经济作物，经济作物主要有油菜、花生、水果、茶叶、花卉、蔬菜、甘蔗等品种。经济作物在种植业中占有很大比重，1990年经济作物总产值1855万元，占种植业总产值4075万元的45.52%。二是发挥山地优势，调整农业内部结构，发展造林、种果、养殖、畜牧业，出现各业并举的局面。种植、林、牧、副、渔业的五业比例渐趋合理，初步形成用材林、果树、茶叶、烤烟、毛竹、花卉和畜牧生产等基地，改变过去单一经营的方式。三是调整农业经济结构，发挥各地的传统优势，发展农产品加工、建材工业和乡镇企业，为农村第三产业发展创造条件，促进商业、运输业和其他服务业的发展。

念好“山字经”，使全县农业产业结构发生重大变化，农村经济进入农工商贸综合发展时期，也对漳平的林业发展产生长远影响。此后，历届市委、市政府均重视革命老区的林业发展。2011 年，全市贯彻省政府提出的关于推进森林福建建设的要求，兴起“大造林”热潮，共造林 159827 亩，基本消灭荒山荒地，构建稳定的森林生态系统。

第四节　经济体制改革的全面展开

中共十一届三中全会的召开，实现了把全党工作重点转移到经济建设上来，揭开了经济体制改革的序幕。

漳平县的经济体制改革从农村率先起步，全面实行家庭联产承包责任制，农村经济开始从单一经营向多种经营的方向发展。随着 1984 年 10 月中共十二届三中全会召开，漳平县的经济体制改革从农村向城市推进，城市经济体制改革全面铺开，以建立社会主义经济体制为目标，以国有企业改革为重点，农村改革、城市改革、工业企业经营、商品流通、粮食流通、物资供应、外贸、财政税收、金融、计划管理、价格体制等各项配套改革稳妥进行，全县国民经济和社会各项事业进入快速发展的新时期。随着经济体制的格局和运行机制发生的深刻变化，特别是 1992 年 10 月中共十四大以来，宏观调控体系的框架初步建立，市场在资源配置中的基础性作用明显增强，改革开放取得新的突破。1998—2003 年，改革进入攻坚阶段，市委、市政府提出要以改革统全局，按照“科学规划，分步实施、重点突破，整体推进”的思路，力促改革在各个领域全面展开。

稳步推进工业经济体制改革。全县农村经济体制改革成效显著,促进了工业经济体制改革。1982 年在工业企业中全面推行盈亏承包责任制,采用利润包干、超收留用或分成的办法,改善企业的经营管理。1984 年 10 月,中共十二届三中全会通过《中共中央关于经济体制改革的决定》后,全县以城市为重点的经济体制改革以更大的步伐开始启动和推进。全县国有企业普遍实行政企分开,所有权与经营权适当分离,扩大企业生产经营自主权,全面推行厂长(经理)负责制,纠正过去行政管得过死、统得过多的弊端。企业内部实行多种形式的工资与效益挂钩的经营承包责任制,职工实行岗位责任制,车间、班组层层承包,把产品产量、消耗、成本等各项经济技术指标落实到基层,调动广大职工的生产积极性,激发企业活力。1987 年以后,围绕增强企业活力,不断深化企业改革,在普遍推行责任制的基础上,逐步推行风险抵押承包、租赁制、股份制等多种经济承包形式,扩大竞争招标,建立竞争机制和约束机制,全面实行工效挂钩制度。1990 年市属工交企业中完成二轮承包的有 19 家,占 80%。1993 年始,市汽修厂、配合饲料厂、造纸厂等实行“国有民营”改革,采取公开投标确定承包者。对中标者实行全员风险抵押,一定三年至五年。1996 年下半年,借鉴山东诸城的改革经验,实行“先整厂出售改制,企业内部职工持股”为主要形式的产权制度改革。市农械厂改制为职工内部持股的漳平神龙机电有限公司,市酒厂改制为闽西客家酸酒有限公司,市面粉厂改制为市菁丰面粉工业有限公司。2002 年,龙岩市属企业漳平化肥厂实施“产权、身份”双置换,改制为漳平化肥有限公司。2003 年,漳平硫酸厂改制为漳平金鑫硫酸化工有限公司。2005 年,市电力公司改制为漳平供电有限公司,省电力公司龙岩电业局持股 80%,市国有资产投资公司持股 20%。

深化商品流通领域体制改革。主要是对国营商业实行“国家所有、集体经营、照章纳税,自负盈亏”的经营承包制,1984 年全县有 12 家国营商业实行集体承包、占零售网点的 57.15%,办理停薪留职、搞个人承包的职工 8 人。1987 年贯彻国务院《关于深化企业改革，增强企业活力的若干规定》，把全民所有小型企业所有权与经营权适当分开，在不改变企业所有制性质的前提下，实行租赁经营的商店有 18 家，占零售网点的 78.26%。1992 年 4 月始，打破“铁饭碗、铁工资、铁交椅”，实行经营、用工、价格、分配“四放开”改革，在商业局所属企业中实行全员风险抵押承包和联销联利计酬、百元销售含量工资、承包利润分成等形式，企业干部能上能下，职工能进能出，工资能高能低，企业开始引进风险、竞争和激励制，实行择优上岗，人员优化组合，把企业推向市场。1994 年 3 月起，市商业局所属企业实行国有民营改革，将所有权和经营权相分离。在不改变商业资产所有制前提下，实行“产权国有、资产租赁、竞争招标、风险抵押、自由组合、自主经营，自筹资金、自负盈亏、包干上缴”，将商业局所属企业资产全部或一部分有偿地租赁给集体或个体经营，所需资金全部由经营者自行筹集。

在商业系统中，供销社最早实行体制改革。1983 年 7 月成立漳平县供销合作社联合社，并召开社员代表大会，选举产生理事会和监事会，恢复供销社的集体所有制性质，进行扩股增金。当年全县新老社员共 31290 户，占总农户的 85.43%，股金总额 8.18 万元。1984 年以后，各基层供销社自主经营，独立核算，自负盈亏，县级社不再统负盈亏，通过体制改革，把供销社办成农民群众集体所有的合作商业。1992 年起，国有商业推行企业经营、用工、价格、分配“四放开”经营体制，基层门点实行定人员、定资金、定上激，定利润。1994 年、1996 年先后实行二轮的国有民营改革。至 2005 年底，除 1 个门点收回企业自营外，其余均拍卖、转让或关闭。供销合作商业的改革在 2000 年迈出关键一步。当年采取以资抵债、商品偿债、闲置资产变现等形式，妥善处置和依法化解银行债务。2001 年始，在系统各企业逐步实行职工身份置换，发放经济补偿金，将关系转移到劳动服务公司。至 2005 年年底，有 22 家企业的职工实行身份置换，支付经济补偿金 329.6 万元，补缴医保、社保金 96.58 万元，全系统职工人数由 2000 年的 586 人减为 145 人。

推进粮食流通体制改革。1991 年，在保证完成定购粮任务前提下,取消大米由粮食部门统一收购的规定,征购粮食继续实行粮食购销调拨包干办法,实行奖售平价化肥、柴油及发放预购定金等三项挂钩政策。1992 年,农村退出统销,改供议价粮。1993 年,实行粮食经济合同定购,放开粮油经营与价格,粮食收购实行市场议购价,三项挂钩政策的实物改为以货币形式支付。1996 年,实行政策性业务和商业性经营双轨制运行。大幅度提高粮食定购价,实行粮肥挂钩政策及每 50 千克 10 元价外补贴,使国家的收购价高于市场价,调动农民种粮积极性。1998 年,实行计划管理与市场调节相结合、平价与议价并存的双轨制经营。平价经营实行收购、销售、调拨,库存“四统一”,议价粮油由企业自主经营、自负盈亏。2000 年,放开早谷粮食市场,中晚稻仍实行定购制度和保护价政策。2001 年,取消国家粮食定购任务,不再实行粮食收购保护价,粮食购销价格全面放开。2004 年,贯彻执行国务院《粮食流通管理条例》,停征农业税,储备用粮实行订单直补收购。

实行物资供应体制改革。1991 年,市物资总公司下辖化工建材、金属材料、机电设备、再生利用 4 个专业公同,各公司自主经营,具有资金分配、人事用工、费用支配权,分别向总公司签订集体承包合同,实行上缴利润和承包费用,超利分成得奖,欠交扣发工资,全员风险抵押的经营体制,1999 年 7 月,在福建省物资系统率先实行内部职工持股的股份制改革,成立股份制的市开元物资有限公司,下设民爆物品、金属材料、废物品回收 3 个分公司,实行财务统一管理,原物资总公司职工全部置换身份成为公司股东。

积极探索外贸体制改革。1994 年,《中华人民共和国对外贸易法》颁布实施。1995 年 5 月,市外贸公司成为有进出口经营权的综合性外贸公司。2000 年 5 月,公司改制为内部职工持股的股份合作制企业。2002 年 7 月,市对外经济贸易局更名为市对外贸易经济合作局,归口管理市外贸公司、市来料装配服务公司及市国际经济技术合作公司。同年 10 月,成立富山工业园区管理委员会办公室,挂靠市外经局。2004 年 12 月,整合市外经局、富山工业园区管委会办公室管理职能,组建市招商局,实行“一套人马、三块牌子”,负责全市招商引资，外经外贸，园区建设工作的组织、管理、服务、协调。

加快财政体制改革步伐。1991—1993年，漳平市级财政体制实行省定的“划分收支、核定基数、定额补贴、分类包干、增收全留、自求平衡”的财政预算管理体制。1994年1月起，实行分税制财政体制改革，将全部税种划分为中央和地方财政收支范围，市财政收入分为地市、县市固定收入和分成收入，地方级收入范围：增值税25%(指县市收入部分)、市企业所得税、个人所得税、资源税、土地增值税、城镇土地使用税、耕地占用税、国有土地使用权有收入、印花税、城市维护建设税、房产税、车船使用税、屠宰税、农林特产税、契税、遗产与赠予税、市企业上缴利润、市级预算内自筹基建贷款归还收入、债务收入、其他收入、排污费收入和罚没收入。省对市集中部分是：市地方级财政收入中增值税40%，所得税和营业税各30%。从2002年起，省财政取消市“一三三”集中部分。收入基数以1993年决算收入数为基数，扣除非正常的一次性因素后，按照上述收入范围和体制上下划因素计算核定。国家对所得税增量部分实行中央和地方各占50%。2003年起，实行地方占40%，中央占60%。所得税基数部分实行税收返还补助，直至2005年不变。与此同时，改革乡(镇、街道)财政体制。1991年，对乡(镇)财政实行“划分收支、核定基数，定额缴补、超收分成，超支不补”的预算管理体制，合理调整乡(镇)财政包干指标和上缴比例，与责权利相结合，调动乡(镇)开源节流增收节支的积极性。1992年，重点扶持1990年财政三项收人50万元以下的乡(镇)。1993年，本着“大稳定，小调整”的原则，实行划分收支、稳定基数、定额补助、超收分成、超支不补、一年一定的乡(镇)预算管理体制。1995年，对乡(镇、街道)实行划分收支范围、分级分税结算、核定收支基数、超收入基数比例分成的管理体制。当年各乡(镇、街道)财政收入完成3711万元，比上年增长21.90%。2000年始，将市属以下的乡(镇、街道)企业、私营企业、个体工商户和个人缴纳的增值税收入的25%划归乡(镇、街道)收入，增强(镇、街道)财政实力与活力，并进一步完善乡(镇、街道)财政收入目标管理考核办法。2003年起，实行“划分收支、核定基数、定额缴补、超收分成、自求平衡”的管理体制，一定三年，至2005年不变。

税收体制改革也开始启动。1991—1993年，税收实行集中、统一、垂直管理，依照国家统一制定的税种、税目、税率，由市税务局和市财政局负责征收管理。除农业税、农业特产税、耕地占用税、契税归市财政局直接征收外，工商各税及有关基金均由市税务局统一征收入库，按税收权属和比例实施中央、省、县三级解缴分成。1994年，国家实行分税制财税体制，建立中央和地方两个税收体系。对增值税、消费税、营业税、企业所得税、个人所得税、城市维护建设税等税种进行改革，同时调整资源税、房产税、车船使用税、土地使用税、屠宰税的征收范围，并开征土地增值税。建立以分权、分税、分机构为核心的新税制，实行以增值税为主体，消费税和营业税为补充的内外统一的流转税制度，改进和完善所得税及其他税种，使之与分税相衔接，税费征收实行统一领导、分级管理，按收入归属划分级别入库。市税务局根据税种及入库等级，划分为市国家税务局和市地方税务局。

稳步推进金融体制改革。1991—1993年，中国人民银行漳平市支行(简称“市人行”)执行“从严控制总量，优化结构，面向市场，转换机制，提高效益”的货币信贷方针，各家银行和其他金融机构的信用活动以及企业债券规模全部纳入社会信用规模，进行总量控制，未经批准，不得突破。对城乡信用社实行信贷规模控制和资产负债比例管理。1994—1998年，市人行工作重点由过去侧重分资金、分规模和机构审批转移到实施货币政策、加强宏观管理、金融监管和调查研究上来，控制货币信贷总量和固定资产贷款规模，推进商业银行资产负债比例管理。1998年1月1日起，取消对商业银行的贷款规模控制，实行资产负债比例管理和风险管理，对商业行、信用社不再实行指令性规模控制。改革存款准备金制度，调整金融机构一般存款缴存范围，将商业银行法定存款准备金账户和备付金账户合并为统一的准备金账户，实行按统一法人、按旬考核，将法定贷款准备金率从13%下调至8%。1999年11月，又由8%下调至

6%。强化商业银行统一法人制度，理顺中央银行与商业银行之间的资金关系，增加市内金融机构的可用资金能力。2003 年 9 月 21 日起，存款准备金率又由 6%上调至 7%，农村信用社仍为 6%。2004 年 4 月 25 日起，实行差别存款准备金率制度，资本充足率低于一定水平的金融机构存款准备金率提高 0.5 个百分点。

计划管理体制改革全面实行。从 1990 年始，计划管理由单一的指令性计划体制逐步过渡为指令性和指导性相结合的计划体制，国民经济以宏观调控和微观搞活为主，实行指导性计划的有：农业、工业、集体、个体投资等。实行指令性计划的有：部分煤炭统配量和电力统配量及焦炭、重油分配，全民所有制投资，外贸出口，利用外资和引进技术基本建设计划，人口控制；国家计划任务招生与分配，医院床位和卫生技术人员等，其余为指导性计划和市场调节。1992—1993 年，计划工作的重点是指导市场经济运行，到 1993 年，除水泥外，钢材等 10 种主要统配物资均对外放开。1996 年，改革规划和年度计划，增强其宏观性、预测性和导向性，探索中长期计划编制的新特点、新方法，调整年度计划的指标体系，把计划指标改为预测性目标，合理地制定下达年国民经济和社会发展计划以及工业、农业、社会事业等专项计划。2002 年，计划管理工作重点由下达指标转为研究制定国民经济和社会发展中长期计划、宏观调控目标，规划重大经济结构、生产力布局和重点建设，做好经济预测，延伸和落实中央、省的宏观调控决策，确保上级宏观调控目标的实现，促进地方经济持续、快速、健康发展。2005 年起，对企业不使用政府投资建设的项目，一律不再实行审批制，区别情况实行核准制和备案制。

物价体制改革也逐步展开。1991 年，继续实行控价目标责任，对人民生活关系密切的 5 种商品价格和 5 种非商品收费实行监控，建立成本调查台账和物价业务统计台账，调整能源、资源、原材料和农产品价格，放开商业经营服务价格，实行生产资料计划内外价格并轨，市场价格稳中微升。1992 年，建立以市场形成价格为主，政府宏观调控的价格机制。取消计划外生产资料全国统一最高出厂或销售限价;放开部分行业性收费项目。粮食销售价和部分化工产品价格逐步放开,提高粮食购销价格、煤炭价格和部分公用事业收费标准,市场物价稳中有升。1993 年,对化肥、农药、农用塑料薄膜、农用柴油等农业生产资料及水泥实行计划外最高限价,放开钢铁产品价格、卷烟出厂价及调价。

与此同时,社会保障制度开始建立。逐步推行社会保障体制和城乡居民最低生活保障制度,初步建立养老保险、失业保险、工伤保险、医疗保险、女工生育保险等与企业相配套的保障制度。

第五节　乡镇企业与“三资”企业的突起

乡镇工业的基础为农村手工业,工业企业的前身是社队企业。1978 年中共十一届三中全会后,在改革开放形势下,漳平县逐步推行“联利计酬”“包定基数”“超奖亏赔”“大包干”等多种形式的经济承包责任制,乡镇工业企业以迅猛的速度发展,成为推动老区农村经济发展最有活力的因素。1981 年 5 月 4 日,国务院颁发《关于社队企业贯彻国民经济调整方针的若干规定》,指出:“社队企业已成为农村经济的重要组成部分,符合农村经济综合发展的方向。”1984 年,福建省政府颁布《关于大力发展乡镇企业若干问题的规定》,强调放宽政策,积极扶持,正确引导,加强管理,发展乡镇企业。

1981 年,中共漳平县委、县政府落实国务院《关于社队企业贯彻国民经济调整方针的若干规定》,多渠道扶持和发展老区乡镇企业。至 1982 年底,全县乡镇工业企业有 48 家(其中非独立核算 5 家),从业人员 1291 人,总产值 397 万元,实现利润 53.1 万元。1984 年 11 月,县第五次党代会贯彻省政府《关于大力发展乡镇企业若干问题的规定》的精神,提出要依靠乡镇企业打头阵,冲破行政束缚,鼓励群众出县出省,外引内联,集体、个人一起上,乡办、村办、户办、联办“四个轮子”一起转,走投资省、效益高、小而精、小而专、小而新的发展道路;发动群众兴办“家庭工厂”“家庭农场”“家庭渔场”

“家庭林场”“家庭牧场”，乡镇企业发展迈出新步伐。

1985 年全县逐步深化农村经济体制改革，县政府引导老区农民发展第二、第三产业，乡镇企业异军突起，农村经济由自给自足的自然经济向商品经济转化。1986 年是乡镇企业投资最多的时期，全县新上企业 64 家、扩建技改项目 4 个，总投资 1992.67 万元。此时县域农村经济实力大大增强，使农村经济由单一农业转变为农工商多种产业结构的综合型经营服务体系。到 1990 年底，全县乡镇工业 129 家，职工 3856 人，有固定资产原值 4400.5 万元，工业总产值 2358.2 万元，利税总额 224.1 万元；在全县乡镇办工业企业中，有轻工业 52 家，占 40.3%，重工业 77 家，占 59.7%；工业门类的采掘、化工、建材、机械、水电、食品、缝纫、造纸、塑料和竹、木、藤、棕加工等；产值居前三位的企业是：东湖造纸厂 179.4 万元，占乡镇工业总产值 2358.2 万元的 7.6%；桂林无机填料厂 171 万元，占 7.2%；桂林包装箱厂 169.6 万元，占 7.1%。至此，乡镇企业已成为漳平县经济的重要支柱之一，初步形成乡办、村办、户办、联办“四个轮子”一起转的格局，成为全县农村经济的“半壁江山”。

乡镇企业蓬勃兴起时，广大农民创造了许多发展模式。发端于著名侨乡的晋江农民以“三闲”起步、“三来一补”上路，联户集资按股份制分红办企业的模式，即以发展乡镇企业为轴心的农村经济发展模式，为福建各地乃至全国随后到来的构建社会主义市场经济体制的实践，提供了弥足珍贵的借鉴。1991—1996 年，乡镇集体工业企业进入调整转轨时期，乡镇办企业呈跳跃式发展，村办企业则逐年减少。至 1996 年底，乡镇办工业增至 231 家，实现工业总产值 3.74 亿元，比 1991 年增长 4.5 倍，企业增加值 10124 万元，村办企业则减至 154 家。1997 年后，一些乡镇企业在改革中通过拍卖、租赁、承包、合营、股份合作等形式转为个体、私营企业，乡镇集体工业总量持续减少。至 2005 年底，全市乡镇村办集体工业有 160 家，涉及的行业有水电、煤炭、矿业、化工、机械、建材、林产加工、生活用品、工艺品等，完成工业总产值 2.15 亿元。

伴随着乡镇企业异军突起，外贸经济的发展也有新突破。1987

年12月8日，县第六次党代会报告强调要大力发展外向型经济，充分发挥资源丰富、铁路交通发达、紧靠厦门经济特区、闽南“金三角”开放区的优势，探讨、制定横向联合政策，努力发展跨地区、跨部门的横向经济联合，组织和参加企业联合集团。县委决定以发展“三来一补”作为发展外向型经济的突破口，运用补偿贸易、物资协作、合作经营开发原材料基地等多种形式引进资金、技术、设备，解决全县资金、技术的不足。1988年，全县“三资”工业企业从无到有，实现零的突破。1988年4月，漳平创办首家与外资合作的菁港竹器制品有限公司。同年7月和12月先后创办菁龙服装有限公司和菁港制衣针织有限公司。1989年又陆续引进外资，创办协兴塑胶制品有限公司、信隆高岭土有限公司、林港化工企业有限公司、东和纸业有限公司和香园竹制品有限公司，合同投资总额1033万元人民币，折合168.37万美元。到1990年底，全县经批准的“三资”企业9家，合同外资188.17万美元，占总投资的72.15%，已开业6家，实现利用外资71.25万美元，占合同金额的37.86%；“三资”工业总产值突破500万元，达564.8万元，占全县工业总产值的2.81%；外贸出口完成出口供货400万元，累计出口创汇124.1万美元。

随着各项改革力度加大，外向型经济发展势头良好。1991—1992年，全市共接待考察项目、洽谈贸易的港澳台侨客商300多人次，新办“三资”企业累计27家，总投资4.19亿元(含火电)，签订的合同协议、意向书近50项，协议总金额近10亿元。1993年，漳平市改善投资环境，加强对“三资”企业的协调服务工作，促进外向型经济快速发展。全年新批兴办“三资”企业11家，合同利用外资1197.57万美元，实际利用外资1283万美元，完成工业产值2535万元。1995年后，由于企业经营管理及资金、市场销售等问题，协兴塑胶制品有限公司、国兴活性炭有限公司，仁文木业有限公司等企业相继关闭。到1996年底，“三资”工业已达10家，实现产值3.76亿元，占全部工业产值的20.5%。2001—2005年，全市外向型经济呈现出超常规、跳跃式发展的良好局面。新办“三资”企业20家，总投资5657万美元，合同外资3674万美元，实际利用外资2368万美元。伟晟副食品有限公司、奇峰矿业有限公司、金泉水电开发有限公司、希格玛服饰有限公司成为“三资”骨干企业。至2005年底，全市共有“三资”工业企业87家，产品主要有矿产品、竹木制品、建材产品、塑胶制品、针织服装、化工产品、茶叶制品、毛纺产品等。当年出口创汇960万美元。全市“三资”工业总产值6.12亿元，占全市工业总产值22.37%，其中规模以上工业企业8家，从业人员1788人，资产总计2.77亿元，完成工业产值5.63亿元，占全市规模以上工业产值的27.18%，实现工业增加值1.46亿元，利税1399万元。

第六节　老区扶贫扶建

20世纪80年代末到90年代初，中共漳平县委、县政府贯彻中共中央、国务院，省的老区扶贫扶建工作会议精神，建立扶贫挂钩责任制，落实扶贫优惠政策，扶贫扶建工作有新的起色。1987—1990年，共投入扶建资金1052.61万元(其中村民自筹436.06万元)，用于水电、公路、引水工程、校舍、医疗设备等建设及培训农村实用技术人员、扶持乡村企业发展等，使贫困乡村、革命基点村、重点老区村的生产、生活条件和基础设施有了明显的改善。1986年全县认定贫困户4698户，至1989年底止，累计脱贫4421户，脱贫率达94.1%。1980—1990年，累计投入扶贫扶建资金1139.75万元，兴建扶贫企业16个，安排部分贫困户劳力到扶贫企业和乡镇企业务工，增加贫困户收入。省定漳平4个贫困乡有2个乡实现户种1亩果，脱贫面达91.2%，其中有5%人均年纯收入超过千元。

1990年，漳平基本实现1986年国务院提出的解决大多数贫困地区人民温饱问题的目标。在这承前启后迎接扶贫工作战略转移的重要时期，1990年11月，县第七次党代会提出要进一步重视老区、贫困乡村的扶贫扶建工作。然而1991年，全市仍有贫困户3256户17256人，脱贫任务艰巨。按照市委、市政府的部署，各乡(镇)党政、县直各部门在解决大多数群众温饱的基础上，转入以脱贫致富为主要目标的扶贫扶建新阶段。重点扶持老区、贫困乡村的基础设施建设,改善生产生活条件,多方筹资扶持农村主导产业,改变贫穷落后的面貌。

加大贫困乡镇扶贫基础设施建设。1986—1993 年,根据漳平贫困乡镇分布状况,重点扶持贫困乡镇的建桥、修路、通电、饮水等工程,8 年间,共投入扶贫资金 856 万元扶持新开、维修公路 24 条,全长 253.7 千米;扶办电站 3 个,装机容量 100 千瓦;架设高压线路 164 千米。1994 年始,全市实施“八七”扶贫攻坚计划。至 1996 年,实现全市行政村 100%通电。1997 年,实现全市行政村 100%通公路。1997 年后,基础设施建设扶持转入以 300 人以上的自然村为主。至 2000 年,完成 30 个自然村通电,解决无电户 1363 户;完成 39 个自然村通路,共 284.3 千米。1994—2000 年,52 个行政村完成人饮工程,受益人口 4.75 万人。2001—2005 年,完成 145 个行政村道路硬化,48 个行政村人饮工程。至 2005 年,除桂林石坂坑村外,其他行政村均通电话。

与此同时,老区乡村建设提上重要议事日程。1998—2002 年,投入老区乡村基础设施建设资金 480 万元,扶持 48 个行政村完成村道改造、32 个行政村实施人饮工程、14 个行政村通电话、5 个行政村农网改造、12 个行政村通有线电视;实施基点村 125 千米道路维修,8 个基点村的有线电视和 4 个基点村的通电话工程。2003 年,扶持 16 个行政村完成村道改造和硬化,9 个行政村实施人饮工程,2 个行政村通电话,2 个行政村通有线电视。2004 年,各级投入资金 398.82 万元,实施大坂汤窟、新坑仙宫、元沙竹下等 8 个基点村道路硬化 14.68 千米。投入 278 万元,帮助解决 36 个老区村人畜饮水困难。

根据中央、省的扶贫政策,漳平采取“扶贫到户、挂钩结对扶贫、科技扶贫、开发重点村”等的办法,帮助贫困农户脱贫致富。1986 年始,县委、县政府逐步把贫困村、贫困户作为扶持重点,采取扶贫到村到户的办法,发展两个短期致富效益项目和一个中期效益(简称“两短一中”)项目的家庭种养业。至 1994 年,累计投入资金

423.8万元，扶持贫困乡村种果、茶、毛竹、桑、药9133公顷，其中4个贫困乡(镇)山地开发种植面积1800公顷。在44个贫困村中，38个村办有3公顷以上集体果场或千亩林场。1995年9月，市委、市政府把帮助贫困户实施“两短一中”项目与农业产业化进程结合起来。当年全市建立蔬菜、食用菌、速生毛竹林、银杏、水果、禽蛋、草食动物、水产、花卉、粮食、烤烟等12个生产基地，创办花卉、竹业、果蔬、食用菌、畜牧水产、银杏等6个开发公司。以开发公司为龙头，形成市场连龙头、龙头带基地、基地带贫困户的产业链。当年，全市落实扶贫项目4300多个，实现总收入880.1万元，净收入628.6万元，贫困户人均纯收入增加374元。1997年，市财政投入扶贫攻坚配套专项资金57.5万元，扶持405户1868人，每户安排周转金1200元，落实“两短一中”项目1697个。同年始，市扶贫办与市农村信用社联手向贫困户和低收入户发放小额信贷，解决生产经营资金不足等问题。至年底，全市投入扶贫资金累计5000多万元，其中财政专项资金1251.2万元，扶持致富项目6245个，扶持村办项目109个。此后，“漳平模式”小额信贷被省内各县(市、区)扶贫办和金融部门接受并推广。1999—2005年，全市投入小额信贷资金累计2206万元，在15个乡(镇、街道)建立小额信贷中心148个，扶持6881户农户发展生产。

市政府在扶贫开发开发过程中，实行挂钩扶贫、项目资金入户等机制。1993年组织龙岩地区造纸厂、漳平化肥厂、漳平硫酸厂3个企业分别与象湖乡、西园乡、吾祠乡开展挂钩扶贫。同年30个市直机关单位和6个市属骨干企业与贫困乡村挂钩扶贫。1994年，实行副处级以上领导干部挂钩联系乡村制度。1995—1997年，省机械工业厅、省环保局派7名工作人员分两批长驻4个贫困乡；龙岩地区(市)安排8个区(市)直机关13名干部到漳平6个贫困村挂钩扶贫，共筹集扶贫资金91.5万元，扶持集体项目12个。1996年，实行市、乡、村层层挂钩扶贫制度，全市组织2500余名党员干部下乡挂钩扶贫，其中市直机关干部868名(内有处级干部32名、科级干部20名)，乡村级干部1605名。是年，全市投入扶贫攻坚资金200

万元，实施“双千工程”（扶持每户贫困户1000元，至年底，贫困户人均纯收入达1000元以上），投入农业税减免款及市财周转金134万元，扶持1200户贫困户。当年，受扶贫困户中有100户实现人均收入超千元，脱贫率99.7%。1998年，通过干部挂钩、项目资金入户等机制，每户安排1000元周转金，扶持187户（含二女结扎困难户56户）发展生产。当年，引导贫困户发展“两短一中”项目654个。1994—2001年，累计组织8980名党员干部与贫困户“结对子”挂钩扶贫，落实“两短一中”项目9245个，村办集体经济项目169个，举办各种实用技术培训班376期，参训35016人次。2002—2004年，36个市直机关和企事业单位与36个贫困村挂钩扶贫，投入扶贫资金496万元，实施扶贫项目302个。

依靠科技扶智扶贫，提高农民综合素质。1991年始，科技扶贫列入全市扶贫一项重要内容。2001年，吾祠乡被定为龙岩市科技扶贫试点乡（镇），西园遂林、永福洪坑、新桥云墩、象湖长塔、桂林山羊隔、吾祠厚德等6个行政村被定为龙岩市科技扶贫试点村。2002年始，引进紫花苜蓿、黑麦草、“闽牧42”象草、二系狼尾草等10多个优良牧草品种，示范种植面积66.67公顷。2002—2004年，吾祠乡农作物新品种引进试验示范基地、吾祠乡高山茶基地、桂林山羊隔乌鸡种鸡场、双洋东洋生态猪饲养、西园乡苦瓜提纯复壮、溪南镇肉用种兔繁育场、南洋乡水仙茶有机茶园基地、伟晟副食品公司猪沼果农业生态示范基地等10个点，成为龙岩市科技扶贫示范点。至2005年，累计投入科技资金342万元，实现产值2682万元。

集中资金，扶贫开发重点村。2001年始，扶贫开发转移到重点贫困村。2002年，全市有19个开发重点村。2002—2005年落实省级扶贫开发重点村捆绑资金434万元，省挂钩单位帮扶资金337.8万元，龙岩市9个挂钩部门到位帮扶资金124.22万元。2004年，全市确定51个后进薄弱村为重点，由省、龙岩市、漳平市派出51名领导干部任后进薄弱村党支部第一书记，其中省6名、龙岩市9名、漳平市36名。至2005年，共为51个驻点村筹集资金2600多万元，完成道路硬化176.3千米，维修公路123.7千米，修建桥梁11座，实施人饮工程15个，修建农田引水工程50.8千米，修建村部47幢（其中新建5幢），改造学校危房1527平方米，增设手机信号基站6处，新植茶园13.33公顷，建立毛竹丰产示范片233.33公顷，新增禽畜养殖17万头，扩大花卉种植面积13.3公顷，发展草栽食用菌10万棒。此外，还接受捐赠电脑22台、彩电21台、办公桌和书橱等办公用具100多套、书籍8000多册。

至2005年，全市省定贫困乡、村全部脱贫，99.7%的贫困户脱贫；所有行政村实现通路、通电，通广播有线电视，99%的行政村通电话，70%的行政村用上安全卫生的饮用水。市内所有革命基点村和畲族村实现通路、通电、通广播有线电视，90%的行政村用上安全卫生的饮用水，89%的行政村通电话。全市农村人均年纯收入4189元，比1990增长4.62倍。2005年，经重新摸底调查，农民人均纯收入低于1000元的贫困户有2125户6390人，占全市农业人口的2.85%。

第七节　农村脱贫致富奔小康

1993年11月，市第八次党代会提出“再造两个漳平”的宏伟目标，确定到1996年实现农村奔小康目标，主要指标进入小康水平。1994年，市委、市政府制定《漳平市农村小康建设规划》，要求全市农村1996年消除绝对贫困，实现基本小康，1998年全面实现小康，比全省、全区提早两年。围绕这一目标，全市重抓农村经济、实施“五通”工程、整治村容村貌，如期实现市第八次党代会提出的农村奔小康目标。

培植主导产业，发展农村经济。漳平市坚持把粮食生产作为奔小康基础工作来抓，以稳定粮食播种面积为前提，采取以工补农，提高农资补贴和粮食收购价格，兑现粮食“三挂钩”等政策，进一步调动农民种粮积极性。1996年，全市粮食播种面积1.83万公顷，推广水稻良种覆盖率达96%。全年粮食总产达9.97万吨，实现省地对实施国家粮食自给工程项目提出粮食总产增长率3%的目标要求。大田经济作物获得丰收，全市共种植蔬菜0.28万公顷。市政府根据全市地域资源特点及发展潜力，制定《漳平市农业区域开发总体规划》和《关于推进漳平市农业和农村经济产业化发展的决定》，确定以烤烟、竹业、食用菌、木材、养殖、花卉等12个产业作为“九五”期间重点培植的主导产业。1996年，全市共投入农业产业化资金2.28亿元，约占农村生产性投入的80%。此外，通过增加资金投入，政策扶持，走投资兴农的路子，建市场、办基地，发展乡镇企业，培育了农村经济新增长点，有效地解决富余劳动力就业问题。至1996年底，农民人均纯收入2568元，比1991年的818元增加1750元，增长2.14倍。

实施“五通”工程。1994年小康建设规划制定后，全市围绕通水、通电、通路、通信、通广播电视5个方面加大基础设施建设力度，其中以1996年建设力度最大。当年，全市投入改水工程82万元，兴建以自来水工程为主体的集中式供水工程12处，受益人口13270人；投入农村通电835.18万元，完成10千伏高压线路131千米，低压线路8千米，配电变压器50台270千伏安；完成5个行政村23千米的通路工程；建成进村光缆265皮长千米，进村电缆10540线对千米，开通光环设备20套，完成80千米光缆架线。1996—1998年，通过3年努力，全市25个无电村通电，实现全市行政村100%通电，农村用电户比重达96%，户均用电270千瓦时；178个行政村实现通公路，比重达90%以上，实现程度100%；开通数字移动电话基站1个，新增模拟移动电话基站1个，建成彩色可视电话会议系统，开通96个行村电话，全市行政村通电话率80%以上，实现程度100%；安全饮用水普及率91%，电视覆盖率大幅提高，电视普及率90%。

整治村容村貌，改善人居环境。1996年11月，市政府制定《关于整治村容村貌的若干规定》，开展以改水、改路、改沟、改厕、改圈和通水、通电、通路、通电话、通电视、通广播的(简称“五改六通”)为主要内容的整治工作；同时制定《关于加快村镇建设若干问题的规定》，加快村镇建设步伐，采取组织发动和行政干预相结合，新村建设和旧村整治相结合，实施“五改六通”与提高农户住房质量相结合的措施。重抓公路沿线、村部附近等重点部位，以点带面推动全面整治。至1996年，市级投入资金122万元，对全市62个行政村进行较大动作的整治。全市村容村貌得到较大改观。

制定小康建设标准机制，加快脱贫致富奔小康步伐。1995—1996年，全市从政策、人才、资金、科技等多方面支持农村经济发展壮大。1996年6月，根据省农业委员会确定的收入分配、物质生活、精神生活、社会保障与社会治安等6个方面16项指标，制定市、乡镇（街道）、村、户4级小康标准，采取综合评分法进行评价，全市小康建设综合得分95.1分。1997年3月，经省、地（市）验收，确认漳平市1996年基本实现小康。16项指标中，除衣着支出、钢筋砖木结构住房面积比重、万人刑事案件发案件数3项接近指标外，其余13项均得满分。1997年6月，市调整农村奔小康领导小组，充实机构人员，加大工作力度。至1997年底，基本实现小康的乡镇15个，占全市乡镇的93.75%；行政村172个，占总村数的92.97%；农户4.95万户，占总数的94%，成为龙岩市第二个实现基本小康的市（县），农村小康建设取得显著成果。

1997年7月25日，福建省委副书记习近平莅临漳平市，就农村脱贫致富奔小康、农业产业化等农业和农村工作情况进行调研，对漳平市的农业和农村工作提出希望和要求。7月28日，中共漳平市委印发漳委〔1997〕75号《关于认真学习贯彻落实省委习近平副书记在漳平调研时讲话精神的通知》，要求各乡镇（街道）党委、政府（办事处），市直各部、委、办、局、行、社、公司认真学习贯彻，狠抓各项工作落实，推进市农业和农村工作再上新台阶。习近平副书记与漳平市五套班子成员亲切座谈，发表重要讲话，首先谈到对漳平市的三个初步印象，他说：“第一个比较深刻的印象是漳平的经济发展有了一定的基础，漳平在龙岩还算是比较先进的一个市，几项主要经济指标基本上都排在第二位，除了新罗区就是你们。以前我除了知道新罗区在龙岩排第一位，哪个排第二、第三我不太清楚，这回清楚了，是漳平排第二，农业、工业、财政等方面的发展都比较平均。第二个突出的印象是漳平的优势比较明显，区位、交通和资源都具有优势。区位方面，漳平处于龙岩、三明、漳州、泉州四市结合部，这样就带来了很多机会，带来了很多有利条件；交通方面，很突出的就是铁路，我对漳平的最先认识就是知道有一个漳平站，是我省最大的编组站，交通运输促进了工业的发展，很多龙岩市属的工厂都办在漳平。漳平的公路只是怎么上档次、上等级的问题，总的交通还是便捷的，所处的位置还不能算偏远；资源方面，铁矿、煤炭等各类矿藏以及山水资源比较丰富，高海拔地区的反季节蔬菜、花卉养植都搞得很好，粮食种植的耕作技术是龙岩市最好的，在全省排第11位。第三个印象是漳平对新一轮创业的思路比较清晰，特别是省委、省政府‘琅岐会议’之后，漳平对优势、差距的认识比较清楚，漳平的经济发展有后劲。这是我在漳平一天所获得的三个初步印象，总的来讲，我对漳平的印象是不错的，漳平的发展有潜力，可能在今后的发展过程中走在闽西的前列，缩小和闽东南地区的差距或者赶上他们。”之后，习近平副书记概括介绍了福建省农村经济运行情况与特点，认为全省农业生产形势比较好，农村经济全面发展，特别是农村脱贫致富奔小康形势良好，从省委、省政府到各级的工作力度较大，“增粮增收保供给，脱贫致富奔小康”一直是福建省农村工作的主线，并对漳平市的农业农村工作和脱贫致富奔小康工作提出三点希望和要求。一是进一步推进脱贫致富奔小康进程。漳平市作为龙岩第二个基本实现小康的市，取得的成绩是可喜可贺的，现在应该抢抓机遇，乘势而上，向实现全面小康和宽裕型小康迈进。一要提高整体水平，不要忘记极少数贫困问题，不要形成强烈的反差。因此，要把脱贫工作继续抓好，一村一村地过，一户一户地解决。二要抓住机遇，完善配套基础设施，如实现村村通公路，以及通讯、广播进村入户等。三要把建新村同步抓起来，脱贫致富奔小康本身也是一个形象工程，要把建新村、改旧村和整治村容村貌结合起来。在这方面，龙岩有很好的经验，漳平也有好的经验，如芦芝村就是一个典型。我们要因地制宜，改旧建新，不搞“一刀切”。总而言之，就是把奔小康工作倒计时抓好。二是进一步推进农业产业化进程。奔小康会促进产业化的发展，产业化又会推动奔小康的实现。现代农业的一个必然途径就是通过产业化来实现。要通过调动联产承包责任制解放出来的劳动力的积极性，适应商品生产和市场经济的要求，切实解决零星、分散、小规模、小生产问题，解决产供销、种养加的脱节问题，进一步提高生产力水平。要提高认识，洞察产业化的实际内涵。要结合实际，因地制宜地研究产业化的模式，途径，“念好山海经，画好山水画”，不要效仿，走有特色的路子。漳平的反季节蔬菜、花卉、水果等已经形成了一定的产业化规模，要进一步发展壮大。要扶持龙头企业，种、养、加、销售都可以成为龙头，要有一些专业大户来带动片区的发展，我们今天看的付东明的果园、陈木荣的花圃都是有带动、示范作用的龙头企业。要完善社会化服务体系，做好搭台、组织、培养工作，这可以是政府行为，也可以是集体的、个体的，但是政府要做好推动工作。三是进一步抓好夏收和秋粮生产工作。早稻要及时抓收成，漳平的早稻不多，要不误农时，抢抓收获。要高度重视晚稻生产，要确保面积。漳平的粮田不多，粮食生产更不能松劲，既定目标要保证，但是在粮食丰收之后不能出现卖粮难、粮食压库等问题。

习近平副书记的重要讲话，为漳平市革命老区的农业农村工作指明了正确的方向，成为漳平市革命老区进一步推进脱贫致富奔小康工作的“指针”。全市认真学习、贯彻落实讲话精神，分类指导各乡(镇、街道)脱贫致富奔小康工作，加大脱贫致富奔小康的工作力度，以攻坚的姿态完成脱贫致富的工作任务。

1998—2003 年，全市向全面建设小康社会目标前进。1999 年开始，市老区与扶贫办、市老促会联合确定永福镇大坂村、赤水镇赤水村作为老区小康新村建设试点。通过举办农业技术培训、落实山地承包责任制，发展烤烟、蔬菜、毛竹丰产林、果树、苦竹林等农业产业和引导劳务输出等措施。至 2003 年，全市基本实现创建时提出的“一年打基础，两年见成效，三年至五年达到或超过当地收入水平”的总体目标。

第八节　火电工业的新突破

中国华电福建漳平电厂(简称漳平电厂)是20世纪八九十年代改革开放中涌现的省属全民所有制中型企业,福建省电网主力发电厂之一,九龙江畔一颗璀璨的明珠。

漳平电厂位于九龙江上游漳平城西的顶郊村。1985年,中央和福建省投资2.06亿元,在漳平顶郊动工兴建中国华电福建漳平电厂,漳平革命老区的火力发电由此发端并取得新突破。创业伊始,一代漳电人发扬“敬业奉献创一流”的精神,分两期建设漳平电厂,创造了建设国内同类型机组的“漳电速度”。第一期工程作为福建省“七五”期间应急电源工程、福建省“七五”计划重点工程,于1985年4月8日动工兴建,安装2台国产10万千瓦燃煤凝汽式汽轮发电机组(称漳平发电一厂)。1986年12月和1987年10月,2台机组分别安装完成并投入商业运行,整个工程从动工兴建到建成运行历时29个月,创建速度达到国内同类型机组的先进水平,迈出了一代漳电人坚实的脚步。第二期工程属福建省“八五”期间应急电源工程,由闽港合作,共同投资建设2台与第一期同类型机组。项目总投资5000万美元,省电力局出资75%,香港福联电力投资有限公司出资25%,双方合作年限22年,是福建省首家直接与外资共同建设经营的电力企业。根据国家有关规定,闽港合作双方成立了“闽港合作福建漳平发电有限公司”,有限公司所属的漳平发电二厂以合同形式委托漳平电厂管理。1992年11月8日,破土动工第二期工程项目。1994年5月7日和9月28日,2台与第一期同类型机组的3号机组、4号机组分别建成并投产发电。整个工期历时仅22个月又20天,创造了国内10万千瓦机组施工工期最短的新纪录,又创造了一个“漳电速度”。2台机组当年共发电59195.04万千瓦时。同年,建成2台余热发电机组。

漳平电厂总装机容量为40万千瓦,是综合效益高的技术型、资金密集型企业。作为福建省电网主力发电厂之一的漳平电厂，主要担负闽西南工农业生产和鹰厦线电气化铁路的供电任务，其发电生产燃料全部燃用闽西国营煤矿、地方小煤窑生产的低挥发粉劣质无烟煤，辅以重油助燃，全年发电用煤约需120万吨。在漳平电厂整个建设和生产过程中，得到了国家电力部及福建省、龙岩地区（1996年改设地级龙岩市）各级领导的关心和支持。至1998年止，姚振炎、王兆国、贾庆林、陈光毅、胡平、贺国强、蔡宁林、何少川、苏昌培、袁启彤、林开钦、游德馨等各级领导先后莅临电厂视察，协调相关工作，其中几位领导曾多次亲临电厂，现场办公，解决实际问题，使工程建设得以顺利推进。项目的建设和生产同时也得到了闽西革命老区人民，特别是漳平革命老区人民的大力支援和配合。漳平县委、县政府（1990年漳平撤县建市）全力支持工程建设的征地、拆迁和安置工作，来自龙岩、永定及漳平的煤炭源源不断地输送到电厂，确保电厂的生产用煤，为漳平电厂的建设做出了应有的贡献。

上级的正确领导和革命老区人民的全力支援，极大地激励了漳电人的创业热情，增强了漳电人建设好、管理好企业的信心和勇气。从1985年开始兴建电厂至1994年9月第二期同类型机组全部投产发电，漳平电厂紧紧围绕提高经济效益这一中心，坚持“严谨、务实、文明、高效”的创业作风，不断改革和完善企业的经营机制、管理机制和用人机制，推行方针目标管理、标准化管理、全面质量管理以及计算机管理等现代化管理手段；坚持从严治厂，建立从生产到生活的一系列规章制度，规范职工行为，统一职工步伐，发挥职工主人翁的精神；依靠科技进步，走科技兴厂之路，采用新技术、新工艺，降低发电消耗，确保安全生产，增强发展的后劲。先后成功地进行锅炉浓淡分流燃烧器改造和高回流喷射燃烧器改造，使电厂的煤、油耗分别从建厂初期的549g/kW.h和32.75g/kW.h下降到1997年的427g/kW.h和9.09g/kW.h，达到国内同类型机组的最低水平。这项科研成果荣获国家科技进步二等奖，每年也为企业降低燃料成本上千万元。1996年、1997年，为减少环境污染，减少烟尘排放，电厂投入1000多万元，将＃3、＃4炉的水膜除尘器改造为静电除尘器，除尘率从原来的不足95%提高到近99%。同时投入运行脱水仓，成为该项目工业试验在国内首家应用的电厂，达到了减少废物排放，提高灰渣综合利用的效果。1999年起，福建漳平发电有限公司投入4000多万元，整改全厂除尘与防噪声系统，除尘率提高到99%以上。

一代漳电人的奋斗拼搏，使企业始终走在省电力系统的先进行列，年年完成国家下达的各项经济技术指标任务，企业的生产规模、经济效益和社会效益不断提高。至1990年底，电厂占地面积72.06万平方米，建筑面积5.84万平方米，其中生产建筑面积2.5万平方米；有职工935人，其中专业技术人员150人；拥有固定资产原值20420.12万元，净值16641.82万元；当年实现第6个安全生产100天，发电99544万千瓦时，产值4571.9万元，实现税利总额1939.1万元。至1997年底，电厂累计发电1692020万千瓦时，创造了良好的经济效益和社会效益，企业因此获得国家电力部“双文明单位”“全国电力环境保护先进单位”“福建省300家最大工业企业”等荣誉称号。电厂总占地面积为90.97公顷，总体生产规模为4×10万千瓦，年发电能力达25亿千瓦时以上，每年可创税利7500万元左右；有职工1135人(包括大集体工人56人)，其中具有高、中级职称67人，大、中专学历411人。其时，漳平电厂在抓好主业的同时，还大力发展多种经营产业，办有永德铸造有限责任公司、宝龙石材有限责任公司、源辉物资供应公司、粉煤灰综合利用厂等8个企业，主要生产球磨机衬板、中锰钢球、五彩玉石工艺品、超薄板材及精碳等产品，年产值达1.5亿元左右。2002年初，龙岩分厂(建于1974年)并入漳平电厂。2005年，漳平电厂装机容量(含余热发电)42.4万千瓦，全年火电发电量231767万千瓦时。至当年底，企业实现连续安全生产3266天，全厂总资产11.19亿元，占地面积75公顷，全厂职工1070余人，其中专业技术人员380余人。据统计，1991—2005年，累计发电308.35亿千瓦时，平均每年为国家创税6000多万元。漳平电厂的全面建成并投产，为缓解福建电力供应紧张的局面，为福建经济的腾飞，为闽西革命老区经济的快速增长，以及地方财政收入的增加等各方面做出了突出的重大贡献。

漳平电厂在抓好物质文明建设的同时，十分重视精神文明建设，提高职工政治思想素质，塑造企业良好形象。企业以创建省级、全国级文明单位为契机，重视人才的培养和开发，鼓励职工自学成才；努力创建先进基层党组织、文明安全示范片区、双增双节先进单位，实施芳草计划，建设花园式工厂；兴建职工文娱活动、体育运动场所，活跃职工业余文化生活，为职工创造舒畅的生产、生活环境，成为漳平革命老区"两个文明"建设的典型。

第九节　"中国现代民间绘画之乡"的形成

画乡新桥，画韵悠远，民间绘画艺术历史已有400多年。明清时期，这里民风淳朴，民间艺术资源十分丰富，有木刻、剪纸、刺绣、竹器、根雕、壁画等，世世代代都影响和熏陶着山里的"泥腿子"，为新桥农民画的孕育和成长提供了丰厚土壤。20世纪50年代，新桥农民以独特的艺术思维、作品内容抒发对新生活最真挚的感受，初步形成地域艺术特色的绘画作品。20世纪70年代末，随着经济条件的改善和思想观念的解放，当地民间画师在立足乡土、吸收传统民间绘画艺术精髓的基础上，尝试创作采用勾线平涂手法来反映农村生活的绘画作品。由于画师几乎都是当地农民，且内容也大都反映农村生活，很受群众欢迎，所以这些绘画作品被称为"农民画"。随即，这种主题鲜明、风格独特、贴近生活、感染力强的绘画形式就在当地逐渐流行，开创具有漳平山区民间特色的艺术新风。"白天经营果木花，夜里潜钻诗书画"。越来越多的民间爱好者加入创作行列，一支白天扛铁锄、夜晚提画笔的"农民军"成为传承绘画艺术的一道奇特景观。

农民画创作的繁荣，赢得了民间绘画艺术传承、保护、利用的历史性突破。农民画融乡土味、民俗味、装饰味、现代味于一体的民间绘画，其艺术作品多次在全国展览中获奖，并远播省内外，成为漳平地方特色文化的一朵奇葩。1989年6月，新桥镇被国家文化部命名为“中国现代民间绘画之乡”，成为当时全国51个画乡中唯一获此殊荣的乡镇级“画乡”。同年，新桥农民书画协会成立，拥有画师会员70多人，业余创作者400余人，彻底结束长期以来农民画“单打独斗”的局面，使农民画家有一个互相交流技艺的平台。漳平市计生、市文联等部门尤其重视民间绘画这一艺术奇葩，拨出专款10多万元，组织专业画家驻村入户，创作反映计生国策的农民画1500多幅，新桥农民画创作艺术进入繁荣时期。1994年10月，“漳平市新桥画乡现代民间绘画作品成果展”在福建省美术馆举办，展出精品100幅，均为省美术馆收藏。1996年7月11日正值“第七个世界人口日”，漳平市代表福建省和龙岩地区，组织计生农民画79幅晋京参加“人口与计划生育农民画展”，开创全国计生农民画专题展览的先河，受到国家计生委的充分肯定。国家计生委原副主任杨魁孚亲笔题词:“计生农民画进京城，宣传国策意更浓”。首都十几家新闻媒体作了报道，中央电视台晚间新闻和人口与计生专栏均作专题报道。1999年，新桥中心学校百名学生创作一幅百米“婚育新风进万家”农民画长卷，代表国家计生委赠送给联合国人口基金会收藏。2000年4月，漳平市计生委、邮政局征集数百幅农民画，制作全国首套“婚育新风进万家”农民画邮资明信片，由漳平邮政局向全国发行5000套5万枚。其中，125幅农民画被选送到英国、美国、丹麦、菲律宾等国家展览，受到国际画界的高度关注。新桥农民画以其朴实情怀、奇妙构思的艺术特色，在福建省乃至国内外美术界都享有较高的声誉，一度被称誉为“东方毕加索”。

丹青描绘文明图，提升生活新品质。进入21世纪，新桥农民画更加焕发与众不同的艺术光彩，题材更为广泛。漳平市委宣传部、市文联、市文体局每年组织新桥等地民间画师，创作一批以宣传漳平良好的投资环境及经济建设成就为主题的民间绘画作品，从传扬计生国策到反腐倡廉，从移风易俗到税收、工商执法宣传，倡导文明新风的农民画通俗易懂，深入浅出，深受群众欢迎。2007年，为繁荣农民画创作，漳平市举办民间绘画大赛，激励更多当地群众参与农民画创作。为使创作更加生动，漳平市文联、市文体局还特别组织农民画家到漳平工业园区、漳平电厂、茶乡南洋、花乡永福等地进行采风活动，使作品既充满浓郁的民间味、乡土味，又透射出清新的时代味。漳平市博物馆专门开辟“漳平市农民画”展室，每年陈列展示农民画最新作品。2008 年，新桥成立全市第二个镇级文联，吸收 100 余名农民画家会员，每年举行农民画大赛。2009 年，漳平市全力探索画乡文化市场化、产业化的发展之路，投入 200 多万元建设闽西南文化城和民间绘画院，作为农民画创作和销售的主要基地，集中展销农民画作品。

“外面的世界很精彩”。怀揣无限的憧憬和梦想，新桥一批批年轻农民画师闯荡山外，率先在厦门、广州、海南、深圳、北京、上海等经济发达地区自办公司、画室、画廊，挥毫泼墨，创作油画，直接承接美国等海外公司订单。在此基础上，发展预订、代理、联合等多种销售方式，培养农民画经纪人队伍，建立网上销售平台，并在上海、厦门、福州等地及本市各景区、宾馆设立农民画销售点 30 多个，扩大营销市场。在市场经济的条件下，长期在外的农民专职绘画队伍，用绚丽的画笔勾勒出一条致富新路。农民画正携带着泥土味的艺术形式，游步于乡村田野与现代城市之间，走上全省、全国乃至世界的大舞台，得到更好的传承与发扬。

第十节　创建“中国杜鹃花之乡”

永福花乡花正红，光阴荏苒芳菲同。永福镇位于漳平市西南部，是漳平市革命老区的重要组成部分，全市 31 个省定革命基点村，就有 30 个分布在永福镇的后盂、洪坑、岭下、元沙、龙车、新坑、大坂、适榕等 8 个行政村。在土地革命战争时期，朱德、邓子恢、张鼎丞、谭震林、魏金水、伍洪祥等革命前辈曾在这里进行过伟大的革命实践活动。

永福四周群山环抱，一马平川，山清水秀，气候宜人，有“小庐山”之誉，极适宜植物的繁衍生长，种植花卉已有700多年的历史。早在南宋时期，永福村民就有种花、爱花、养花、赏花的传统习俗，所培养的兰花、茶花、瑞香等名贵花卉便已闻名江南，清代时远销东南亚各国。当地民间盛传的“八仙”之一花仙铁拐李与永福的神话传说，多多少少地说明永福人“拈花惹草”由来已久。相传，清朝嘉庆八年(1804)，永福仙宫李邹春向朝廷进贡一盆四季盛开、馨香四溢的素心兰，嘉庆皇帝龙颜大悦，赐他为“进宝状元”。1929年9月1—5日，红四军军长朱德率红四军驻营永福期间，无论军务如何繁忙，斗争如何残酷，朱德的办公桌始终摆放着芳香四溢的“永福兰”。时隔33年即1962年，朱德为永福素心兰吟作一首《咏兰诗》:“幽兰吐秀乔林下，仍自盘根众草傍。纵使无人见欣赏，依然得地自含芳。”同年，朱德视察厦门海防前线时，重提永福素心兰，专派警卫长到漳平永福，特地采购49盆永福素心兰，带回北京栽培，并时常将永福素心兰作为珍贵礼物，赠送访华使团或亲朋好友。1988年，国家邮电部发行印有朱德《咏兰诗》的特种邮票。但在“文化大革命”时期，永福人民爱花、养花的传统受到极大制约，养花被当成“四旧”(旧思想、旧文化、旧风俗、旧习惯)，谁都不敢大张旗鼓地对外张扬种植花卉，谁养花赚钱，就是“不务正业”，就要受到无情批判，就要被割“资本主义尾巴”，导致农民收入渠道单一。“永福吊半空，只能种大冬；一年种一季，收后烤火笼。”“脸朝黄土背朝天，日出而作，日落而卧。”这些流传一时的民间谚语，正是当时永福农业生产的真实写照。

1978年中共十一届三中全会胜利召开，唤醒了永福农民种花致富的梦想。广大农户冲破长期“左”倾指导思想的束缚，开始在自家院墙内搭起遮荫棚，培育山茶花苗、兰花苗。1979年以后，永福农业发挥自身高山地理的气候优势，发展花卉经济的环境愈加宽松。许多广东客商到福建采购花卉，种花历史悠久的永福自然而然地成为客商们理想的首选采购地。商机就是财富。勤劳、智慧、敢为人先的永福人民没有放过这个稍纵即逝的良机，从房前屋后的零星种植迅速扩大为成片种植，从传统的种养方法转为引进先进技术，科学种养花卉。1982 年 6 月 14—16 日，中共福建省委第一书记项南莅临漳平视察，深入永福、南洋、和平等地调查，访问当地花农、菜农、茶农，察看农民生活水平状况。项南对漳平山区的发展给予极大关注，提出一系列发展山区经济的新构想、新思路，指出：漳平潜力大得很，遍地是黄金；山区搞多种经营主要是发展个体经济，落实自留山政策；搞活山区经济，主要是做好搞活集体经济、搞活个体经济这两个方面工作。项南的讲话如同一股和煦的春风，吹绿了永福个体花农的心田。1984 年 2 月，国务院原副总理、中共中央书记处原书记、时任政协全国委员会副主席陆定一将“永福花乡”的亲笔题字寄赠永福公社，“永福花乡”就此享誉八闽大地，驰名全国各地。1985 年，永福成为全国十大花卉生产基地之一，其中兰花、西洋杜鹃、铁树、南洋杉、瑞香等 30 多个名优品种最受市场青睐。1986 年 11 月，福建省首家由农民集资筹建的漳平永福茶花标本园正式对外开放，陈列珍贵茶花品种 76 个。国内外许多花卉专家和学者慕名而来，在考察和研究永福的花卉资源后，无不赞誉永福为“天然花卉母本园”。1995 年 9 月 15 日，漳平市农委、市外贸公司和部分花农合股创办闽西首家花卉进出口公司，促进花卉外向型经济的发展。1998 年 11 月 19 日，台湾台中东势农业考察团一行前往永福镇，考察反季节蔬菜、花卉等特色农业，花农与台商的经济合作日益深化。同年，全镇种植花卉面积 3500 亩，生产专业户 3000 余户，2000 余人从事花卉营销，产值约 1.5 亿元，产品畅销北京、上海、广州等全国各大中城市和港澳台地区以及日本、韩国、新加坡等国家。

1999 年是漳平花卉绽放异彩的绚丽之年。5 月 7 日，市委、市政府在菁城影剧院召开中国·漳平首届花卉节动员大会；8 月 23 日，市委、市政府在福州召开“9·18”中国·漳平首届花卉节新闻发布会，引起省内外的高度关注；18—20 日，市委、市政府在九龙广场举办“1999 中国·漳平首届花卉节”，城区彩旗飘逸，锦带涌动，一片花海灯河。此次花卉节由漳平市与福建省旅游局市场开发处联合举办，宗旨是：以花为媒，广结花缘，增进了解，加深友谊，加强合作，共促发展。省政府党组成员、省政府秘书长陈光普，省旅游局、乡镇企业局、外经贸委、卫生厅、技术监督局、工商局等部门的领导，龙岩市领导以及市直有关部门领导出席开幕式。全国人大常委会原副委员长彭冲、全国政协原副主席杨成武、国家机关事务管理局原局长邓六金、邓子恢同志的夫人陈兰、王直将军、熊兆仁将军、福建原省委书记项南同志的夫人汪志馨，以及中共石狮市委、市政府等2400多个单位和个人，以题词、贺信、贺电等形式，对花卉节的召开表示热烈的祝贺。在上午的开幕式上，3500多名演员为1000多名来宾献上一台精彩纷呈的大型广场文艺节目《龙江花潮》；下午，来宾们观赏永福大型传统民俗文化踩街表演；晚上，在市体育中心演出《花之韵》歌舞晚会，并向全龙岩市转播。

2000—2009年，永福杜鹃花走销大江南北。2000年5月12日，漳平市和永福镇分别被国家林业局和中国花卉协会命名为“中国花木之乡”和“中国杜鹃花之乡”，永福镇成为全国最大的盆栽杜鹃花生产基地，全省最大高海拔花卉生产基地，享有“高山花园”美誉。2002年12月，“永福牌”杜鹃花经省名牌产品评定工作委员会评定，省人民政府批准，被授予“福建名牌产品”荣誉称号。2003年5月，在第四届中国杜鹃花展上，漳平市选送的杜鹃花获得“杜鹃花栽培金奖”“杜鹃花原生种栽培金奖”和“杜鹃花造型金奖”；10月，在海峡两岸花卉博览会上，永福镇杜鹃花行业协会选送的运用花卉化学促控技术、矮化多分杈的虎舌红获金奖，杜鹃花超大型、蘑菇型、树桩型3个系列产品获得银奖。2005年8月，永福镇被福建省环保局列入省级生态示范镇。镇党委、政府根据《漳平市永福镇生态示范镇建设总体规划》提出的建设目标，抓住机遇，以生态农业产业为主导，以花卉、蔬菜、茶叶三大优势产业为发展重点，不断壮大花卉产业经济总量，打造“高山花园”生态基地。2007年2月8日，市委、市政府委托福建省台湾农业研究中心编制的《漳平台湾农民创业园发展规划》通过省专家组论证。规划在5年内，将创业园建设成为全国闻名的精品高山乌龙茶种植加工示范区、东南亚最大的杜鹃花生产与出口基地、福建省最具规模的高山反季节蔬菜种植与示范基地，推动杜鹃花生产向高层次迈进。2008年，全镇建立1.5

万亩花卉及绿化苗木种植基地，花卉资源100多类上千个品种，杜鹃花产量占全国市场的70%，销往全国20多个省、市、自治区；花卉品牌创建取得重大突破，“永福杜鹃花”获省著名商标称号；在第二届福建省花王评选暨花卉精品展上，永福花卉研究所选送的“蛟龙出海”（造型杜鹃）获得大会“盆花与观赏植物类”花王称号；在漳平市委、市政府主办的首届杜鹃花花王大赛中，集友花业的“七彩杜鹃”和永红花圃的“老桩玫红杜鹃”脱颖而出，分别夺得传统作品类金奖和造型作品类金奖。自2008年起，漳平市把每年10月定为特色品牌活动月，开展茶王、画王、花王、竹王、最美村庄、漳平美食、优秀茶艺等特色品牌评选活动，举办特色品牌颁奖晚会，营造“三乡文化”品牌的良好氛围。2010年5月，在北郊万成小区建成“三乡文化”一条街，设立茶乡文化广场、农民画广场、杜鹃花雕塑、文化名人荟萃等，集中展示“三乡文化”特色文化产品。

永福与花卉自古有着千丝万缕的联系，曾经演绎出“乱花渐欲迷人眼”的传奇故事。永福以花为媒，在市场经济的时代，结出了永福“中国杜鹃花之乡”的花果，成就了永福花卉产业这一派生机勃勃的景观。永福花卉发展，不仅带动广大群众脱贫致富，而且创造性地营造出花乡的文化氛围。每到大年初六，花农总会、协会组织花农在街头摆上自种的花中精品赶花墟，这个传统延续至今。一时集镇范围内花如潮涌，赏花、购花、评花热闹非凡，花雕、花展、花会、花联、花谜吸引众多游客。花农自编花歌，如数家珍地唱出了花乡人特有的花乡风情：“年年花满市，岁岁花不同。”

第十一节　“中国名茶之乡”的发展

水仙茶缘，文韵飘香。漳平素有“九山半水半分田”之称，气候温润，山林繁茂，具有种植乌龙茶优越的生态条件。水仙茶属乌龙茶系列，生产历史悠久，茶文化深远厚重。元代时，双洋、南洋开始种植茶叶；明清时，专门加工茶叶作坊已有相当规模；境内出土的明代紫砂茶壶，说明漳平很早以前就盛行工夫茶，讲究饮茶文化；清嘉庆年间，南洋蒋家茶农即到台湾开办“裕兴茶行”；1914 年，双洋中村茶人邓观金用独创的精湛工艺创制独一无二的茶类——水仙茶饼，在生产的数十种乌龙茶品种中，堪称一枝独秀；民国初期，看似简陋包装的漳平水仙茶饼漂洋过海，大量出口中国香港、中国台湾、日本等地。至此，漳平水仙茶走向世界，香飘寰宇。

漳平水仙茶既是历史名茶，又是中国名茶，在茶界拥有极高荣誉，《中国茶经》《中国名茶志》《福建名茶》等书中均有详细论述。改革开放以来，漳平开始实施水仙茶文化品牌带动战略，不断挖掘、整合茶文化资源，走出一条文化品质提升、经济效益与生态效益同步发展的“绿色”道路。自 1981 年起，漳平水仙茶饼获得历届福建省名优茶鉴评会名优茶奖。1995 年，漳平水仙茶饼在第二届中国农业博览会上获得金质奖，绽放水仙茶饼别具一格的文化魅力。2000 年，中国茶叶博物馆收藏展示漳平水仙茶饼，成为正正当当的中国名茶成员。2004 年，漳平市委、市政府把茶叶产业列入全市 16 个重点发展产业（项目）之一，成立漳平市茶产业发展领导小组，并出台一系列茶产业发展优惠政策，全市上下兴起种茶高潮。2005 年 4 月，漳平市茶叶协会成立，茶文化内涵显著提升，全市形成以漳平水仙茶、台湾高山茶、铁观音为主的三大名茶共同发展的良好格局，其中南洋乡、双洋镇为漳平水仙茶主产区，永福镇为台湾高山软枝乌龙茶主产区，官田乡、吾祠乡等乡（镇）为铁观音主产区。2005 年，漳平水仙获得中日韩国际茶文化交流会“五星级”国际茶王。2006 年，漳平水仙获第七届广州茶文化博览会金奖、福建省第四届“闽茶杯”特等奖。2007 年，荣获福建名茶奖、“人文中国 · 茶香世界”第二届“凯捷杯”中华名茶乌龙茶类金奖。2009 年 10 月，在北京举行的第六届中国国际茶业博览会（茶博会）上，漳平市共选送 17 个茶叶样品（漳平水仙 8 个、永福高山茶 4 个、官田铁冠 5 个）组团参评，获得金奖 5 个、优质奖 3 个。

山清水秀家乡美，漳平水仙誉海西。举办或参与茶王赛事、茶艺赛事、申报集体商标注册是漳平传承茶文化、弘扬茶文化、打响茶文化品牌的又一重要举措。2003 年，漳平市举办春秋两季茶王赛，其中在春季茶王赛上，50g 水仙饼茶茶王样品与 50g 水仙散茶茶王样品分别以 3.2 万元、3.0 万元的高价成功竞拍，极大地激发社会各界研究茶文化的浓厚兴趣。2006 年，双洋镇举办秋季水仙茶“茶王赛”，中村、溪口、员当 40 多名茶农选送 44 个茶饼、散装茶样参赛。2008 年，漳平水仙茶王赛的竞争可谓异常激烈、百里挑一，共选送 136 个茶样参评。同年，漳平首次举办茶艺大赛，20 个茶艺队登场竞演。《水仙蕴道香流风》《水仙神韵》《天香仙韵飘人间》《天清茶韵》等一批优秀茶艺歌舞表演赢得茶商、茶农的满堂喝彩。走进茶乡，远山黛，近农舍，随处可见连绵起伏的水仙茶园，到处可听津津有味的水仙文化茶趣逸闻。2008 年 4 月，国家商标局审核通过“漳平水仙茶”集体商标注册，实施水仙茶文化品牌带动战略取得重大突破。2009 年，“漳平水仙茶”通过农业部地理标志登记专家评审委员会评审，获得“农产品地理标志”证书。2009 年 11 月，漳平举办 2009 年秋季水仙茶“茶王赛”，南洋、双洋 200 多名茶农选送 287 个茶饼茶样参赛。历届茶王赛事聘请国家茶叶质量监督检验中心、全国茶叶标准化技术委员会、福建省茶叶研究所、福建农林大学、福建省农业厅、龙岩市农业局等权威茶叶专家组成评审组认真审评，评定工艺独特、品质超群的漳平水仙茶“茶王”。同时，电视、报刊、网络宣传茶王赛，漳平水仙文化的影响力与日俱增。

九鹏大地茶园绿，水仙飘香诱人来。漳平水仙作为“闽茶”中以“紧压”的乌龙茶，其传统工艺制作结合闽北水仙和闽南铁观音的制法，吸取、糅合两者的优点，采用独特的加工工艺制作，采用一定规格的木模压制成方形茶饼，在国内独树一帜，尚属首创。水仙茶饼古色古香，极具浓郁的传统风味，香气清高幽长，茶界人士赞誉其为“水仙皇后”。2010 年，中国茶叶学会授予漳平市“中国名茶之乡”“全国重点产茶县”两张国家级名片，成为漳平实施水仙茶文化战略的历史性标志。2011—2012 年，漳平通过举行水仙茶春季、秋季茶王赛和品尝会，继续营造茶乡文化浓厚氛围；下厦门、上福州举办“漳平水仙”推介会，全面提高水仙文化名茶知名度；通过举办高峰论坛，充分发挥水仙茶饼文化的独特性、历史性、优越性；传承茶乡文化，以茶乡文化培育特色茶文化产业，使漳平老区成为福建省乌龙茶重点产区、重要的乌龙茶出口基地。

第十二节　打造“大陆阿里山”品牌

龙岩市漳平台湾农民创业园核心区永福镇，地处福建省最南端的高山盆地。这里山清水秀，气候温和湿润，素有“高山花园”和“小庐山”之称。园区区位优势突显、自然禀赋独特、生态环境优美、文化底蕴深厚，所生产的永福高山茶闻名遐迩，远播海内外，享有“大陆阿里山”的美誉。漳平台创园这一派生机勃勃的发展景观，创造了 20 年前无法想象的奇迹。

漳平台创园发轫于台农的自发投资，先有“凤”后有“巢”。1995 年，台湾彰化县二水乡台农谢东庆在厦门培育了 40 万株的高山茶苗，可茶苗在哪里“安家落户”呢？从 1995 年到 1996 年整整一年的时间里，祖籍漳州的谢东庆随身携带地图，驱车前往福建漳浦、南靖、平和、广东梅县以及海南岛等地，可都没有寻找到适合的地方。当他考察漳平市永福镇后，认为：不管是气候还是海拔，永福镇都和台湾的阿里山相似，是发展高山茶的良好选择之地。于是，谢东庆在永福镇种下第一株台湾高山茶苗，创办台品茶叶有限公司，开辟千亩茶场，成为台农“落地生根”第一人。此后，台农穿越海峡纷至沓来，安营扎寨。永福镇党委、政府抓住闽台农业合作契机，引进台资种植高山茶，引进台湾先进的农业技术、经营理念、科学管理模式，实现当地传统农业与台湾现代农业的对接。

2005—2008 年，海峡两岸交流进一步活跃。中共中央、国务院提出“完善海峡两岸农业合作试验区和台湾农民创业园建设”的一系列政策，福建省提出建设海峡西岸经济区战略构想。漳平市委、市政府从永福镇与台湾的人缘、习俗相近，闽南话、妈祖民俗文化深受台商认同，台商聚集、产业发展具有一定基础等实际情况出发，科学定位永福镇建设台湾农民创业园，台创园的发展驶入快车道，圆满完成从省级台创园升格为国家级台创园的“美丽”蜕变。2005年8月，龙岩市政府批准永福镇列入闽台农业合作示范镇。当年，永福高山茶荣获2005年度福建省名优茶鉴评活动“福建名茶”，在省内崭露头角。2006年5月，省委、省政府将漳平台湾农民创业园列入《海峡两岸(福建)农业合作试验区发展规划》;7月8日，正式挂牌成立漳平台湾农民创业园，时有台资企业23家，种植台湾高山茶1万多亩，是国内台湾高山茶集中种植面积最大的区域。2007年，漳平台创园的发展规划和宣传推介获得重大进展。2月8日，永福镇党委、政府委托福建省台湾农业研究中心编制的《漳平台湾农民创业园发展规划》通过省专家组的论证；5月，漳平市政府成功承办“海峡两岸(龙岩)农业交流合作暨茶产业现场会”;9月，福建省茶叶协会、台湾茶协会、漳平市人民政府共同在永福镇举办永福高山茶产业发展与合作研讨会，扩大永福高山茶产业影响；11月，制作《永福高山茶》宣传画册、电视宣传片，加大创业园、永福高山茶的宣传力度。园区的台品茶叶、尚顺茶场、鸿鼎茶场等8家规模企业实现加工产值5700多万元，永福镇已成为海峡两岸农业合作最大的茶叶基地。

2008年，是打造“大陆阿里山”品牌最关键，也是成效最显著的一年。漳平市委、市政府将台湾农民创业园定位为打造“大陆阿里山”品牌，建设“一平台、三基地”。“一平台”即两岸人民交流合作平台；“三基地”即高山茶叶、花卉基地，新农村建设示范基地，乡村旅游观光休闲基地。围绕运作“大陆阿里山”品牌，台湾农民创业园的发展喜报频传。1月，永福“大陆阿里山”品牌被龙岩市政府列为龙岩市七大品牌之一；2月27日，国台办宣布，农业部、国台办决定在福建漳平永福新设立台湾农民创业园，标志着漳平永福台湾农民创业园正式从省级创业园升格为国家级创业园；9月12日，龙岩市委、市政府颁布《关于在“两个先行区”建设中求先行当前锋的若干意见》，“大陆阿里山”品牌位居龙岩市七个区域品牌的第二位；9月22日，漳平台创园乌龙茶加工示范基地被国家农业部确定为全国农产品加工创业基地;11 月 13 日,漳平台创园区管理委员会被龙岩市人民政府授予可持续发展试点单位。当年,永福高山茶品牌运作取得明显成效。园区 7 家企业列入龙岩市级农业产业化龙头企业,9 家茶叶企业通过 QS 认证;在 2008 年第五届中国国际茶业博览会上,台品茶业有限公司选送的永福高山茶荣获金奖:永福高山茶被列入第二届海峡两岸(武夷山)茶业博览会大会指定礼品茶和大会指定用茶,以及龙岩市接待用茶;成功举办海峡两岸妈祖茶文化节、海峡两岸(2008・漳平)大、中学生"航海日"夏令营等两岸重大交流活动;投资 1500 万元建设占地 2600 平方米的台缘山庄。

海峡潮涌,奔流不息。漳平台湾农民创业园升格为国家级创业园后,持续深化打造"大陆阿里山"品牌这一工作主线,规划发展现代农业高优技术特征明显、产业集聚度高、持续创新能力强、公共服务完善的实验区。2009 年 12 月,国家科技部正式批复,同意支持福建在全国率先建设国家级海峡两岸科技产业合作基地。园区以建设海峡两岸科技产业合作基地为重点,在更高层次上推动对台科技产业合作。2010 年 8 月 30 日,国家科技部授予漳平台湾农民创业园为"国家级海峡两岸科技产业合作基地",园区成为全省区域性新型支柱产业和经济发展新增长点的重要基地。

2010 年 5 月,电影《大陆阿里山》在漳平市永福镇正式开拍。影片以纪实风格塑造人物形象以及浪漫的爱情故事,描写在两岸经贸文化旅游各项交流不断深入开展的大背景下,台湾茶商到漳平永福投资种茶办厂,应用台湾先进的制茶技术发展大陆茶产业、开发茶市场的实况,反映两岸农村青年自强不息,追求美好生活的精神风貌。台商、台农观后感慨万千:我们是中国人,在台湾出生长大,在漳平落户创业,永福是我们的第二故乡。当年,园区落户台资企业 49 家,台商投资个体 400 多人,总投资达 18.15 亿元,种植高山茶 4.5 万亩,创业园核心区永福镇成为台商个体在大陆投资最密集的乡镇,成为台商投资热土、创业福地,被台农台商亲切地誉为"大陆阿里山"。

2011 年春节前夕,时任中共中央总书记胡锦涛在给漳平台湾农民创业园区台商的回信中，高度肯定园区的发展成果，指出，“两岸农业合作大有可为，台湾农民在大陆发展空间广阔”。漳平市认真贯彻胡锦涛总书记回信的重要精神，全力把创业园打造成为台湾农民来闽创业的示范窗口，对台交流合作先行先试的重要基地，对台交流合作不断向纵深发展，取得新成效。2011年，是漳平市海峡两岸茶事文化交流最亮丽的一年。4月，福建·漳平海峡两岸茶文化交流专场对接会在永福镇隆重举行。现场成功签约台湾乌龙茶快速压揉成型技术、斜推力轴承快速揉捻机开发与应用等3个项目，总投资1300多万元；6月，第三届海峡论坛·两岸特色乡镇交流对接活动暨漳平南洋水仙、永福高山茶、官田铁观音鉴评会活动在漳平市隆重举办。100多名两岸特色乡镇代表、台湾茶叶专家、台湾农民、制茶户实地查看官田岳山茶场，南洋南星茶园、北寮新村、九鹏溪景区，永福九德农场、台品茶园、鸿鼎茶厂，参加茶叶品评会的交流与研讨。9月，“漳平高山茶产业发展，海峡两岸专家讲坛”在福建漳平市永福镇举办。台湾中兴大学、福建农林大学等两岸专家、学者就茶文化的弘扬、茶产业可持续发展等研究课题作报告，并高度评价台品茶园、九德茶厂、鸿鼎茶厂的茶叶种植、管理、制作技术。

茶绿樱花红，醉美在永福。谢东庆等台农借鉴台湾发展观光休闲农业的经验，在茶园套种樱花，为长远发展生态茶业观光旅游锦上添花。2012年，园区举办首届樱花节。在每年春节期间前后约3个月里，漫山遍野的樱花轮番绽放，映衬着绿意盎然的茶园，显得格外美丽，到永福“游茶园、赏樱花”渐成休闲旅游的时尚。放眼全国樱园，园区樱花因规模最大、时令最佳、景观最靓，被誉为“中国最美樱花胜地”，多次登上《中国国家地理》等杂志的封面，受到全国关注。中央电视台、《人民日报》、新华社等全国各大媒体争相报道“大陆阿里山”的美景。至此，园区以花为媒、以茶会友，加速转型升级，实现由单一的传统农业向观光休闲旅游农业的华丽“转身”。至2012年1月止，漳平台创园已入驻台资企业59家，常住台商农民490多人，其中高山茶企业48家，种植面积5.5万亩，种植茶叶面积是台湾高海拔茶园总量的近五分之四，是祖国大陆最大的台湾软枝乌龙茶生产基地。

第十三节　“王景弘故里”的学术研究

王景弘（1369—约 1457），明漳州府龙岩县集贤里（今漳平市赤水镇）香寮村许家山人。明洪武年间（1368—1398）入宫为宦官，侍奉燕王朱棣。明建文年间（1399—1402），随朱棣起兵，参与“靖难”夺嫡之战，深得朱棣赏识。永乐三年（1405）至宣德八年（1433），与郑和先后七次共同率领庞大船队出使西洋（今文莱以西的东南亚和印度洋沿岸地区）。宣德八年（1433），郑和在古里（今印度的卡利卡特）去世后，王景弘独率船队回国。宣德九年（1434），王景弘奉旨第八次出使西洋。王景弘远航西洋，遍访亚非 30 多个国家和地区，最远到达红海和非洲东海岸，是中国古代杰出的航海家、外交家。

郑和、王景弘是“海上丝绸之路”的领军人物，王景弘与郑和的品级、职衔、身份一样，并列同为远航使团的正使钦差太监，是郑和的得力助手和亲密战友。但长期以来，由于史料严重匮乏等因素，王景弘的航海史迹得不到应有的重视，成为被遗忘的“郑和”。

21 世纪初期，漳平市逐年重视王景弘学术研究和宣传。2002 年 5 月，闽西客家联谊会组团出访文莱，在文莱首都斯里巴加湾市实地探访了“王总兵路”。代表团回国后，部分成员立即回到漳平市，与漳平市文史界人士召开座谈会，商讨成立“王景弘研讨会”等相关事宜。10 月，南京郑和研究会主办“迎接郑和下西洋 600 周年学术研讨会”，曹木旺在会上交流论文《王景弘籍贯考略》，充分考证王景弘籍贯，揭开王景弘系今漳平市赤水镇香寮村许家山人的神秘面纱。2003 年 1 月，福建省国际文化经济交流中心与漳平市政协联合编印《明代大航海家王景弘》文史资料专辑，收录国内外专家、学者有关研究王景弘的论文 23 篇，文学作品 5 篇，王景弘学术研究取得初步成果；5 月，漳平市在赤水镇香寮村设立“王景弘故里”纪念标志碑，省政协原主席、省国际文化经济交流中心理事长游德馨为该碑题字。2004年，王景弘学术研究与宣传的活动频繁，取得突破性进展，获得丰硕成果。4月，闽西客家联谊会再次出访文莱，参加亚细安客属第四次恳亲大会，漳平市派员参加。会议期间，代表团实地考察王景弘在文莱的史迹，参观文莱历史博物馆，拜访馆长、文莱王室历史研究专家哈吉阿旺·贾米尔先生，交流有关王景弘研究资料；7月，由福建省国际文化经济交流中心和龙岩市人民政府主办、漳平市人民政府承办的“中国·漳平王景弘学术研讨会”在漳平宾馆举行，省内外60多位专家、学者应邀到会。研讨会就王景弘的籍贯与生平简历、在下西洋航海船队的正使太监身份、航海专长及其重要地位、与郑和的关系及其在海外的深远影响等方面，进行深入的探讨，并取得广泛共识。会议期间，举办王景弘史料图片展和书画展；8月，“王景弘史迹陈列室”在赤水镇香寮小学正式开馆，成为漳平市农村小学一个富有地方特色的爱国主义教育基地。陈列室详细介绍王景弘生平、文物遗址分布、历次下西洋简况、王景弘在下西洋中的历史地位以及海外影响等；10月，漳平市王景弘研究会（筹）成员组队前往福州，参加福建省纪念郑和下西洋600周年学术研讨会，王景弘研究的8篇论文收入大会论文集。同月，中央电视台《探索·发现》栏目组到赤水镇香寮村拍摄《王景弘故里》专题片；12月，漳平市王景弘研究会（筹）与福建省国际文化交流中心合编《王景弘与郑和下西洋》，全书约28万字，收录省内外专家论文25篇、新闻媒体文章4篇。当年，漳平市委宣传部与市王景弘研究会（筹）编印“航海家王景弘”的图片折页8000份，进一步提升王景弘影响力和知名度。

2005—2012年，传承景弘故里文化，弘扬航海精神进入新阶段。2005年3月，黄瀚创作的长篇历史小说《游仙绝唱——解读王景弘》由中国文联出版社出版，全书22万字，发行3000册；6月3日，漳平市王景弘研究会召开成立暨第一届理事会议，选出理事30人，通过研究会章程，正式成立漳平市王景弘研究会，标志着王景弘研究与宣传进入一个新阶段；7月11日，漳平市王景弘研究会应邀派员到人民大会堂参加“全国郑和下西洋600周年纪念大会”。同日，由国家文化部、国家博物馆联合主办的“纪念郑和下西洋600周年”《云帆万里照重洋》专题展览在国家博物馆开展，设立王景弘专版。同月，漳平市王景弘研究会编辑出版《王景弘研究》(第一辑)。2006年12月，方志出版社出版的《龙岩市志》(1988～2002)，列入了“王景弘传”。2007年10月1日，漳平市委、市政府在东山公园布设“王景弘史迹陈列馆”，展馆分：明史之光、香山觅踪、大明乾坤、扬帆纵海、流芳海宇、缅怀先贤6个部分，再现王景弘远航的恢宏历史。2008年4月16日，漳平市政府将城区东门至东环路五一林场段新建的城市道路命名为“景弘路”；7月23—26日，由福建省国际文化经济交流中心、漳平市政府、龙岩市旅游局和台湾山河探险协会共同主办的海峡两岸“航海日”夏令营活动在漳平市正式开营。来自海峡两岸22所学校的50多名大、中学生参加活动，开展两岸文化交流；12月11日，中国郑和研究史上第一个全国性协会——郑和研究会在国家交通部成立，漳平市王景弘研究会成为全国郑和研究会首批三个县级单位会员，标志着王景弘研究进入国家级平台。此后，“王景弘故里”成为漳平城市名片之一，极大地深化了漳平的城市文化内涵，提升了漳平城市形象的美誉度。2009年3月，由中央电视台文艺中心影视部、福建省委宣传部及长乐市委、市政府等单位联合出品的59集大型电视连续剧《郑和下西洋》在央视八套黄金时段热播，著名影视演员唐国强、罗嘉良、李大光分别饰演剧中的朱棣、郑和、王景弘。该剧展现郑和与王景弘率领船队七下西洋，成功开辟“海上丝绸之路”的壮举，是一部场面宏大、制作精良，集历史性、思想性、艺术性、观赏性于一体的电视剧巨作，国家重大影视题材创作领导小组对该剧给予了高度评价。2012年9月，戴革平编撰的漳平三中校本课程教材《云帆万里　航海壮举——王景弘下西洋》出版，客观地阐述王景弘下西洋深刻的时代背景，艰险的远洋航程以及独特的航海贡献，是漳平市第一本弘扬王景弘航海业绩的乡土历史教材。

王景弘作为一代海外华人的开拓者，历来备受海峡两岸人民的敬仰。《台湾府志》记载:“宣德间,太监王三保舟下西洋,因风过此。”王景弘下西洋,船队途经台湾,为当地人民做了不少好事,留下“三保井”“三保姜”“三保药”的美誉。《台湾志略》载有王景弘用药水为土番治病一事,称:“在凤山县淡水社,相传明太监王三保投药水中,令土番染病者于水中洗浴,即愈。”;台湾《凤山县志》载有王景弘在山上种姜,方便百姓采用以疗病一事。1945 年抗战胜利,国民政府收复原被日本侵占的南中国海诸岛屿,将南沙群岛中的辛科威岛命名为“景弘岛”,以彰显王景弘的航海功绩。在近 30 年航海活动中,王景弘不辱使命,勤勉海务,扬帆“海上丝绸之路”,深得朝廷的赏识和信任,备受西洋各国的尊敬和爱戴,特别是在东南亚地区享有崇高的威望,留存的纪念遗迹达 30 多处。东南亚各国有许多地方以“三宝”命名,如泰国的三宝港、马来西亚的三宝山、印度尼西亚的三宝垄等,以缅怀郑和、王景弘下西洋的功德和贡献。

第十四节　改革开放 30 年发展成就

改革开放 30 年来,漳平革命老区实现人民生活由温饱不足向总体小康的历史性跨越,国民经济快速提升,社会事业全面协调。至 2008 年,漳平革命老区已经拥有众多的城市名片:原中央苏区县、“中国现代民间绘画之乡”、“中国花木之乡”、“中国杜鹃花之乡”、“中国名茶之乡”、国家森林公园、国家可持续发展实验区、国家级台湾农民创业园、南方重点林区、王景弘故里、全国计划生育优质服务先进市、平安漳平,成为闽南金三角的“后大门”“后续基地”和“后花园”。

改革开放以来,漳平革命老区的经济与社会发展经历转轨起步、改革拓展、快速增长、调整稳定和持续提升五个阶段。

转轨起步阶段(1979—1983)。贯彻十一届三中全会精神,全面实行家庭联产承包责任制,积极探索农村经济发展新路子,扩大企业自主权,国有企业效益逐步提高,国民经济发展取得较好成效。

改革拓展阶段(1984—1991)。实行国营工业企业经营承包责任制,部分企业实行股份制试点,建设一批电站、水泥企业,特别是1986年建成漳平电厂一期,促进经济较快发展。

快速增长阶段(1992—1997)。1992年邓小平同志南巡讲话,漳平围绕中央提出"抓住机遇、深化改革、加快发展"的发展战略,着力推进工业快速发展,加大城市基础设施建设力度,房地产开发兴起,经济增长处于新一轮增长周期。

调整稳定阶段(1998—2001)。这一阶段处于全国经济"治理整顿、巩固提高"时期,漳平经济建设出现基本建设投资量少,工业经济滑落的现象,特别是漳平电厂发电量为历史最低点,是经济增长的回落时期。

持续提升阶段(2002—2008)。紧紧抓住海峡西岸经济区建设新机遇,坚持"拼命抓项目、狠心造环境"工作主题,集中优势资源突出工业、突破工业,持续推进项目开发建设,加快了漳平革命老区的发展。这一时期经济发展处于大建设、大投入时期,一批批发展好,后劲足的项目陆续建成投产,经济增长进入第二轮快速增长周期。

经济实现大发展、大跨越,县域经济综合实力明显提升。改革开放以来,漳平革命老区的经济与社会发展实现了三次大跨越、大发展。第一次跨越在20世纪80年代中期:1988年GDP总量首次达3亿元,财政收入完成2554万元,分别比1978年增加27645万元、2075万元,分别增长4.91倍、4.33倍。第二次跨越在20世纪90年代初期到中期:1997年GDP总量首次突破20个亿,达22.22亿元,财政收入完成15306万元,GDP、财政收入分别比1978年增加21.66亿元、1.48亿元,分别增长8.3倍、30倍。第三次跨越在2004—2008年:这一期间,漳平确定了积极融入海峡西岸经济区建设的目标定位和措施,经济社会发展取得了显著成效。2008年全市GDP首次突破60个亿,达65.14亿元,财政收入完成5.85亿元,GDP、财政收入分别比1978年增加64.58亿元、5.78亿元,分别增长29.5倍、77.4倍。漳平革命老区经历三次大跨越时期,经济实力明显提升,2008年人均GDP实现23950元,是1978年的87.4

倍，人均地方财政收入1109元，是1978年的29.8倍。

重点项目建设持续推进，经济发展后劲明显增强。1978—1990年，重点建设漳平电厂、漳平水泥厂等一批骨干企业，初步形成以森林资源为依托的林产加工产业，建造、扩建了一批电站。这一期间全社会固定资产投资完成4.25亿元，年均增长10.7%。1990年建市到2001年，着力城市建设，房地产开发兴起，加大公路交通基础设施建设，打通了沿海发达地区的通道；全社会固定资产投资完成36.84亿元，年均增长32.5%。2004年以来，漳平每年确定一批重点项目(产业)，举全市之力强势推进，为经济又好又快地发展打下了坚实的基础。2004—2008年五年间，全市固定资产投资完成108.9亿元，超过1978—2003年这26年的投资总和，年均增长68.41%，其中工业生产性投资完成60.6亿元，年均增长58.2%。随着红狮400万吨水泥、振鸿200万吨水泥建成投产，以及正在开发的赤水水泥、象湖水泥等项目，全市将形成1000万吨水泥生产能力，成为龙岩乃至全省水泥重要生产基地；全市开发形成30万千瓦水力发电能力，以及漳平电厂2×30万MW“上大压小”项目建设正在加快推进，全市将形成近100万千瓦的供电能力；漳平工业园区开发建设投资完成3.93亿元，园区开发面积达5981亩，万亩工贸新区建设计划总投资6亿元，完成投资近2亿元。

工业在改革调整中快速发展，工业化水平显著提高。漳平工业发展经历了三次大跨越、大发展。第一次在20世纪80年代，漳平工业实现了从传统农业向半工业化迈进。这一时期大力发展电力工业、林产加工业，1986年漳平电厂第一台机组建成发电，相继建成胶合板厂、瓦楞板厂，形成以森林资源为依托的林产加工业。1984—1988年工业产值年均增长22.6%。第二次在20世纪90年代初期到中期，漳平工业实现了从半工业化向工业化大步迈进。这一时期漳平工业着力发展外向型工业和乡镇工业。到1996年“三资”工业达10家，实现产值3.76亿元，占全部工业产值的20.5%；乡镇企业达199家，实现产值3.5亿元，占全部工业产值的19.1%。三资工业和乡镇工业异军突起，有力推动工业快速发展。第三次在

2004—2008 年，漳平工业进入较快发展时期。这一时期漳平始终坚持工业先行，以工业园区为平台，做强做大产业规模，工业化水平显著提高。2008 年，全市实现工业总产值 58.71 亿元，比 2003 年增长 1.75 倍，年均增长 22.43%：规模工业总数达 138 家，实现产值 50.31 亿元。漳平工业在总量不断扩大的同时，内部结构得到优化升级。改革开放以来，全市制造业比重大幅提高，2008 年建材、化学、机械、轻纺等制造业比重提高到 57%，比 2003 年提高 35.3 个百分点。资源型工业与非资源型工业并举发展，二者比例由 2003 年的 89.7∶10.3 转变为 2007 年的 69.6∶30.4。民营工业比重迅速提高，2008 年规模以上非公企业工业产值所占比重为 83.2%，比 2000 年提高 32.6 个百分点。市本市级规模工业发展占主导产业，到 2008 年本市级工业占规模工业比重由 2003 年 36.4%提高到 77.1%，改变了工业发展主要依靠中央省龙岩市属工业的历史。实施品牌带动战略取得新成效，2006—2008 年，“闽化”化肥、“惠口”矿泉水、“民信牌”涤棉本色纱、“美丽家园牌”防腐木获福建省名牌产品，“漳平水仙”“永福台湾高山茶”以及“正”字牌等化工产品品牌逐步形成。

农村经济跨越发展，农村面貌焕然一新。改革开放以来，漳平革命老区的农村经济发展实现历史性的跨越，大体分为四个阶段：第一阶段(1978—1984)，是漳平农村改革的突破阶段。1982 年，家庭联产承包制的确立，拉开了农村改革序幕，这一时期农林牧渔业产值年均保持 16.4%的增速，农民人均纯收入年均增长 16.2%，1984 年农民人均纯收入为 328 元，比 1978 年增加 195 元，基本解决了农民温饱问题。第二阶段(1985—1991)，是漳平农村改革成功和生产效率提高阶段。一方面发展多种经营，优化种植业结构；另一方面农民从事工商等非农产业活动和发展乡镇企业。1985—1991 年，农林牧渔业产值年均增长 15.2%，1991 年农业种植业比重比 1978 年下降了 3.9 个百分点，林业、牧业和渔业分别上升了 6.7 个、9.2 个和 1.5 个百分点。1991 年农民人均纯收入 818 元，年均增长 13.5%。第三阶段(1992—1998)，这个阶段农村改革集中稳定农村基本经营制度，改革以粮食为主的农产品流通体制，乡镇企业加快产权改革，促进了农村经济全面发展。1992—1996 年漳平乡镇企业经历了第二个高速增长，1996 年乡镇企业实现总产值 16 亿元，实现税利 1.19 亿元。乡镇企业的发展促进了农民增收，1996 年农民从企业获得务工性收入达 527 元，占农民人均纯收入 20.5％。第四阶段 1999—2008 年，农业和农村经济发展进入新阶段。2000 年全国农村税费改革在安徽省启动，2005 年按照“多予、少取、放活”方针，加大对农业和农村财政的支持力度。2006 年全面取消农业特产税，农村经济更加活跃。2008 年，农林牧渔业总产值完成 20.28 亿元，农民人均纯收入 5786 元，分别比 1999 年增长 5.14％、7.63％。生态农业发展带动农村经济发展。漳平以“建设生态农业基地”为目标，大力发展木竹、花卉、茶叶生态农业，不断扩大基地规模，获得“中国花木之乡”“中国杜鹃花之乡”等品牌称号，永福“杜鹃花”荣获省著名商标称号。2008 年完成农林牧渔业总产值 20.28 亿元，比 1978 年增长 8 倍。到 2008 年，全市林地面积 383 万亩，花卉面积 1.23 万亩，茶叶面积 6.35 万亩。同时，培育农业龙头企业，示范带动农村经济发展，2007 年全市农业龙头企业 7 家。随着农村经济发展，农村基础设施和生活服务条件明显改善。到 1996 年消灭了无电村，农民用电实现“户户通”；农村公路网络基本形成。2007 年底实现村村通水泥公路；农村广播电视覆盖率提高，数字电视进入百姓家庭。2008 年末农村有线电视用户 2.83 万户，电视综合人口覆盖率为 96.6％；100％行政村解决饮用水困难问题。

基础设施日臻完善，投资和人居环境明显改善。1990 年漳平撤县建市以来，城市面貌发生显著变化，主要有两个时期。第一个时期在 20 世纪 90 年代中期，实施以和平路为主线的旧城改造和桂林新区开发项目，致力于改善城市交通环境，特别是 2004 年以后，强化经营城市理念，走小市大城区的路子，启动、完善、拓展一批城市项目，完善城市功能，提升城市品位，打造形成“魅力漳平”新形象。至 2008 年近 5 年来，共实施城市建设项目 43 项，总投资 25.21 亿元，建成了东山公园、体育馆、知青纪念馆、火车站及站前广场等项目;实施城市外环东路、闽西南商贸城、星级宾馆、污水处理厂等城市重点项目建设,完善园林绿化、城市公交等市政配套设施;实施汇盛名城、祥和新城、万成家天下、锦绣名城等规模房地产建设。到2008年,城市建成区面积由2003年的5.6平方千米扩大到8平方千米,城区及城郊人口达10万人以上,城镇人口增加至10.8万人,城市化水平达39.6%,比2003年提高7.3个百分点;城市道路面积62万平方米,人均9.12平方米;城市园林绿地面积238公顷,人均公共绿地面积11.9平方米。交通基础设施建设取得历史性突破,运输能力大大增强。2008年,全市公路通车里程1911千米,比1978年增加1306千米,形成以省干线公路为骨架,县、乡公路为依托的公路运输网络。对外连接通道更加便捷。1997年12月总投资8000万元基太岭改建工程竣工,实现市通县一个半小时经济圈;1998年1月总投资7233万元的漳(平)华(安)公路建成通车,与沿海发达地区的时空距离大大缩短;2005年5月投资3.2亿元的永漳公路建成通车,打通漳平纵贯南北的通道;2003年实施农村公路改造,到2008年全市累计完成1127千米,总投资达4.7亿元,全面实现行政村“村村通水泥路”。运力明显增强,全市日均运输量从2000年1562吨/日提高到2008年9378吨/日。同时,全力推进“永春—永定”高速公路建设,“双永”高速公路于2009年3月25日正式开工建设。

主导产业逐步形成,经济结构不断优化。改革开放初期,全市经济主要以农业为主,第一产业占主导地位,比重达40%左右,1978年全市三次产业比例为45∶33∶22。1985年起开始重视发展第三产业,第三产业比重的大幅度提升,1990年第三产业比重38.1%,首次超过第一产业,产业比重排序为“三二一”,到2008年三次产业结构调整为19.21∶35.99∶44.8。“十五”计划以来,漳平立足于区域优势,提出建设生态农业基地和特色工业基地目标,重抓“3+6”产业,即电力、建材、轻纺三大支柱产业,矿冶、林产、化工、机械、煤炭和特色农业六大优势产业。经过几年的发展,产业支撑能力持续增强,经济结构得到优化,特别是轻纺、化工、建材等支柱产业链逐步延伸，已成长为较成熟的具有一定比较优势和竞争力的产业。2008年，“3＋6”产业实现产值50.31亿元，产值超6亿元的产业达6个，即电力工业实现产值9.26亿元，建材工业实现产值6.63亿元，轻纺工业实现产值7.55亿元，矿冶工业实现产值6.96亿元，农产品加工（林产工业）实现产值7.15亿元，化学工业实现产值6.48亿元。特色农业产业迅速成长壮大，“木竹花茶”特色农业主导产业实现产值5亿元，占农林牧渔业总产值的24.7％。

城乡居民生活水平显著提高，奔小康步伐明显加快。改革开放给漳平农村带来深刻的变化，大包干和市场机制的引入使农村经济迅速发展，特别是1990年撤县建市以后，城乡居民收入显著增加，生活水平和质量明显提升，基本实现由温饱向小康的历史性跨越。城镇居民人均可支配收入由1978年的323元增加到2008年的11962元，30年间增长36倍；农民人均纯收入由1978年的133元增加到2008年的5786元，年均增长13.4％。随着收入水平的提高，城乡居民的生活状况也不断改善，消费需求多元化。2008年，城镇居民人均消费支出达到9975元，比1990年增长8.5倍；农民人均生活消费性支出达3768元，比1990年增长3.9倍，年均增长9.26％。城乡居民家庭消费品种类大为改观，家庭耐用消费品升级换代加快，居民住房条件也明显改善。改革初期以“新四件”（彩电、洗衣机、电冰箱、录音机）为主，至2008年，空调、家用电脑、汽车等高档商品已逐渐进入居民家庭中。全市每百户农民拥有彩电123台，洗衣机93台，电冰箱46台、摩托车119辆，电话（含移动电话）212部；城镇居民每百户拥有摩托车122辆，彩电138台，电冰箱98台，空调机90台，家用电脑50台。城镇居民人均居住面积达41.85平方米，比1990年增加29.25平方米；农村居民人均住房面积也由1990年的14.5平方米增加到2008年的56.82平方米，增长2.9倍。

台湾农民创业园建设成绩斐然，打造形成两岸人民交流合作重要平台。早在20世纪70年代初期，漳平就已重视与台湾人民的交流合作，初步建立以花卉为主导的交流合作关系，到了70年代中期，又加强与台湾茶叶种植的交流合作，特别是步入21世纪以后，漳平革命老区呼应省委关于建设两个先行区部署，着力把漳平台湾农民创业园建设成为两岸人民交流合作的重要平台和海西区域重要品牌。2006年漳平永福台湾农民创业园挂牌成立，2008年升格为国家级创业园，成为全国8个国家级台湾创业园之一。创业园以其独特的地理气候环境和良好的投资环境，吸引一大批台商到创业园内投资兴业，已落户台资企业39家，涉及台商投资个体300多人，其中台资农业企业35家，总投资3.9亿元。永福镇茶叶、花卉、蔬菜三大特色产业总面积8.2万亩，其中茶叶3.5万亩，名优花卉1.5万亩，蔬菜3.2万亩，是大陆地区最大的台湾软枝乌龙茶生产地。为加快台湾农民创业园建设，漳平实施桂月线改造、台缘山庄、十里花街等项目，规划投资5.5亿元，打造“大陆阿里山”品牌，提升创业园建设水平，为加快农业产业化步伐打下良好基础。

持续增加民生投入，教育文化卫生等社会事业与经济同步协调发展。漳平持续加大工业反哺农业、城市支持农村力度，加快推进以改善民生为重点的社会建设。

教育事业健康发展，全面依法实施九年制义务教育。2008年，全市拥有职业中专1所，在校生2662人；普通中学17所，在校生16380人，其中高中生7704人；小学校点229所，在校生14740人；幼儿园26所，幼儿在园数5004人；特殊教育学校1所。在校生60人。九年义务教育在校学生数23416人，教师2729人，其中高级职称932人。高考专科上线率达84.2%，本科上线率46.3%，高考考生上线率和万人人口上线率居龙岩县(市、区)处于中上水平。

文化旅游事业蓬勃发展。一批优秀传统文化和地方特色文化基地相继建成，先后在东山公园设立漳平历史博物馆、红色漳平馆、王景弘史迹陈列馆、知青情缘馆等市民文化教育基地；充分挖掘“三乡”(茶乡、花乡、画乡)文化内涵，推陈出新“小广场、大文化”等文化活动，丰富群众文化生活；以“魅力漳平，新天地新发展”为主题，举办地方特色茶王赛、花王赛、竹王赛等文化活动。旅游事业方兴未艾，2008年九鹏溪景区获得国家4A级景区称号，永福、拱桥农家乐旅游吸引八方来客。2008 年,全市接待夜宿旅游人数 6.16 万人次,比 2000 年增加 3.08 万人次。

卫生事业全面推进,建成功能较为合理覆盖城乡居民的卫生服务体系。2000—2007 年卫生事业建设投入达 5642 万元,是 1978—2000 年的 2.76 倍。为适应新型农村合作医疗的需要,加大资金投入,改善农村医疗条件,14 个乡(镇)基本完成卫生院综合楼建设。卫生技术人才力量不断增强,2007 年各类医学技术人才 482 人,其中高级职称 44 人,中级职称 182 人;卫生机构床位数从 1978 年的 482 张增加到 623 张。全市 2008 年新型农村合作医疗参合率达 96.9%。人口低速增长,计划生育服务水平提高。2007 年漳平市被评为“全国计划生育优质服务先进市”,2008 年被确定为“全国婚育新风进万家活动示范县(市)”。

劳动就业和社会保障进一步加强。2008 年末全社会劳动者 16.23 万人,比 1978 年增加 9.52 万人。城镇登记失业率 4%,全市城镇新增就业 3178 人,下岗失业人员再就业 1346 人,农村劳动力职业技能培训 1196 人。2008 年末参加企业基本养老保险的职工 13847 人,参加机关事业单位基本养老保险 8326 人,参加失业保险的职工 9380 人,参加农村社会养老保险 10149 人,参加基本医疗保险的职工 28506 人。

科技创新和环境保护卓有成效。漳平市坚持实施“科技强市”战略,普遍推广运用科技成果。2003—2008 年,项目与大中专院校对接 288 项,转化率 72%,专利申请 77 项,授权 29 项;2003 年被国家科技部授予“全国科技工作先进市”,2006 年成为全省第二个国家可持续发展实验区,到 2007 年全市企业事业专业技术人员 7022 人。漳平坚持发展与环境保护并重的方针,促进人与自然和谐发展。特别是 2000 年以来,先后投入 9645 万元用于废水、废气和固体废物的治理;垃圾处理厂于 2008 年底建成投入使用,同时加紧建设污水处理厂。2008 年,全市城乡环境空气质量总体保持在国家环境质量二级标准,空气污染指数为 66,九龙江漳平段环境功能区达标率为 100%;城区集中式饮用水源水质达标率为 100%,区域环境噪声等效声级 53.2db(A),道路交通噪声加权平优于《城市区域环境噪声标准》四类区标准 70db(A)。

在改革开放 30 年的奋斗历程中,漳平革命老区经济建设成就辉煌,社会事业快速发展,城市面貌日新月异,城市路网更加完善通畅,城市环境更加优美亮丽,但发展的道路上仍然存在不少困难和问题:经济总量依然较小,发展后劲仍显不足,与沿海地区的发展差距较大,产业结构不尽合理,工业化和城镇化水平有待提高,农村基础设施建设存在不少薄弱的环节。

第五章　中国特色社会主义新征程

（2012年11月—2018年12月）

第一节　项目建设促发展

2013—2018年，漳平市委、市政府围绕省委、省政府集中力量打好“五大战役”（重点项目建设战役、新增长区域发展战役、城市建设战役、小城镇改革发展战役、民生工程战役）的战略部署，抓住牵动漳平市革命老区全局的重点和关键，加快项目建设，取得新突破，获得新发展。

2013年，漳平市坚持“狠心造环境，推进新跨越”工作主题，持续主攻“大交通、大城区、大产业”三大方向，推进项目建设，增强发展支撑。全市以“21211”项目工程为抓手，打好“五大战役”，完成投资134.6亿元，新开工项目79个，新竣工项目46个；省重点跟踪管理项目17个，总投资155.9亿元；签约33个项目，总投资43亿元；实际利用外资增长22.7%。统筹城乡项目建设，区位优势不断凸显。交通建设完成投资29亿元。“莆永”高速公路全线建成通车，“漳永”高速公路龙岩（漳平）段路基基本成形，国道358线漳平段主体工程、红尖山隧道连接线路基工程基本完成，开工建设“南三龙”高速铁路。全年实施城建项目22个，完成投资14.7亿元。开工建设东坑口新桥及连接线、南学堂新区（一期）、华龙（二期）等项目，基本建成福增大桥及连接线路基工程，交通岛改造、景弘公园（一期）、榉仔洲公园（一期）南岸、城市展示馆等项目竣工。改造完成城市主要道路和对外连接线景观灯，城市建成区面积扩大3.2平方千米，达到16.4平方千米，城镇化率提高2.8个百分点。省级试点镇永福镇完成投资6.5亿元，龙岩市级试点镇西园镇完成投资9.7亿元，南洋生态小镇完成投资1.6亿元，建成南洋水仙寮、茶博馆等项目。

2014年，漳平市革命老区的项目投资力度不断加大。市委、市政府启动“2014—2018年重大项目投资推进计划”，以“1351”项目工程和“四个一批”项目推进为抓手，实施“五大战役重点行动计划”，全年完成投资132亿元，新开工项目59个、新竣工项目68个。列入省、龙岩市重点项目25个，完成投资39.9亿元，56个市重点项目完成投资46.9亿元。进入工业园区项目论证19个，总投资29.2亿元。全市争取上级专项资金4.97亿元。加快发展现代农业产业转型项目，当年漳平市被确定为全省22个县(市)农产品主产区之一。现代农业行动计划项目完成投资3.2亿元，其中南洋农业设施完成投资2462万元。建设完成10个省、龙岩市现代花卉项目及3000亩现代油茶项目。成功举办中国木结构产业发展高峰论坛，五一林场入选全国首批15个森林经营方案实施示范林场，木村林产被认定为首批国家林业重点龙头企业。钢铁、纺织、建材、能源“四城”产业及其他产业新增亿元企业4家、规模企业14家。协龙(一期)、新佳鑫实业、扬帆同创等15个工业项目竣工，红狮水泥(三期)、青晨竹业等15个工业项目开工。全年重点技改项目实施7个，新增省级技术中心1家、国家高新技术企业2家。工业园区完成规模工业产值62亿元，增长22%，财税收入1亿元。加速推进海西(漳平)农副产品加工园建设，完成装备制造业循环经济产业园区控制性详规编制。城乡环境更加优化，基础设施不断完善。交通基础设施完成投资31.5亿元，“南龙”铁路路基工程顺利推进，“漳永”高速公路龙岩(漳平)段路基土建工程、国道358线红尖山隧道(漳平段)连接线路基路面工程、县道卓西线(一期、二期)改扩建主体工程、福增大桥及连接线主体工程基本完成，开工红尖山隧道、林隆南路等项目。实施水利项目175个，完成投资2.6亿元，第五批全国小型农田水利重点县、九龙江防洪工程等项目建设取得阶段性成效。解决农村饮水不安全人口2.5万人，农网改造升级工程完成投资3235万元，110千伏永福变（二期）扩建工程、35千伏钱坂小型输变电工程等项目竣工。

2015年，市委、市政府突出项目攻坚，不断增强发展后劲。全市以“1531”项目工程为抓手，开展“三比一看”“项目会战年”等活动。2014—2018省行动计划重大投资项目完成投资40亿元，71个重点项目完成投资55.1亿元，新开工项目14个、新竣工项目6个。特钢项目通过国家发改委核验，红尖山风电场项目取得省发改委核准。木村三期、红狮三期、协龙二期等项目建设进展顺利，工业园区集中供热、箭竹坪煤矿等项目前期工作加快推进。“南龙”高速铁路（漳平段）完成投资11.6亿元，“漳永”高速公路（漳平段）、国道358线、福增大桥及连接线、卓西线、红尖山隧道（漳平段）连接线建成通车，有序推进“镇镇有干线”拱桥至纵五线（溪仔口）。当年，提高项目管理服务水平。建立重点项目责任、协调、考评等管理机制，完善挂钩服务企业和调度会制度，出台工程项目招投标、投资项目标后变更调整、加快项目资金拨付程序等管理规定。举办重大项目策划论坛，策划项目54个；评审入库项目18个，总投资80.5亿元。取得国家专项建设基金支持项目6个，共安排资本金1.6亿元。拓展金融与企业信息综合服务平台功能，成立汇菁融资担保公司，为企业提供应急资金2.9亿元；成立金城资产管理公司，加快盘活国有资产。

2016年，扎实推进项目建设，致力于调结构促转型，经济竞争力不断增强。实施“五大战役”“2014—2018年重大项目投资推进计划”“项目会战年”，建设重点项目158个，完成投资221.4亿元；列入国开行、农发行专项建设基金项目累计8个，申请专项建设基金累计1.5亿元。推进供给侧结构性改革，对接落实省、龙岩市“五个一批”要求，打好“项目落地攻坚战役”，抓好14个领域项目建设，完成投资55亿元；实施两批投资工程包项目107个，完成投资18.1亿元，有效落实“三去一降一补”重点任务。实施转型升级计划，打造漳平市革命老区工农业特色项目主导产业。优化升级机械、轻纺、农产品加工等传统产业，铜雕工艺、德诺（三期）等项目建成投产，做大做强天守超纤、协龙纺织等骨干企业，新增规模以上企业25家，木村林产被认定为国家林业重点龙头企业；实施重点技改项目74个，完成投资165亿元，在香港主板、新三板、新四板上市企业8家。特色现代农业加快发展，拥有中国驰名商标、省著名商标、龙岩市知名商标等农业品牌39个，漳平水仙茶、漳平毛蟹入选闽西“八大珍、八大鲜”，全市形成以“木、竹、花、茶、菜”特色产业，被列入全国绿色食品原料（茶叶）标准化生产基地、全国农村产业融合发展试点示范县。第三产业发展迅速，列入省级农村电子商务示范县（市），与阿里巴巴农村淘宝、1号店“特产中国”等电子商务龙头企业合作，建成漳平电子商务孵化中心企通宝O2O线下展示中心等平台，培育本土电子商务企业118家，列入省众创空间企业1家。

2017年，全市以推进“三大战役”为抓手，开展“抓产业、稳增长”“抓征迁、强保障”“抓招商、上项目”“抓治理、促提升”“抓民生、补短板”等专项行动，破解老区群众关注的热点难点问题。市委、市政府制订项目工作实施方案和经济新增长点项目工作实施方案，出台招商引资工作方案及奖惩办法，每个项目有一名市领导挂钩、一个工作专班负责运作、一套政策激励、一笔经费保障。建立健全正向激励、定期协调、三级响应、督查通报等推进机制，开展市领导挂钩项目工作检查、项目现场推进、项目落地“百日攻坚”、招商引资“五晒”等活动，强化一线考核干部，全市上下齐心协力抓项目、支持项目建设的氛围浓厚。当年，围绕产业发展和补齐短板，推动项目滚动接续，安排财政资金15.9亿元推进项目落地，谋划项目82个、签约项目57个、开工项目42个、投产项目25个、完成增资11亿元。市本级重点项目116个，完成投资81.8亿元，其中省、龙岩市重点项目31个，完成投资68.1亿元。重大产业项目建设取得新进展，户外木竹制品产业示范园完成控制性详规编制，首期173亩、10万平方米标准化厂房的木竹制品孵化园开工建设，美丽家园木屋及构件自动化生产制造、工业园区集中供热等项目加快实施。推进重大基础设施项目建设，厚福大道、“镇镇有干线”桂林至黄祠段等项目竣工，南龙铁路（漳平段）工程、新桥东坑尾至双洋溪口村公路等项目取得阶段性成效。同时，加大要素瓶颈破解力度。积极向上争取各类专项补助资金6.5亿元，新增地方政府债券资金3亿元。支持实体经济发展，兑现产业发展各项奖励补助资金6280万元，为企业提供“过桥”资金1.3亿元；运用PPP模式、EPC工程总承包模式，开工建设永福后盂水库及集镇供水工程、国省干线联六线芦芝至和平段公路、漳平一中改扩建等项目；完成林地报批977亩、土地报批1200亩；盘活闲置厂房18万平方米，收回闲置用地500亩。开展“百日攻坚”活动，完成征地拆迁157.5万平方米、交地136.7万平方米。漳平台湾农民创业园综合考评位居大陆29个台湾农民创业园第一名，成为全国首个“台湾青年产业融合创业示范基地”、全省首个“台湾高校学生农业教学实践基地”，拥有两岸交流示范基地、青年创业示范营及示范场。

2018年，全市奋力推进“五个一批”项目攻坚。以开局就是决战、起步就是冲刺的态势，开展“大督查大落实”工作，聚焦重点、拔钉清障、落地见效，攻坚期间谋划、签约、开工、竣工的项目总数超过160个，完成征地1691亩、房屋征收9.4万平方米，解决项目推进过程中一批长期没有解决的难题。落实招商引资优惠政策和奖惩办法，招商引资有新进展。市领导带头外出招商107次，共签约项目30个、总投资20亿元，其中亿元以上项目8个；实际利用外资1.35亿元。军民融合加快发展，与中电科集团、中国航宇集团等建立对接联系，签订军民融合项目6个，新开工3个，带动投资3.2亿元。制定项目工作实施方案和经济新增长点项目工作实施方案，“项目攻坚年”取得明显成效。安排财政资金19.7亿元推进项目工作，生成产业发展、城乡基础和民生设施项目143个，推出投资工程包35个。国道235线漳平段公路等34个项目前期有序推进，和普新材、乔光电子等30个项目签约，和平中路立体停车场、城南小学及幼儿园、黑猫轮胎等54个项目开工建设，协龙色纱及特种丝、豪穗回弹泡沫高档床垫及枕头等48个项目竣工投产，加快建设漳平二中改扩建、红狮静脉产业园等重大项目，顺利椎进湖库水系综合治理等基础设施项目。漳平台湾农民创业园建设水平大幅提升，被国务院台湾事务办公室列为“海峡两岸青年就业创业基地”之一，连续两年在全国台湾农民创业园发展建设考评中获得第一名，“大陆阿里山景区”被认定为国家AAA级景区、省级体育旅游休闲基地，台品樱花茶园成为“全国绿色食品一二三产业融合发展示范园”。

第二节　打赢脱贫攻坚战

2014年脱贫攻坚战全面打响以来，漳平市坚持党建主业与脱贫攻坚主责相融合，强化党建引领，助力打赢脱贫攻坚战。

2014年，市成立扶贫开发专门工作机构，扎实推进精准扶贫，创新推进新一轮的扶贫开发。全市采取“领导联村、部门挂钩、科局长驻村兼任第一书记”的措施，实施第四批30个重点村扶贫开发规划，筹措建设资金5295.67万元，实施规划项目11个。根据省农办《关于摸清开展扶贫开发建档立卡工作的通知》的要求，健全完善全市贫困户基础信息，实行动态管理，确保不漏户、户不漏人。全市确认贫困户4705户、10938人。建档立卡录入国家扶贫开发网，做到户有卡、村有册簿、县有电子档案，实现网络化管理和资源共享。

围绕“三个精准”（精准识别、精准帮扶、精准管理），推进精准扶贫。通过劳动力技能培训、优先享受造福工程危房改造等扶贫项目，组织有劳动能力的贫困对象参加培训，采取“领导联村、部门挂钩、科局长驻村兼任第一书记”的措施，精准扶贫开发。2014年，除省派4名，龙岩市派5名党员干部外，全市选派21个市直经济部门科局长驻村兼任贫困村第一书记，并任命21名党员干部为贫困村副书记，担负联络员工作，实行定点、定人、定时、定责；各级部门、乡（镇、街道）党员干部覆盖性实名挂钩，一人一户，实现干部挂钩全覆盖。2015年，派驻的30个驻点贫困村实施扶贫项目223个，其中生产经营性项目49个，基础设施建设项目136个，其他项目38个。

贫困村的集体经济收入有较大增长，基础设施条件明显改善，贫困户的收入有所提高。

建设“造福工程”示范点。2014 年，芦芝新村集中安置区、南洋新村集中安置区列入省级造福工程集中安置区示范点。西园新村、永福大坂新村造福工程集中安置点、桂林厚福新村绿君寨造福工程集中安置点、新桥铜锣坪小区集中安置点，永福西山新村住宅小区造福工程集中安置点列为龙岩市级造福工程集中安置示范点。

2016 年 2 月 24 日，市委、市政府出台《关于推进精准扶贫打赢脱贫攻坚战的实施方案》，明确精准扶贫的总体要求、重点工作、政策和保障措施，确保到 2020 年，省定扶贫标准的农村人口 2749 人全部脱贫。全市进一步巩固发展精准扶贫攻坚成果，稳定实现扶贫对象不愁吃、不愁穿，保障其义务教育、基本医疗和住房，确保贫困地区和贫困群众共奔小康不掉队，以实现农村低保标准与国定扶贫标准相衔接，实现 4 个扶贫开发重点乡镇全部摘帽，36 个贫困村全部脱贫，与全市同步实现小康。全市按国标农民年人均纯入 2736 元以下(相当 2010 年 2300 元不变价)，省标农民年人均纯入 3497 元(相当于 2010 年 4300 元不变价)的贫困户识别标准，对全市所有贫困人口，逐户调查核实，对遗漏及返贫的贫困人口重新认定增补，对市 36 个贫困村和 8677 人建档立卡贫困人口，举全市之力，打赢脱贫攻坚战，为漳平市全面建成小康社会奠定坚实基础。

2016 年 8 月，市第十三次党代会提出“十三五”末，贫困人口精准脱贫，全面完成脱贫攻坚任务，4 个省级扶贫开发重点乡镇、36 个贫困村全部摘帽。市委、市政府将精准脱贫作为一项政治任务，建立健全扶贫开发工作机制，严格落实“党政一把手”负总责的扶贫开发工作责任制，创新扶贫工作举措，坚决打赢脱贫攻坚战。按照市第十三次党代会的要求，继续实施精准扶贫、精准脱贫，坚持分类施策，不折不扣加快推进。持续开展“千名干部扶千户”活动，实施产业富民、造福工程易地扶贫搬迁、社会扶贫三大工程，构建精准扶贫平台。

用好各级扶贫资金扶持政策，建立健全县级投融资平台运作机制。运作好扶贫贷款担保基金，加大林权抵押贷款、农户林业小额贷款投放，探索建立农村土地承包经营权抵押贷款机制。截至2016年底，落实选址用地812户2762人，完成龙岩市下达的任务。龙岩市下达漳平市扶贫小额信贷任务1500万元，漳平市按2000万元任务，根据贫困人口比例分解到各贫困户，全年发放贫困户扶贫小额贷款665笔2169.2万元。

2017年，市委、市政府继续全力推进脱贫攻坚。对贫困人口实行“九措到户”，组织开展了脱贫攻坚季度攻势行动，突出产业扶贫、搬迁扶贫、金融扶贫、健康扶贫等举措，不断完善精准扶贫信息平台，建立了贫困户退出机制，对贫困人口实施动态监测和管理，注重扶贫与扶志、扶智相结合，做到脱真贫、真脱贫，投入扶贫资金1.1亿元，贫困人口脱贫5421人，达到退出贫困村条件的8个，龙岩市级扶贫开发重点乡镇南洋镇各项指标均达到“摘帽”条件，完成易地扶贫搬迁2460人、危房改造305户，“雨露计划”培训2855人次，发放扶贫小额贷款3236万元，新型经营主体带动贫困户脱贫增收465户；实施村集体经济稳定增收机制改革，在28个贫困村开展折股量化试点。助力就业扶贫，政府购买公益性岗位122个，实施激励性扶贫项目49个、参与2265人。落实政策兜底扶贫，贫困人口享受低保3890人、医疗救助4222人、教育资助1058人。

2018年，全市以“质量提升年”为抓手，突出补漏、巩固、提质，脱贫攻坚战取得新成效。60户213人脱贫，15个贫困村和2个扶贫开发重点乡镇如期摘帽。对符合建档立卡贫困户条件的对象及时调整纳入，新增贫困户13户44人。易地扶贫搬迁89户293人，住房修缮改造325户，贫困户贷款发放1817万元，新型经营主体带动贫困户脱贫增收1318户，实施激励性扶贫项目201个，共有7151人参与。

第三节　生态城市建设

2011年7月，中国共产党漳平市第十二次代表大会提出建设“海峡西岸宜居宜业的生态工贸城市”“宜居宜业江滨园林城市”工作定位。2011年，市人大常委会审定通过市政府提交的《漳平生态市建设规划》，成为龙岩市七个县(市、区)中第一个通过生态建设规划的城市。市直相关部门先后配套完善发展循环经济、城镇绿化美化、环境治理与保护、水利建设等10多个子规划，各乡(镇、街道)、行政村也分别编制生态文明乡镇、环境优美村建设规划，整合生态资源，调整产业结构，确定保护范围，形成市、乡、村三级联动的生态规划体系。建立政府主导、职责明确的组织体系。从此，加快生态市建设步伐。

2011—2013年，市委、市政府认真抓好发展软环境建设，以“农村治水、城区治气”为重点，坚决打好打赢生态环保攻坚战役，以确保九龙江流域漳平段及六大支流水质均稳定在国家Ⅱ类、Ⅲ类水标准，城区饮用水水质达标率100%，城区空气优良天数比例99%以上。期间，对永福、溪南等8个乡镇进行环境连片综合治理，实施“水源清洁”“家园清洁”“田园清洁”工程。强化环保优先意识，严把项目引进环评审批入口关，对不符合园区规划和产业发展布局的项目，坚决不予审批；对“五大战役”等一批重点项目以及符合区域环评规划的项目，开辟环评审批“绿色通道”，简化程序，加快审批。进一步抓好农村饮水安全工程，开展乡镇饮用水质监测，确保农村饮水安全。认真落实省、龙岩市下达的减排目标任务，加强减排工作预警通报和减排核查，督促责任单位落实减排项目，发挥减排效益。开展环保专项行动和环境安全百日大检查活动，加强对重点行业、重点污染源的环保监管，确保环境安全。全面推进养殖业污染减排、重点工业企业废水深度治理、火电行业脱硫脱硝和水泥行业脱硝进程，同时完善城市污水处理厂配套管网和雨污分流。2012年完成化学需氧量减排0.36%、氨氮减排8.18%，减排完成情况名列龙岩市第二。持续改善环境质量，推进九龙江流域水环境综合整治，重点抓好九龙江流域干流、支流及饮用水源地的水质常规监测工作，开展乡镇交接断面水质加密监测，做好国控、省控重点污染源监督性监测工作。先后投入11.06亿元，建设污水处理、垃圾无害化处理设施，推进造林绿化和水土保持工程建设等，同时积极构建生态产业体系，提高九龙江流域水质。同时，督促企业做好污染防治，从源头上控制污染。在建设项目环评审批工作中，环保部门建立重大项目集体审批制度，严格执行国家、省、龙岩市建设项目分类管理审批权限。强化事前服务，对重大项目主动提前介入，告知业主审批办理程序、积极主动做好报告书评审以及到省、龙岩市环保部门争取总量减排指标及协调报批等各项工作。如：积极主动服务于金大鑫钢铁、红狮水泥三期等一批重点项目二氧化硫总量调剂，加快了天守超纤试生产环保批复，支持木村、正盛化工等一批企业上市环保核查。

围绕建设“宜居宜业生态工贸城市”为目标，立足本市特色，按照“高起点、高标准、高规格”要求，推进创建工作，基本达到省级生态市建设标准。至2013年1月，漳平市先后创建成1个国家级生态乡镇（申报待命名有11个）、11个省级生态乡镇、40个省级生态村、117个龙岩市级生态村及2个“环境友好型社区”，这标志着漳平生态市创建工作取得了阶段性成果，生态文明水平上了一个新台阶。1月8日，被省环保厅授予“省级生态市”称号，成为龙岩市7个县（市、区）中首个获得“省级生态市”命名的城市。

2013年继获得省级生态市之后，市委、市政府以创建国家生态市为目标，以提高环境质量为核心，以解决生态环境领域突出问题为导向，全力打好生态环保攻坚战役；推进“生态市”“生态乡镇”“生态村”建设工作，先后创成11个国家级生态乡镇、4个省级生态乡镇（涉农街道）、43个省级生态村、114个龙岩市级生态村、2个环境友好型社区、5个环境友好型学校、2个环境教育基地。九龙江流域漳平段及六大支流始终保持国家Ⅱ类、Ⅲ类水标准，城区环境空气质量全部达到国家一级、二级标准，生态环境质量保持在优级水平。开展大深溪流域铁锰矿水质调查，该矿区停产 8 家，有省属潘洛铁矿、新龙矿业 2 家正常生产，潘洛铁矿通过对采矿废水和选矿废水进行综合治理，最终达标排入洛阳溪。新龙矿业采矿废水通过磁选循环使用，不外排，对洛阳溪影响不大。同时对矿区进行水土流失治理，完成水土流失治理面积 537 公顷，大深矿区在 2015—2016 年建设防洪堤和河道清淤 2 千米，总投资 1300 万元。全年整治非法采砂点 137 个，其中强制拆除 75 家，自行拆除 62 家。关闭拆除生猪养殖场 2260 户，关闭拆除猪舍面积 6143 万平方米。各项基本条件均符合建设指标，达到了国家生态市的考核标准。2016 年 10 月 22 日，漳平市国家生态市创建工作通过考核验收。

2016 年 8 月，漳平市第十三次党代会提出：要加强生态文明建设的目标，强化工作举措，强力推进生态文明先行示范建设，制定出台《2016 年漳平市推进生态文明先行示范区重点任务工作方案》。永福镇被列入省命名“花香特色小镇”重点整治。制定漳平铁路水厂水源保护区环境整治方案，并对该水源保护区内 3 家企业下达责令停产通知书。完成九龙江沿岸 1 千米西园镇农村环境综合整治项目，芦芝镇污水处理厂投入使用；建设完成 3 万人口以上建制镇新桥镇污水处理厂一期，完成二期招标。永福镇污水处理厂正常运行。工业园区集中供热项目通过省发改委批复立项。淘汰黄标车 629 辆，占任务 10.35％。漳平火电炉外脱硫除尘超低排放改造项目完成招标。漳平市中心城区污水管道工程项目投资 3000 万元，完成垃圾中转站及公厕建设项目等。

在生态文明建设过程中，制定全面落实“党政一岗双责”环保目标责任制，建立生态文明建设目标责任制和行政问责制，实行党政领导干部生态环境损害责任终生追究制度。严格执行环境保护监督管理“一岗双责”规定，明确企业对环境保护担负主体责任，各级党委、政府是本辖区环境保护责任主体，党政主要负责人是第一责任人。全面落实节能减排“问责制”和“一票否决制”；强化排污许可证管理，推行环保“绿色审批”制度，严把环境准入关。

完善生态补偿机制，推进实施重点流域生态补偿，积极争取国家及省级财政加大对漳平市九龙江流域治污和生态建设资金支持；进一步加强资源费征收使用和管理工作，完善水、土地、矿产、森林、环境等各种资源费的征收使用管理办法。探索市场化生态补偿、治理模式推进排污权、节能量、碳排放权有偿使用和交易试点；探索推进水权交易市场化运作，推行环境污染第三方治理。加强生态保护和修复。构建林业生态保障体系，管严生态公益林，实施“封山育林”工程，完善生态公益林管护、监督机制，强化保护管理，加强“三防”体系建设，开展九龙江支流生态河流治理工程，加强湿地保护与恢复工作，重点推进漳平南洋国家湿地公园建设，湿地保有量达4.26万亩(2845公顷)以上。规划实施新桥溪、溪南溪等一批河流生态治理项目，力争到2018年全市水土流失面积降至3.8万亩以内，水土流失率控制在4.5%以内。对全市郁闭度小于0.5的稀疏林地及重点水土流失区和低质低效人工针叶林等生态较为脆弱的林分，进行森林生态修复；继续对重点区位的稀疏林及重点水土流失区林分进行生态修复，计划完成生态修复面积0.6万亩。

围绕建设“森林漳平”，加快绿色通道、绿色村镇、绿色城市、绿色屏障建设。进一步优化树种结构，逐步形成混交林、复层林、异龄林，提升森林生态功能。对全市重点区域39.3万亩，采用抚育、施肥、管护等措施，实行全面封山育林。重点保护九龙江及新安溪、九鹏溪的水源涵养林、水土保持林以及城镇周边景观林、交通道路林、珍稀特有树种和其他重点区位的生态公益林；严禁以木屑为主要原料的食用菌产业发展，保护“绿水青山”，促进环境与经济协调发展。强化保护与治理并重机制，坚持“山上造林”与“山下增绿”同步。

推动绿色、低碳循环发展。建设清洁低碳、安全高效的现代能源体系，加快漳平电厂集中供热项目建设进程，淘汰高耗能、高耗水、高污染产业落后产能。促进减排工作从单纯的“项目减排”向“综合减排”转变。大力发展循环经济和绿色低碳产业，加强农业废弃物综合利用，强化技术改造，鼓励产业废物循环利用，推进资源再生利用产业化，打造一流的循环经济示范园区。抓好龙岩市环闽投资有限公司兼并拱桥石笋坑煤矿、赤水镇煤矿和富山煤矿等3家煤矿企业证照变更试点工作。

严格落实环保目标责任考评奖惩措施，推动年度减排项目实施，加强重点行业企业大气污染物、涉重金属行业、扬尘等综合治理，坚决查处环境违法行为。建立重点污染源和城市污水处理厂自动在线监测系统，完成工业开发区、工业园区的废水集中处理设施建设，推广集中式污水处理模式。

加强土地资源保护。严守耕地保护红线，从严控制建设占用耕地，提高耕地综合生产能力；加强对矿产资源勘查、开发利用的调控，全面推进矿产资源的集约开发，引导矿业结构调整，提高资源利用效率；同时，着力提升农村环境连片整治项目建管水平。实施土壤污染防治与修复工程；加大水土流失的治理力度，完成水土流失综合治理3.5万亩，造林绿化2.4万亩，森林覆盖率80.35%；加强自然保护区建设和湿地保护，维护生态多样性，推进南洋湿地公园项目建设；加大环境执法力度，立案查处环境违法行为53起。农村家园清洁行动初显成效，在南洋镇、吾祠乡召开农村家园清洁行动专题现场会，验收并授牌农村家园清洁行动示范村40个，农村污水处理设施正常运营195套，形成了上下互动、社会共建、人人动手、全民行动的声势氛围。

加快推进环境污染综合整治，实施水污染、大气污染、土壤污染防治行动计划。落实“河长制”，加强饮用水源保护，加大九龙江流域水环境综合整治力度。严格落实节能减排，深入开展重点企业环境污染监管和整治行动，持续抓好水土流失治理、植树造林等工作。健全资源环境保护管理制度，落实生态文明建设责任制，强化生态红线管控，严厉打击破坏生态的违法犯罪行为，保护绿水青山。到2018年，城区空气质量二级达标天数占全年天数的比例大于99%，乡镇所在地空气质量二级达标率100%；集中式生活饮用水水源地水质达标率100%。村镇饮用水卫生合格率85%；城市区域环境噪声平均值小于55分贝，城镇区域环境噪声平均值小于55分贝；化学需氧量、氨氮、二氧化硫、氮氧化物的排放总量控制在省、龙岩市下达的指标范围内,城市污水收集率、污水处理率达到90%以上,城市生活垃圾无害化处理率达到97%以上,工业废水排放达标率稳定在95%以上,工业固体废物综合利用率达到90%。

2018年,全市落实中央环保督察反馈问题整改,扎实推进生态环保"四大提升工程"建设,生态环境持续改善。26个生态环保攻坚项目完成投资10.4亿元,完成年度节能减排任务,"农村治水、城区治气"成果得到巩固。纵深推进河(湖)长制,国、省控3个流域断面平均水质为Ⅲ类水,境内六大支流平均水质为Ⅱ类水,城区2个饮用水源地水质达标率始终保持100%。生猪养殖场关闭拆除85家、面积4.4万平方米,现有升级改造规模养殖场406家;牛蛙养殖场关闭拆除面积147亩。植树造林1.7万亩,森林覆盖率达80.35%。水土流失综合治理6.8万亩。燃煤锅炉提升改造或淘汰18台。据统计,2013年至今,拥有"漳平天台国家森林公园""漳平南洋国家湿地公园(试点)"国家级工作品牌2个、国家级生态乡镇11个、省级生态乡(镇、街道)4个和省、龙岩市生态村157个。

第四节　美丽乡村与城镇建设

"十二五"时期(2011—2015),漳平市委、市政府以"一江两岸"生态经济带建设为抓手,加快新型城镇化、美丽乡村建设;创建特色小镇、美丽乡村,主动融入厦漳泉城市群,着力打造龙岩次中心城市品牌;稳步推进美丽乡村建设,力争"十三五"期间(2016—2020),建成区面积达到20平方千米。

2016年8月,漳平市第十三次党代会报告提出"要着力推进新型城镇化。新型城镇化蕴藏着巨大的内需潜力,是推进经济持续健康发展的持久强劲动力,要精心规划,精致建设,精细管理,着力构建以中心城区为核心,以特色乡镇为纽带,以美丽乡村为基础的新型城镇体系,打造宜居宜业宜游的精美城市"。大会审议通过的"十三五规划纲要意见"明确小城镇建设目标任务:以九龙江沿岸为主,每年推动15～20个村，选择1～2个村为重点，按照“布局美、环境美、建筑美、生活美”的要求，完善村镇体系规划和村庄规划，加强村镇人居环境整治，提升公共设施建设水平，打造一批乡土文化浓郁的“美丽乡村”，促进传统农村向现代乡村转型。

2016年以来，市委、市政府以美丽乡村建设作为实施乡村振兴战略的重要抓手、促进区域协调发展的重要节点。依托区位、产业、交通等优势，尽快把西园、和平、芦芝等建设为承载城镇化、产业化的城郊产业型精品城镇，实施了九龙江防洪工程（一期）芦芝段、拱桥溪生态水系、黄祠溪水土保持等项目。抓好省级永福特色小镇、田园综合体试点建设，被列为省级田园综合体建设试点，推进十里花廊、妈祖文化公园、台湾风情街、溪滨路改造提升、环台品茶山道路、集镇改造提升、高标准农田等项目建设，确保通过省级考核验收。策划生成了一批产业、基础设施、民生补短板项目，迎宾大道完成主体工程，环台品茶山道路、福坊山庄休闲体育文化园、红尖山风电场、大西岭风电场等项目开工建设。抓好全国重点镇新桥镇建设，推进福能麦园绿色小镇、新桥污水处理厂及管网等项目建设。加快推进九龙江防洪工程（一期）新桥段等项目。抓好南洋生态小镇、南洋国家湿地公园建设，南洋生态小镇成为省级特色小镇。加快建设双洋古镇等特色乡镇，双洋古镇等生态旅游型、历史文化型特色小镇建设，注重传统村落、美丽乡村内涵建设，因地制宜推进美丽乡村建设和古村落、古民居保护开发，重点抓好20个美丽乡村及双洋东洋、溪南东湖等古村落建设、国家AAA级景区象湖杨美红军革命旧址群的完善。市本级23个美丽乡村完成投资2.9亿元，列入省级美丽乡村示范村2个，入选第二批省级传统村落名录17个，永福镇西山村被评为第五届全国文明单位。

塑造城市特色和品位。把水系整治、景观美化、城市经营、旅游开发、生态保护有机结合起来，突出“宜居、宜业、宜游”特色，实现经济、生态“两全其美”。重点加强规划保护和改善“一江两岸”生态环境，全力推进以九龙江为轴心、起于西园进庄至芦芝华口电站的“一江两岸”纵深开发，延伸南、北岸景观带，以城市旅游理念完善城市基础设施，延伸出休闲产业链，围绕漳平市“三乡文化”、河洛文化，形成具有漳平特色文化的特色街区，促进城市经济转型和发展。创新城市管理机制，加大城市管理综合执法力度，重点抓好违章建筑、违法用地和市容市貌的整治工作，巩固省级文明城市创建成果。

增强中心城区集聚功能。按照“东进、南延、西联、北拓”的城市发展框架，打造城北新区城市中心和西园、和平商贸物流中心；大力发展老字号商业点、专卖店、精品店，实施菁华广场、菁西社区、福满社区、上江社区、城南社区“城中村”改造，加强以和平中路、八一路和解放北路为核心的商业服务中心建设；努力把南学堂片区建成集行政办公、商贸金融、文教医疗、生活居住及配套于一体的城市综合体。实施长北坑和高明寺及西雾山风景区等城市生态敏感地带的整治、保护和建设。推动智慧城市建设。统筹城乡信息网络基础设施建设，打造交融通畅的信息网络。合理布局新一代移动通信网等设施，实施宽带城市、无线城市战略，推动光纤入户和网络宽带光纤化改造升级，实现城市光纤到楼入户。推动政务、生产、流通、公用事业等领域的大数据应用，开展智慧旅游、智慧交通、智慧医疗、智慧教育等城市应用工程。

“十三五”期间重点实施 20 个旅游示范村，按照“吃、住、行、游、购、娱”旅游“六要素”的要求，不断完善农村旅游休闲设施，健全旅游配套功能。对双永高速公路、公路、九龙江沿岸等重点区域和重要节点进行风貌改造，凸显漳平民居特色，与漳平的青山绿水融为一体；拨财政专款用于农村垃圾清理，改善农村人居卫生环境，城乡差距进一步缩小，使农民和游客“满意指数”攀升。

扎实推进小城镇综合改革试点和“小城市”培育试点工作，增强永福、新桥作为漳平市域副中心功能，集中打造南洋生态小镇、拱桥“荷塘月色”、象湖“红色文化”、双洋历史文化名镇等一批特色小城镇建设，充分发挥特色小城镇在联结城乡、辐射农村、扩大就业和促进发展中的作用。

打造永福小城市。围绕建设“茶叶大庄园、花卉大世界、高山休闲区”三大目标，积极引入国研融生智库“融智小镇”模式，推动永福镇在管理服务、财税、土地、基础设施投资、房地产、就业、金融等领域先行先试，增强承接产业人员转移能力、辐射带动周边乡镇能力。积极承接台湾先进制造业、现代服务业等产业转移，促进园区台商投资结构由第一产业向第二、第三产业延伸。重点实施龙岩漳平台湾农民创业园提升计划，推进“永福花都”等项目建设，做大做强中国最美樱花圣地、“大陆阿里山”品牌，着力把永福镇打造成为“布局优化、功能齐备、设施完善、环境优美、保障一体、特色鲜明”的新型小城市综合体。

打造新桥副中心城市。依托漳永高速公路出口优势，以城镇外环道路为发展轴，构建中部新桥主镇区、绘画写生和康体休闲区、东坑工业集中区、麦园商贸区，加快发展商贸物流产业，成为漳平市商贸型副中心城市。重点建设以核心区行政商贸中心和市场为主题的农产品交易中心，推进西埔沿河大道、新桥城镇外环道路建设，实施南埔社区与西埔河西商贸新区建设。深入挖掘特色文化产业，建设农民画文化创意中心，打造画乡文化创作基地。

打造南洋生态小镇。按照“一村一景一特色一回味”的思路，打造沿永漳公路观光、休闲、旅游“一大长廊”，茶叶加工集中区、茶文化交流展销区“两大片区”，暖洲南星、南洋集镇、北寮梧溪“三大板块”，九鹏溪景区、大用现代生态茶园景区、南星茶园景区、北寮生态漂流乡村旅游景区“四大景区”。重点推进漳平南洋国家湿地公园、茶产业示范园等项目建设，打造北寮休闲农业与乡村旅游示范点，建设“美丽茶村·水仙寮”。其他乡镇按照“规模适度、产业集聚、功能集成、要素集约”要求，从各自自然禀赋、区位特点，找准各自定位，着力培养特色产业，打造一批功能完善、特色明显、布局合理的特色乡镇。

优化村镇布局。加强规划引导，合理确定村庄布点和建设规模，形成“中心城区—重点乡镇—中心村”的空间格局，充分尊重农民意愿，有序引导农业转移人口融入城市社会。突出乡村传统聚落特色，合理利用地形地貌、丘陵植被、河湖水系等自然条件，延续和保护自然景观以及传统民居、历史建筑、古树名木等人文景观。

促进村庄特色发展。以保护乡村原始风貌、保留村庄原有形态为前提，以文化旅游和生态旅游作为村庄发展的主要方向，结合各村庄优势产业、名优产品、特色文化等，努力实现村集体经济转型。加快北寮、东洋、香寮、西山等“美丽乡村”建设脚步，打造一批产业发展型、旅游休闲型、传统村落型、自然生态型等各具特色的美丽乡村示范村。

改善农村人居环境。以“清洁水源、清洁能源、清洁家园、清洁田园”为着力点，加强农村生态环境建设和保护，抓好农村环境连片整治示范工程建设。围绕全市城镇化上新水平的目标，推进全市农业转移人口市民化工作，促进城镇化健康发展，建设美丽、宜居、和谐漳平。

第五节　补齐民生短板

“十二五”(2011—2015)期间，特别是2012年11月中共十八大召开以后，漳平市委、市政府秉承“问需于民，问计于民，问政于民”的宗旨，持续改善民生，促进和谐，充分做到“群众点菜，政府买单”，实施一批重点工程类和服务类的民生项目，不断提升革命老区人民的生活水平和幸福指数。

“十二五”期间，市委、市政府以实施民生项目为抓手，研究部署、统筹协调民生项目工作，科学合理使用项目资金，督促项目进展，确保项目落地，取得较大成效。“十二五”期间，漳平市城镇居民人均可支配收入、农村居民人均可支配收入年均增长均超过12%，高于全市地区生产总值年均增长速度。实施为民办实事项目52个，建成社会福利中心、体育中心二期等项目。“造福工程”搬迁1.4万人，建设保障性住房7820套。教育投入从1.36亿元增加到3.1亿元，“双高普九”成果持续巩固。城乡医疗机构全面实施药品零差率销售，改扩建乡镇卫生院12所，创建农村标准化卫生室115个。奇和洞古人类遗址列入全国十大考古新发现、全国重点文物保护单位和中华人类文明探源项目。科技明显进步,获国家发明专利授权582项。社会保障体系健全,城乡居民社会养老保险等保障制度规范运行。应急管理工作水平不断提高,安全监管和隐患治理持续强化,安全生产"四项指数"管控、食品药品安全总体平稳,社会综合治理安全稳定。

2016—2018年,市委、市政府致力于社会事业发展,不断增进民生福祉,实施为民办实事项目成效显著,社会保障水平稳步提升,赢得全市老区群众的一致好评。

2016年,市委、市政府加快发展社会事业。全年实施为民办实事项目49个,累计投资20.2亿元。持续巩固"双高普九"成果,义务教育发展基本均衡县通过国家督导评估;新建、改建和扩建幼儿园10所、中小学校29所,漳平三中(迁建)建成使用;进城务工人员随迁子女义务教育阶段在公办学校就读率达100%。医药卫生体制改革稳步推进,城乡医疗机构药品、耗材零差率销售全面实施,市医院整体迁建项目投入使用,市中医院、市妇幼保健院通过"二级甲等医院"评审,顺利完成12个基层医疗卫生机构改造提升、115个村卫生所标准化建设。新建乡镇文化站14所,实现农民健身工程、农家书屋和村村通、村村响173个行政村全覆盖。王景弘史迹陈列馆成为全国海洋意识教育基地,漳平水仙茶传统制作工艺入选省级非物质文化遗产,永福"妈祖文化节"入选"闽西十大经典民俗活动"。首届全国青运会、第十五届省运会取得佳绩。获国家发明专利授权582项。社会保障水平保持总体稳定。新增城镇就业1.2万人、农村劳动力转移2.4万人,城镇登记失业率2.2%,控制在目标责任制4.6%以内。建成保障性住房6246套,实施造福工程3472户13280人。社会大局保持和谐稳定。深入创建"平安漳平",开展涉麻制毒、涉爆涉矿、电信诈骗与金融风险等专项治理,荣获"全国平安建设先进市"称号,北郊社区获评全国和谐社区建设示范社区。"科技创安"力度加大,公共安全预警防控和应急处置体系加快建设。国防动员、后备力量建设和双拥共建稳步推进,被评为省级双拥模范城(县)。

2017年，市委、市政府加快实施10个为民办实事项目，合计投资5.5亿元。全市民生支出19亿元，占一般公共预算支出比重达到82.1%。教育质量持续提升，获得“全省安全教育示范市”“全国义务教育发展基本均衡市”等称号；落实龙岩市“基础教育十条”措施，教育补短板项目完成投资3.2亿元，城关小学改扩建、第二实验小学、第二附属小学建成使用，全面实施义务教育“阳光招生”、边远乡村小学试点课间营养餐、城区小学托管服务。“健康漳平”建设取得新进展，通过全国基层中医药工作先进单位评审，人均基本公共卫生服务经费提高至50元；卫生补短板项目完成投资3000万元，完成西园卫生院、20个村卫生所规范化建设。文化体育事业加快发展，实施4个文体惠民工程，开展4项群文、17项文艺、14项全民健身赛事等活动，成功举办春季茶王(福州)品鉴推介会、水仙茶文化节及樱花旅游文化节，在全国青少年举重锦标赛、全国射箭重点学校比赛中取得佳绩。完成电视高清化播出改造工程，自办电视节目实现高清化播出。社会保障力度加大。新增城镇就业1654人、农村劳动力转移4758人，城镇登记失业率2.2%，建成乡镇人力资源和社会保障平台14个，拥有乡镇敬老院12个、社区居家养老服务站25个、村级幸福院33所、民办养老机构3家。社会大局和谐稳定，深入推进“平安漳平”“平安乡村”“平安库区”创建，大幅提升“科技创安”覆盖率。深入开展涉危涉爆、缉枪治爆、打黑除恶等专项整治工作，巩固打击治理涉麻制毒、电信网络诈骗的成果，健全立体化社会治安防控体系。

2018年，市委、市政府加快建设10个为民办实事项目，完成投资6.7亿元。民生支出17.6亿元，占一般公共预算支出的81.3%。落实加强“基础教育十条”措施，顺利实施边远乡村小学试点课间营养餐、城区小学午间托管服务，受益学生982人，普惠性民办幼儿园增至7所。市医院通过二级甲等医院评审，市总医院挂牌运行，菁城社区卫生服务中心改造提升、和平卫生院、灵地卫生院以及92个村级卫生所等项目建成。建成菁城足球场及3个村(社区)多功能运动场；开展10项群文、12项文艺、18项全民健身赛事等活动，首届乡村半程马拉松赛在永福举办;在第十六届省运会中再创佳绩;新桥板凳花灯龙、永福妈祖文化节等25个项目入选龙岩市第六批非物质文化遗产代表性项目名录。城镇居民人均可支配收入34111元、增长8.3%;农村居民人均可支配收入17365元、增长9.2%。城镇新增就业1610人、农村劳动力转移3924人,城镇登记失业率2.2%。城乡居民基本医疗保险和社会养老保险参保实现全覆盖。配租配售各类保障住房420套。社区居家养老服务照料中心增至5个、养老服务站增至10个,北郊社区居家养老服务照料中心被评为省五星级养老服务设施;农村幸福院增至63个,新桥仓坂村被评为省级三星级农村幸福社区。纵深推进“平安漳平”“法治漳平”建设,扫黑除恶专项斗争得以深入推进,涉麻制毒、缉枪治爆、农村赌博等专项治理取得了明显成效,向电信网络新型违法犯罪发起新一轮打击行动,社会更加安定稳定。城区魅力日益凸显。九龙江北岸栈道、菁城文化驿站、市公共卫生大楼、一中改扩建、三中二期、进校二附小等项目建成使用,城区功能更加完善;和平中路、和平南路、江滨北路等8条道路15.2千米完成“白改黑”,全面打通“断头路”福满北路、林隆南路,市民出行更加便利,外联内通“大交通”格局加快形成。南龙铁路开通,漳平市革命老区首通动车,累计投入财政资金4.3亿元建成南龙铁路(漳平段)及其配套工程漳平西站、双洋站站前广场及通站道路,与合福高铁、杭深、龙厦铁路形成环形快速铁路通道,漳平市到达省内主要城市更加便利,到厦门、南平只需1.5小时,到福州只需2小时。

第六节　持续运作与提升城市品牌

改革开放后,特别是中共十八大召开以来,漳平老区人民主动融入发展大局,勇于进取,开拓创新,持续运作与提升国家级城市品牌,使漳平老区成为闽南金三角的“后大门”“后花园”“后续基地”。至2018年,漳平市获得了原中央苏区县、王景弘故里、国家可持续发展实验区、国家级台湾农民创业园、国家森林公园、中国名茶之乡、中国花木之乡、中国现代民间绘画之乡、中国特色竹乡、中国县域科学发展试点县、全国重点文保单位奇和洞遗址、全国休闲农业与乡村旅游示范县、全国计划生育优质服务先进市、全国平安建设先进市、南方重点林区等品牌称号，一张张亮丽的城市名片，见证了革命老区日新月异的发展成就。

漳平，千山竞秀，人文资源独树一帜。朴实、勤劳的漳平老区人民以画为媒、以花为媒、以茶为媒，形成以画乡、花乡、茶乡为主体的“三乡文化”，走出一条振兴乡村经济与文化产业、旅游休闲共融发展的新路子。

“中国现代民间绘画之乡”尤其以新桥镇最富代表性，古朴浑厚的民间绘画作品，成为独具特色的文化旅游产品。2011 年，新桥镇被命名为“全国民间文化艺术之乡（农民画）”。2012 年，漳平市农民画院在龙岩市艺术馆举办“漳平新桥农民画展”，在福建省艺术节期间举办“漳平农民画展”；2013 年 7 月，由省文化厅主办的“乡野英华”漳平新桥农民画展在福州三坊七巷展出。至 2018 年，农民画产业化运作颇具规模，拥有两个的活动场所，其中位于演艺中心的精品展示区 1000 多平方米，位于文化旅游体育产品专营区的作品展示营销区 200 多平方米，实施农民画的统一包装、统一定价、统一销售的营运模式。此外在龙岩、福州、厦门等地设有销售点，并开发了抱枕、衣服、茶具、包装盒、文房用品等农民画的衍生产品。

漳平水仙茶享誉八闽大地，深受广大消费者的青睐。著名相声大师姜昆正是被水仙茶饼独特的“茶韵”文化所倾倒，曾欣然题词“茶香万里”；茶届泰斗张天福曾为“漳平水仙”提笔写下“典清和静”的赞美。2013—2015 年，福建倾力打造“21 世纪海上丝绸之路”核心区，闽茶是福建面向全国乃至全世界的文化名片。漳平市抓住这千载难逢的机遇，向世人展示漳平水仙茶的“方正”文化之美。2013 年 5 月，以“弘扬茶乡文化、打造生态南洋”为主题的漳平市首届“生态杯”水仙茶水仙王子、水仙公主春季茶王赛在南洋乡举行，135 个样品参与竞争。漳平水仙茶在福建水仙茶 2013 秋季斗茶赛活动再创佳绩，27 个茶样荣获省名优茶奖。2015 年 5 月，以“生态茶缘·绿色健康”为主题的漳平市第三届“生态杯”漳平水仙春季茶王赛在南洋镇举行，185 个样品参赛；10 月，漳平水仙茶传统制作技艺列入龙岩市第五批市级非物质文化遗产代表性项目名录；12 月，经龙岩市政府审定，漳平水仙茶被确定为闽西“八大珍”的产品之一。同月漳平水仙茶文化节暨百年巴拿马金奖庆祝活动在漳平市拉开帷幕，推出茶王赛、漳平水仙茶传统制作技艺非物质文化遗产摄影大赛等一系列活动。漳平水仙茶已经不再是“空谷幽兰”，也不再是“深闺佳人”，而是身着各式各样精美时装的“清纯少女”，给消费者带来纯正浓郁的乡村文化芬芳。2016—2018 年，漳平市着力探索“漳平水仙”三产融合发展新模式，以培育水仙茶园绿色农业为抓手，以发展茶文化历史内涵、自然人文观光、美丽乡村建设为载体，促进“生态茶园、旅游观光、美丽村落”的深度融合。2017 年 1 月，漳平水仙茶制作技艺列入福建省第五批省级非物质文化遗产代表性项目名录。至 2018 年初，南洋茶旅观光设施日渐完善，投资 2000 万元建设全长 6.1 千米的旅游公路，将原来相对分散的“一心一带七区”各个景点连成一体；拥有南星茶园、大用生态休闲观光农业区及福建大用生态有机茶园等一批休闲农业观光生态旅游产业，以及北寮村新农村生态休闲旅游示范点、北寮漂流等旅游景点；全镇标准化茶园面积约 3.5 万亩，年产干茶约 3600 余吨，产值约 4 亿元。截止 2018 年底，南洋镇先后获得国家级漳平水仙茶标准化示范基地、全国第二批农产品加工生产创业基地、“国家级无公害产地认证”、全国“一村一品”示范村镇、国家级生态小镇等国字号品牌。

永福镇享有“高山花园”的美誉，传承花缘文化的主题活动精彩纷呈，高潮迭起。2016 年 11 月 18 日，省花卉协会承办的第十八届海峡两岸花卉博览会、第六届中国（福建）花王评选暨花卉精品展在漳州东南花都开幕，由永福花农十里花街花木合作社选送的组合玫红杜鹃花“海峡同心”，获“花王”荣誉称号，是该届十大“花王”之一；永福花卉研究所送展的“黄尊”金花茶，获得银奖；永福秀峰茶花场送展的“可娜”茶花，获得银奖。2017 年 11 月 18 日，在第十九届海峡两岸花卉博览会上，漳平市作为全国著名的“杜鹃花之乡”，独家布展杜鹃花展区，选送花卉展品120个，获得“一金二银三铜”的佳绩。至2018年，永福镇已成为全国十大花卉生产基地之一、全国闻名的花卉之乡，仍然沿袭每年正月初六为永福传统花圩的习俗，云集各路客商在此洽谈花卉购销业务。

漳平奇特的山川江水，孕育了丰富的奇石资源，有九龙壁、彩蜡石、虎皮石、梅花石、石英石、绿碧石等10余种，其中九龙壁倍受瞩目。作为一个奇石品种富有的产地，市委、市政府及时把发展奇石产业提升到推进漳平文化产业，带动经济建设，提升城市品位与档次的高度上予以大力扶持。1999年，九龙壁被列入“中国十大国石候选石”。2009年10月，《神州鳄》九龙壁奇石在上海举办的2009中国国际赏石精品博览会上，获得最高奖—“迎世博极品石”奖。2001年，九龙壁被中国宝石协会定为“中国四大名玉”。2014年6月，漳平市被中国观赏石协会命名为“中国观赏石之乡”。2014年10月，漳平市举办“首届观赏石宝玉石文化旅游节”开幕式，全国各地的协会嘉宾、客商、展商参加开幕式。全国26个省（市、自治区）的石商和石友200多人参加此次文化旅游节，共设参展摊位320个，展出国内外知名观赏石、宝玉石上千种。在精品石评选活动中，共收到来自全国各地送评观赏石630件，评出精品300件。至2015年，全市专业收藏队伍1000多人，收藏精品8万多件，专业收藏经营店20多家。至2018年，漳平奇石文化城形成以奇石为主体，兼具中华岫玉、文房四宝、字画、根雕艺术等行业品种的综合市场，吸引了东南亚、港澳台以及上海、广东、浙江等境内外奇石经营者、赏石家、收藏家前来观赏、购买与收藏。

东风一枝，携来满园春色。2013—2015年，漳平市继续综合人文、生态、区位等各种优势，深化“大陆阿里山”品牌建设，漳平台湾农民创业园的发展搭上海峡两岸合作交流的东风，步子越迈越坚定，路子越走越宽阔。一批两岸合作交流项目加快推进，基本完成海峡茶文化交流中心、台缘广场二期、台缘山庄三期、台品樱花茶博园等重点项目的建设。2013年，永福基础设施建设取得新突破。

投资8.9亿元建设红尖山隧道工程，投资12亿元建设台缘山庄旅游综合体，极大地促进两岸农业观光旅游的发展。2015年4月22日，在厦门调研的国务院总理李克强召集了部分在闽台商进行了座谈，漳平台商联谊会会长李志鸿作为全省唯一的台农代表参加座谈会。李克强总理鼓励台商要继续发展事业，把台湾农民创业园建设得更好，这是对台农到大陆辛苦创业的充分肯定和巨大鼓励。2016年，漳平台创园在全国29个国家级台创园考评中获得第一名，"大陆阿里山"品牌已经成为龙岩乃至福建对台交流合作的重要品牌之一。园区以台引台迈出坚实步伐，"台二代""台三代"在漳平台创园的新一轮创业正蓬勃兴起。2月，台盟中央在漳平台创园设立全国首个"台湾青年产业融合创业示范基地"；7月，台湾大学、台湾师范大学、台湾中山大学、台湾中华大学等9所台湾高校农业（园林与特色植物）专业师生30余名，在园区开展以"拓展闽台农业合作，突出两岸青年交流"为主题的校外教学实践活动；8月，"以茶为媒·情牵两岸"海峡两岸青年联谊交友会在台创园成功举办。当年，"永福高山茶"入选金砖国家领导人第九次会晤指定用茶、"砥砺奋进的五年"国家大型成就展，荣获第十五届中国国际农产品交易会参展农产品金奖。2017年，漳平台创园再次在全国29个国家级台创园考评中获得第一名。至2018年初，园区入驻台企66家，其中高山茶企48家，投资台商500多人。春节期间，游"中国最美樱花胜地"成为人们时尚的"热搜"，央视《新闻联播》再次展示永福高山茶园赏樱胜地。漳平台创园"大陆阿里山"景区获批国家3A级旅游景区，在这里举行了一场被誉为八闽大地"最浪漫的乡村马拉松赛"。5月，国务院台湾事务办公室公布"海峡两岸青年就业创业基地"名单，福建龙岩漳平台湾农民创业园入选其中。这是继获得全国首个"台湾青年产业融合创业示范基地"、全省首个"台湾高校学生农业教学实践基地"、省级"台湾青年就业创业基地"之后，又一个获批的吸引台湾青年来大陆就业创业和生活、促进两岸青年创业交流合作的重要平台，标志着园区推动台湾青年的新一轮创业迈进新阶段。

迈入新时代，漳平市围绕列入"海上丝绸之路"通陆达海重要节点城市的规划，持续提升“王景弘故里”文化生态旅游区品牌建设。2015 年 1 月，国家海洋局“全国海洋意识教育基地”正式落户漳平，“王景弘史迹陈列馆”纳入全国海洋意识教育基地，国家海洋局和国家文物局领导、专家出席揭牌仪式；5 月，漳平市举行景弘公园竣工揭牌活动，这是漳平市主动融入“一带一路”，着力打造“航海”旅游文化品牌的又一重要举措。景弘公园以塑造“海丝”领军人物王景弘为主题，集观赏、休闲、健身于一体的沿江开放性公园，总投资 2500 万元，占地面积 2.5 万平方米；7 月，漳平市在王景弘故里——赤水镇香寮村举办第三届航海日夏令营暨首届王景弘航海文化节活动，以纪念郑和、王景弘下西洋 610 周年、第 11 个中国航海日。2016 年 5 月，市王景弘研究会派员到国家海洋博物馆筹建对接设立王景弘史迹展板。2017 年 7 月，郑和故里——云南省昆明市晋宁区“郑和纪念馆”开馆，专版展出王景弘史迹；同年，CCTV4 拍摄《记住乡愁之双洋古镇：风雨同舟守望相助》纪录片，介绍王景弘的生平及业绩。2018 年 4 月 3 日，市政协将《建议将中学历史教科书中“七下西洋”改为“八下西洋”，为更好地推动“海上丝绸之路”建设服务》的社情民意转报上级政协。10 月，省政协反馈，全国政协已将该社情民意转教育部研究处理。至今，“海上丝绸之路”领军人物——王景弘的历史形象已然塑造，“航海”旅游文化品牌正在逐步做大做强。

第七节　省定革命基点村的扶建

1952 年 8 月 24 日，福建省委召开首次老区工作会议，划定划分革命老根据地的标准。1953 年 6 月，此项工作基本结束，划定漳平县省定革命基点村 31 个。至 2018 年，漳平市省定革命基点村 31 个，分布在 9 个行政村中。其中，永福镇 8 个行政村中有 30 个（楼仔顶、山兴、蜘蛛形三个已基本搬迁），拱桥镇 1 个行政村中有 1 个；总户数 1662 户，总人口 6580 人，农田面积 11008.1 亩，山林面积 149884 亩，以种植花卉苗木、反季节蔬菜、毛竹、百香果、西瓜、胶股兰、薏仁等为主导产业。

改革开放以后，特别是中共十八大以来，31 个省定革命基点村的经济、社会事业发展迅速，成效显著。

基础设施建设日益完善。2012 年以来，全市省定革命基点村道路硬化 23.7 千米，家家户户通水通电，其中 23 个革命基点村解决安全饮用水。2012 年，完成洪坑村淇洋革命基点村 6 千米、罗山村磜头革命基点村 2.65 千米道路硬化；2013 年，完成宝山革命基点村 3.1 千米道路硬化，冬坑革命基点村 3 千米道路硬化，龙车革命基点行政村水尾至龙车 2 千米、龙车至麻只贝 1.5 千米道路硬化；2015 年，完成新坑革命基点村至仙宫 2.5 千米、至吕坊 2.1 千米道路硬化，元沙村竹下革命基点村 800 米道路硬化，圳口革命基点村拓宽道路 1.5 千米，新坑、小村、仙宫革命基点村村内道路硬化 2.4 千米；2016 年，完成适榕村麻南溪革命基点村至古溪村 3.2 千米道路硬化；2017 年，实施龙车革命基点村村道改扩建，原路面宽 3.5 米改造成 6.5 米，共改造 4.611 千米；2018 年，永福红尖山二级公路项目竣工通车，总投资 4.4 亿元，打通永福镇至龙岩城区的快速通道，极大改善了永福老区的交通条件。

2012—2018 年，先后完成永福镇洪坑村、新坑村、适榕村、大坂村、岭下村大岭下、内佳山、坪仑革命基点村，龙车村水尾、潭头革命基点村等 23 个革命基点村的安全饮用水建设。新坑革命基点行政村完成 3.5 千米水圳建设，投入资金 35 万元，其中 2013 年，新坑基点村投资 8 万元，完成 800 米水圳建设；2014 年，内厝坪投资 5 万元，完成 500 米水圳建设；2015 年，小村投资 10 万元，完成 1 千米水圳建设，适榕麻南溪革命基点村完成人饮工程建设；2016 年，仙宫投资 12 万元，完成 1.2 千米水圳建设。2013 年，后盂宝山革命基点村，铺设 2.5 千米人饮管道。2016 年，拱桥罗山磜头革命基点村投入 25 万元，解决安全饮用水；投入约 200 万元，实施农村电网改造，完成水渠建设 1.7 千米。同年，洪坑淇洋革命基点村解决安全饮用水。2017 年，龙车村水尾、潭头革命基点村投入 20 万元，建设管道 2 千米，解决安全饮用水。

调整优化产业结构。涉农资金进一步向革命基点村倾斜，扶持发展茶叶、油茶、花卉、毛竹、果树、蔬菜等特色产业，培育茶园观光、乡村休闲、红色遗址为重点的乡村观光旅游产业，实现生态建设与经济发展协调推进，稳定并增加基点村群众收入。2012 年—2016 年，连续 5 年在永福的大坂、龙车、洪坑、后盂和拱桥的罗山（磜头）等省定革命基点村建设毛竹丰产示范基地 3000 亩，引导基点村竹农组建毛竹专业合作社，推动特色竹业发展。2013—2018 年，新坑革命基点村建设光伏发电，装机容量 53 千瓦；投入漳平工业园区 80 万元，利息收入作为新坑村财政收入；发展茶花、杜鹃、君子兰等花卉 1200 亩，种植豆子、白菜、茭白等蔬菜 600 亩。大坂革命基点村种植黄金柚和桂花、茶花、罗汉松、竹柏、海枣等绿化苗木 500 亩，并套种百香果、西瓜等经济作物 300 多亩，百香果、西瓜等经济作物成为大坂村的又一主导产业。后盂宝山革命基点村建设 80 亩钢结构，后盂冬坑革命基点村建设 60 亩花卉大棚和蔬菜大棚，引进台湾农民种植高山茶 1000 多亩。同时，永福利用高山盆地优良气候，打造永福革命基点村高海拔“候鸟式”康养基地，集科学养老、休闲度假、健康养生、旅游观光、生态疗养等功能为一体，开辟革命基点村红色、古色、绿色的精品游线路，拓宽革命基点村增收渠道。

建设宜居宜业美丽村庄，改善村容村貌。2013 年，新坑革命基点行政村投资 17 万元安装 60 盏路灯；2014 年，新坑村完成村部建设工程，建筑面积 400 平方米，投资 100 万元。2014 年，后盂宝山革命基点村安装路灯 10 盏，整修邓子恢故居宝英厝，后盂冬坑革命基点村安装路灯 15 盏；龙车村投入 10 万元，建设垃圾收集处理工程，投入 5 万元，建设三格化粪池，投入 65 万元，建设村主干道亮化和路口景观提升工程，安装节能路灯 118 盏。2017 年 5 月，龙车 130.78Kw 光伏发电项目进入调试运行。2018 年，新坑村列入美丽乡村建设示范村，投入资金 120 万元，清理新坑、仙宫、小村革命基点村河道 2.2 千米，建设护岸 1.1 千米，建设老人活动场所 86 平方米。大坂革命基点村依托大中型水库移民后期扶持政策，实施安全饮水、道路硬化、宅前道路硬化、机耕道硬化、渠道标准化、移民文化活动中心、村道路灯、环境综合整治等各项民生工程项目29个，投入资金近千万元。其中投入234万元，改造全村房屋60幢；投入70万元，实施宅前路面硬化1.4万平方米；投入50万元，架设线路7千米独立式路灯125盏；投入133万元，建设库区移民文化活动中心。拱桥罗山磜头革命基点村2014年搬迁灾后群众36户，补助资金287万元；2015年，修建老年人活动中心；2016年，投入25万元，解决安全饮用水，投入200万元，改造农村电网。

保护革命旧址，开发红色资源。全市革命旧址共有57处，其中省定革命基点村革命旧址13处。2012—2018年，重点维护岭下革命烈士纪念碑、罗山革命烈士纪念碑、龙车革命烈士纪念馆、龙车区苏维埃政府旧址、“白皮红心楼”旧址、中共龙车支部成立旧址、龙车革命烈士纪念碑。2017年始，龙车革命基点村投入革命旧址维修维护及景观提升340万元，省老区办扶持200万元维修维护龙车红色革命遗址群，重点打造永福龙车红色革命教育基地，使之成为广大党员、干部、群众、中小学生进行党性教育、国防教育、爱国主义教育、革命传统教育的示范点。

落实精准脱贫，推进小康进程。全市省定31个革命基点村建档立卡贫困户102户299人，至2018年底已全部脱贫。通过精准扶贫摸底，利用“造福工程”易地搬迁脱贫、生产扶持、就业补助、就学补助、生存救助兜底、医疗援助保障、科技帮扶带动、社会捐助支持、基础设施建设等行之有效措施，有针对性地帮助贫困户脱贫。政府干部一对一挂钩帮扶，各革命基点村精准实施项目。洪坑、新坑革命基点村贫困户依托高山气候发展茶花、杜鹃、君子兰等花卉，种植豆子、白菜、茭白等蔬菜；龙车革命基点村发展“短、平、快”的香菜、芹、葱、蒜等蔬菜；大坂、圳口、竹下等革命基点村贫困户发展毛竹主导产业，并培植绿化树、盆景等苗木。同时，政府对丧失劳动力的贫困户实行兜底保障，确保革命基点村贫困户精准脱贫。

这一时期，革命基点村的“三下乡”送温暖活动长年不断。2012—2018年，市委宣传部、市老区办、市老促会等部门牵头组织科技工作者及医务人员到革命基点村开展科技、文化、卫生“三下乡”活动，送医、送药、送科技。先后至永福的元沙、洪坑、后盂、适榕、岭下、大坂和拱桥的罗山等革命基点村开展义诊，为群众义诊1140多人次，无偿发放药品价值24210元；分发蔬菜、花卉、毛竹、生猪、鸡鸭等科学种植、养殖技术和生活、卫生、保健、建筑等科技书籍10多种，宣传材料1640多份。2016年国庆期间，市老促会到革命基点村102户贫困户开展送温暖活动，每户发放慰问金200元，共发放慰问金20400元。

第八节　夯实基层党组织

“基础不牢，地动山摇。”党的基层组织是党全部工作和战斗力的基础，是党执政的基础。2013—2018年，中共漳平市委持续“固本强基”“围绕发展抓党建，抓好党建促发展”，全面加强基层党组织的思想建设、组织建设、作风建设和制度建设，解决群众反映的突出问题，为漳平市革命老区新一轮创业和发展提供坚强的政治和组织保证。

2013年，持续解放思想，强化历史责任担当。全市开展“解放思想再讨论”活动，深入分析发展过程中存在的资金、征迁、项目推进等突出问题，评审调研文章一等奖10篇，优秀奖20篇。按照龙岩市委关于“先学先做先改”做好党的群众路线教育实践活动准备工作要求，以朱德率红四军出击闽中纪念馆被确定为龙岩市党的群众路线教育实践基地为契机，深入开展领导干部“四下基层”活动，8月作为重点推进月，市领导带头“四下基层”，推动各级干部下基层、办实事、解民忧。组织全市广大领导干部赴上杭县学习古田会议精神和毛泽东才溪乡调查精神，大兴调查研究之风。制定出台《漳平市村级组织活动场所规范化建设方案》，全市198个村(居)均完成规范化建设。加大基层一线干部选拔力度，重点向在基层默默奉献的干部，招商、服务干部，以及受表彰嘉奖干部倾斜。落实基层所站干部正股级待遇，有效发挥基层人才作用。创新干部考核机制，制定出台《漳平市干部考核评价暂行办法》《漳平市科级以下工作人员交流轮岗暂行规定》《关于进一步加强科级非领导职务干部管理的若干意见》《漳平市关于选派科级非领导职务干部服务重点项目工作的实施方案》等制度，激发干部干事创业的活力。

2014 年，突出整顿工作的督促巡查力度，全市 23 个村、3 个机关事业单位软弱涣散基层党组织全部按期完成转化升级。融合民情工作与“网格联群”“夜访农家”“四有四能”工作机制，建立 1 个市级民情处理中心，16 个民情处理站，113 个民情收集点，搭建解决民情问题“立交桥”。建立“夜访农家，日解民忧”转变党员干部工作作风长效机制。乡村便民服务向基层群众延伸，各乡（镇、街道）按村（居）民小组或自然村（点）划分若干“网格”，市乡村党员干部分别负责一个或几个“网格”，向“网格”内每一户农家发放干部“联群卡”，接受群众委托代办事项，或组织相关业务工作人员深入“网格”现场办公，民事村办。培育一批基层党建工作典型。考评 2012—2013 年确定的 10 个党建品牌示范项目，评选 9 个优秀党建品牌示范项目和 1 个达标示范项目。创建市行政服务中心“政务超市”、双洋镇党委“阳光党务”、市医院“我把病人当亲人”、南洋镇北寮村“双创双带”、溪南镇上坂村“四有四能”联群机制等党建品牌。加强党员发展与管理。全年举办 2 期入党前培训班，培训入党积极分子 284 名，发展新党员 223 人。推进“党员 e 家”平台建设，选强配齐 15 个流动党员网络党支部班子，组织“党员 e 家”党总支下属 15 个流动党支部开展党的群众路线教育实践活动。清理规范 17 名干部在企业兼职，清理规范 32 名退（离）休干部在社团兼职。创新干部教育。9 月，“朱德率红四军出击闽中纪念馆”被授予龙岩市党员干部教育现场教学点，全年累计 1548 名党校学员到象湖杨美接受党性教育。强化干部监督，严把审查关，对 45 名因公因私出国（境）科级领导干部进行政审，完成 5 个单位的经济责任审计。结合第四批选派干部驻村任职工作，选派 21 名市直经济部门科局“一把手”兼任驻村第一书记，指定 1 名单位党员干部担任副书记，作为联络员常驻驻点村，实现 30 个省级重点贫困村驻村任职全覆盖。

2015 年，深入开展“三严三实”（严以修身、严以用权、严以律己，又谋事要实、创业要实、做人要实）专题教育活动。创新基层党建工作，落实“168”、社区“135”、非公企业“三五”、机关“1263”等党建工作机制，培育木村公司非公党建典型。重抓基层党建品牌示范项目，打造两条党建长廊，即以南洋乡生态小镇为核心，向双洋、赤水等乡镇公路沿线村（居）延伸的“生态党建”长廊；以象湖镇杨美村朱德率红四军出击闽中纪念馆为主，溪南上坂村、永福龙车村为辅的“红土党建”长廊。创建龙岩市级红土党建、生态党建长廊建设示范点 2 个，漳平市级示范点 7 个，乡级示范点 7 个，村级示范点 17 个。强化村级组织建设，完成全市 16 个乡镇（街道）198 个村（居）新一届村级组织换届选举工作。选举产生支部委员 651 名，支部书记 198 名，村（居）委会成员 712 名，村（居）委会主任 194 名，6 个村（居）实现书记、主任“一肩挑”。198 个村（居）活动场所全部完成规范化建设，分类定级全市 613 个党支部，其中 65 个基层党组织定级为先进。量化考评 2014 年村集体经济发展较快的 40 个重点村，评选先进村 5 个。全年发展党员 245 名，选派 71 名机关优秀干部驻村蹲点，整顿转化升级软弱涣散基层党组织 23 个。深化“一联五管”党员一体化管理，全市 101 个党政机关事业单位与 24 个社区结对共建，构建“机关服务基层、党员服务群众”的社区党建新格局。组织 646 名党员干部到“朱德率红四军出击闽中纪念馆”接受教育，累计“流动送学”42 场次，受教育人员 2618 人。全面贯彻落实中央“八项规定”，开展效能督查 27 次，组织协调受理效能投诉 57 件，给予通报批评单位 19 个，效能告诫 9 人次，诫勉教育 2 人次。对违反中央“八项规定”精神进行党政纪处分 8 人，通报批评 2 人，诫勉谈话 1 人；进行党风廉政建设责任追究 21 人次，发出违反中央“八项规定”典型案例的通报两期。

2016 年，夯实基层组织基础。建立健全的“大党建”工作考核评价机制，在全市党员干部中开展亮身份比形象、亮承诺比作为的“双亮双比”活动。探索推行“三必访、三扶助”党内关怀帮扶机制，对党员家庭变故、生病住院、去世治丧做到必访，对党员生活困难、遭灾受损、创新创业进行扶助。深化党建品牌创建，培育12个典型项目作为市级党建示范点，打造“政务超市先锋”“争创五型机关、当好前哨后院”等党建品牌。开展村集体经济发展情况考评工作，组织200多名村主干和驻村第一书记进行任前培训。建立龙岩市级红土生态党建长廊建设示范点3个，市级示范点10个，乡级示范点19个。全年分2批选派36名贫困村书记到长汀、长泰等地异地挂职，从机关党委选派责任心强、有农村工作经验的13名干部驻村蹲点。推进两新组织“两个覆盖”。新成立非公有制经济党组织2个、社会党组织5个。全市各乡(镇、街道)、园区均内设1个以上非公有制经济联合支部，选派党建特派员进行分类指导，选派145名非公有制经济党建工作指导员覆盖企业350家，选派23名社会组织党建工作指导员覆盖社会组织5家，工作覆盖率100%。机关党建以“争创党建品牌，争当发展先锋”主题活动为载体，开展“一党委一品牌，一支部一特色”品牌创建，社区党建以“五化五先锋”为载体，组织在职党员进社区为群众开展2次以上的服务。

2017年，牢固树立抓党建就是最大政绩理念，按照从严治党的部署，落实基层党建工作责任制，提升干部教育水平。扎实推进“两学一做”学习教育常态化制度，开展向廖俊波同志学习活动，以“双亮双比”活动为载体，坚持“两手抓、两促进”，党建工作融入发展大局，贯穿于日常工作。落实《关于进一步激励全市干部担当尽责提升干事创业精气神的实施意见(试行)》《关于进一步从严管理干部强化作风建设的实施办法》，强化干部队伍正向激励。全面激发各基层党组织培育党建示范点的积极性，全市共培育基层党建示范点18个，创建“红土先锋党员工作室”53个，市行政服务中心成为全省唯一一家争创国家级社会管理和公共服务综合标准化试点单位。探索“居民小区兼合式”党组织建设的格局，新成立社区党委3个、小区党支部8个，“居民小区兼合式”党组织组建率达100%，全市3318名在职党员全部完成岗位认领并完成2次以上志愿服务。扎实推进农村党建工作，全年培训村党支部书记、村主干2期318人次，组织异地参观考察16人次，选派驻村第一书记30名。探索村集体经济发展新模式，采取资源经营、光伏发电、入股分红等办法，强化“造血”功能，共消除“空壳村”14 个。有序推进“两新”组织，新成立漳平市“两新”组织党工委、社会组织综合党委和龙岩市首个非公企业区域化党委(漳平红狮区域化党委)，非公企业、社会组织党组织覆盖率分别达 85.6%、82.1%。

2018 年，围绕“组织创先、机制创新、作风创优”，推进基层组织党建品牌创建。抓好村级换届工作，建立市乡村三级联审机制，全市共审核村(社区)“两委”成员候选人 2585 人，取消候选人资格 177 名，村党组织和村委会选举一次性成功率均达 100%。从严整顿软弱涣散基层党组织 12 个，调整不合格、不胜任党组织书记 9 名。持续打好发展壮大村级集体经济和村级组织活动场所建设“两大攻坚战”，制定《漳平市发展壮大村集体经济实施意见(试行)》，全面消除 6 个“空壳村”，解决 53 个无村级组织活动场所问题。创新组织体系，推动基层党建工作新发展。实施“党员回家”工程，制定《漳平市加强城市居民小区党组织建设的实施细则(试行)》，开展居民小区“兼合式”党组织组建工作。全市 4129 名小区常住党员完成“回家”报到，报到率 100%，全市共划分小区(片区)219 个，完成组建“兼合式”党组织 22 个，组建率达 100%。培育菁城街道北郊社区、永福西山村等 8 个党建示范点，并通过龙岩市委组织部督查验收，确定为龙岩市级社区党建综合示范点。全市所有村(社区)实现广电网络党员远教平台全覆盖，全市 1.3 万个用户加入党员远教平台。深化开发“漳平红云”党建 APP 应用软件，打造龙岩市首个党建云平台。“漳平党旗红”微信公众号共有 12700 多名党员关注订阅，进入全国组工系统党员教育微信影响力百强和全国党建微信影响力百强。制订《漳平市 2018 年发展党员指导性计划》，举办入党前培训班 3 期，培训入党积极分子 442 名，发展新党员 223 名。建立党员违法违纪信息通报机制，加强全市 120 名失信被执行党员教育管理。持续开展“三必访、三扶助”机制，建立全市 562 名困难党员信息库，全年“两节”慰问困难党员 494 名，发放慰问金 44.87 万元。制定 2018 年度党员干部教育培训计划，夯实红色教育阵地建设。打造芦芝龙均爵烈士陵园、永福龙车革命纪念馆2个干部教育基地，拟定承接龙岩市异地教学主体班次的培训路线与方案，做好永福、南洋、象湖现场教学点路线设计。建立健全的预防监督工作机制，制定《漳平市党员涉嫌违法违纪信息通报和处理协作机制》，对涉嫌违法违纪人员进行查证。聚焦乡村振兴，制定出台《漳平市"菁华英才"五年计划(2018－2022)》《漳平市"引才回乡"五年计划(2018—2022)》，发布《漳市平2018年村级后备人才引进公告》，出台《漳平市级后备人才管理暂行办法》，全年引回19名漳平籍35岁以下全日制本科及以上优秀人才进入村级后备人才队伍，为实施脱贫攻坚、乡村振兴战略提供人才支持。

第九节　全面加强党风廉政建设

2012年12月4日，习近平总书记主持召开中共中央政治局会议，审议通过中央政治局关于改进工作作风、密切联系群众的"八项规定"。2013—2018年，中共漳平市委认真贯彻落实中央"八项规定"精神，健全党风廉政建设责任清单制度，层层压紧压实"两个责任"，严肃执纪问责，查处和曝光典型案件，形成了反腐倡廉高压态势，全面从严治党。

2013年，市委全面贯彻中央"八项规定"精神，整治"庸懒散拖"，坚持厉行节约，反对铺张浪费，推进惩治和预防腐败体系建设。严格落实《廉政准则》，加强行政权力运行监督，全年共受理各类投诉件105件，办结率100%，立案查处各类违纪案件72件，结案72件，办结率100%。

2014年，漳平市率先在龙岩市出台《关于落实党风廉政建设党委主体责任和纪委监督责任的实施意见》《关于落实党风廉政建设责任制市级检查办法(试行)》《关于党风廉政建设责任追究办法(试行)》，建立健全党风廉政建设"签字背书"制度和"一案双查"制度，全面推动责任主体和监督主体"两个责任"的认真履职。开展党政

“一把手”和基层纪委书记落实党风廉政建设责任制巡查和“述责述廉”活动，现场“面对面”质询和“逆向测评”。市四家班子领导带头履行“一岗双责”，检查指导各自分管和联系的乡(镇、街道)、市直部门，持续向下传导责任和压力。当年，市委制定《关于开展贯彻落实中央八项规定精神情况监督检查的实施方案》《关于对违反中央八项规定精神进行责任追究的暂行办法》，成立 4 个常态监督检查工作小组，紧盯重要时间“节点”，对全市贯彻落实中央“八项规定”精神和纠治“四风”情况开展明察暗访，加大问责和通报曝光力度。当年，对 2 名落实主体责任不力的党政“一把手”进行效能告诫，给予党纪处分 2 人，对 13 个落实主体责任不力的单位给予通报批评。全年开展监督检查 7 次，发现涉嫌违反中央“八项规定”精神问题线索 32 个，发出“提醒通知单”7 份，查处违反中央“八项规定”精神问题案件 21 件 40 人。

2015 年，严格执行《中国共产党廉洁自律准则》《中国共产党纪律处分条例》和《中国共产党问责条例》，持之以恒贯彻落实中央“八项规定”精神，切实把纪律和规矩挺在前面。贯彻落实龙岩市委《关于在全市党员干部中纠正不良习气树立清风正气的意见》(岩委〔2015〕2 号)，印发《意见》精神的系列解读，印制 1 万份宣传漫画手册，设立清风馆、和平家训馆，组织全市党员干部参观学习。市委对照龙岩市委 2014 年度责任制检查反馈的 14 个问题，逐个分析研判，督促整改，对 7 名单位主要负责人诫勉谈话，5 名直接领导通报批评，给予党政纪处分 3 人。采取明察暗访、组织乡镇片区和派出监督委会开展财务大检查等方式，落实中央“八项规定”精神，全面开展监督检查 9 次，发出“提醒通知单”18 份，给予责任追究 21 人次，其中给予党政纪处分 11 人次，通报批评 2 人次，诫勉谈话 1 人次，公开通报 18 起典型问题。持续打造“红土清风·清正漳平”品牌，以“红土清风·清正漳平”品牌建设为抓手，择优推出“站标对标、创优争先”“勤廉督究”“廉耕官田”“荷风清廉”“阳光三资”“廉馨低保”6 个品牌示范项目，营造干部清正、政府清廉、政治清明的良好政治生态。

2016年，加强反腐倡廉，贯彻落实《中国共产党问责条例》及省委实施办法，制定出台“两个责任”（党委负主体责任，纪委负监督责任）清单，使主体责任内容更加清晰、目标更加明确、追究更加规范，形成党委主体责任和纪委监督责任清单体系。各级纪检监察机关协助党委定期督查落实“两个责任”情况，打通责任落实“最后一千米”。强化“一案双查”和“责任倒查”，开展“1＋X”常态化检查。全市核查失信被执行党员和公职人员263人，经谈心谈话清偿债务27人443万元。查处群众身边“四风”和腐败问题74人，其中党纪处分26人。集中开展公款存储、收受“红包”、经商办企业、社团兼职、违规借贷、违规操办婚丧事宜6个专项治理，撤销单位银行账户45个，查处收受“红包”案件2起，约谈经商办企业干部3名，清退社团兼职20人次。督促建立公款存储集体研究、公示等一系列制度，督促修订完善差旅费管理办法、会议费管理办法，进一步厉行节约，反对奢侈浪费。牵头开展扶贫专项资金检查，从严查处扶贫领域违纪违法问题。当年，全市查处违反中央“八项规定”精神问题23件56人，其中给予党纪政纪处分13人，组织处理43人，曝光典型案例7件13人。落实龙岩市委《关于在全市党员干部中纠正不良习气树立清风正气的意见》，全年查处不良习气26起80人，其中分别给予党纪政纪处分13人，组织处理67人。开展公款存储谋私逐利专项整治，撤销银行账户55个。

2017年，市委按照“八个坚定不移”要求，实施全面从严治党，突出政治检查、问题导向和“关键少数”。严格执行《中国共产党问责条例》及省委《实施办法》，对中央扫黑除恶专项斗争督导组和省纪委、省委巡视组、龙岩市纪委移交的责任追究问题严肃查处同责，全市共追责问责40人。定期研究党风廉政建设和反腐败工作，进一步完善“两个责任”清单，全市共问责14起27人，党政纪处分11人，组织处理16人。运用监督执纪“四种形态”，深入开展“六察六访”工作，全市共运用“四种形态”处理372人次，其中第一、第二、第三、第四种形态分别占57.52％、29.31％、3.76％和9.41％。持续保持惩治腐败高压态势，全市共受理群众来信来访来电举报334件次，其中检控类165件；立案161件，比升29.84%；其中乡科级案件32件，经济大案26件，分别比升166.67%、52.94%。深入开展“1＋X”专项督查，紧盯违规公款吃喝、违规配备使用公车、违规发放津贴等突出问题，全市共查处违反中央“八项规定”精神35起57人，党政纪处分29人。深入贯彻龙岩市委2号文件精神，推进移风易俗，开展红土好家风巡回宣讲、家规家训、书画展和诗词创作等活动，提升改造双洋东洋党建廉政教育基地、芦芝圆潭村级廉政教育示范基点。深入开展公款存储谋私逐利、持家不严、义务教育“阳光招生”、公款旅游等专项整治，全市共纠治不良习气问题137起209人，其中党政纪处分29人。强化精准监督助精准扶贫，实现全市3414户贫困户的入户访查全覆盖，共查处侵害群众利益不正之风和腐败问题82起119人，其中党政纪处分41人；查处扶贫领域违纪问题33起47人，党政纪处分8人；查处“村霸”7人。推进纪检监察体制改革，在龙岩市率先组建市委巡察机构、启动巡察工作，全市共完成6个乡镇、6个市直单位的综合巡察、14个重点部门（企业）的专项巡察，共发现问题线索208条，根据巡察移交的问题线索给予党政纪处分30人次；移送司法机关8人次。创新“铁三角”联合工作机制，实现执纪力量有效整合，完成对全市198个行政村（居、社区）的村级巡查全覆盖，移送问题线索155条，给予党政纪处分14人次。按照“综合派驻＋单独派驻”模式，推进纪检组改革，调整设置15个派驻纪检组，监督单位由原来29家增加至78家，实现向市一级、群团组织、事业、市属国有企业派驻监督全覆盖。改革后，派驻纪检组执纪审查取得突破，共立案9件，其中自办案3件；2017年市监察委员会正式挂牌成立，标志着市监察体制改革试点工作迈出重要一步。改革后，市纪委监委机关纪检监察室从3个增加到6个，执纪执法人员编制从6人增加到25人，审查调查部门和人员编制分别占到50%和55.6%；监察对象从1941人增加6146人，实现对所有使用公权力的人员的监察全覆盖。

2018年，稳步推进纪检监察体制改革。市委担负起主体责任，书记当好“施工队长”，市纪委切实履行好专责，统筹实施方案、编制职能划转、机构组建和人员转隶等工作，市监委组建挂牌以来，先后完成两批13名人员转隶，调整优化纪委监委内设机构设置、职能权限配置，建立监察机关与检察机关联席会议制度，探索与执法机关、司法机关在线索处置、证据转换案件移交等方面协调衔接机制。规范使用12种调查措施，用留置取代“两规”，全市共对6名人员采取留置措施。全面履行监督基本职责、第一职责，探索创新“六察六访”工作机制，全面落实“第一种形态”，彰显纪律的“硬度”“温度”“力度”。全市运用“四种形态”共处理770人次，其中第一种形态629人次，占81.69%；第二种形态79人次，占10.26%；第三种形态20人次，占2.6%；第四种形态42人次，占5.45%。设立开放接访场所，开展“四访活动”，解决越级信访和重复信访问题。倡导村纪检委员兼任村务监督委员会主任，全市共有163个村实现交叉兼任。严把选人、用人的政治关、品行关、作风关、廉洁关，共办理廉政意见回复3804人次，审核村级党组织候选人3562名。持之以恒纠“四风”、树新风，实施机关干部基层调研在乡镇食堂“挂牌吃饭”并自付餐费制度，大幅下降乡镇接待费。深化“1+X”专项督查，全市查处违反中央“八项规定”精神问题53起68人，其中党纪政务处分44人，点名道姓通报曝光9起典型问题。深化落实龙岩市委2号文件的精神，深化“阳光招生”工作，推进公款存储治理，制定出台银行业金融机构支持地方经济发展考评奖励暂行办法，纠治党员干部借款牟利等不良行为，全市共纠治234名党员干部和公职人员违规借款445万元。弘扬“马上就办、真抓实干”优良传统，全市共查处形式主义、官僚主义作风问题12起13人，党纪政务处分5人，曝光3批14人次，表扬2批5人次。开展移风易俗“一乡一策”工作，建立全市16个乡(镇、街道)206个民俗节庆活动台账，赤水镇香寮村“功德银行”做法在央视中文国际频道《记住乡愁》展播。全面落实市乡两级35项“责任清单”，健全扶贫领域问题线索研判工作制度，共查处扶贫领域腐败问题53起58人，其中党纪政务处分12人。开展民生领域突出问题专项治理，理清五个重点领域7个突出问题专项治理内容，共查处民生领域突出问题67起83人，给予党纪政务处分38人，组织处理45人。深挖涉黑涉恶腐败问题，建立问题线索月报制度和双向移送反馈制度，共梳理相关问题线索16件20人，立案审查3起6人。深入开展整治电信网络新型违法犯罪“冬季攻坚”工作，对在重点地区滞留的2名党员干部给予党内警告、效能告诫处理。强化巡视巡察工作，及时修订《漳平市委巡察工作实施办法》《漳平市委巡察工作五年规划（2017—2021）》，明确十三届市委巡察的“路线图”和“任务书”。全市共完成6个乡（镇、街道）、12个市直单位、2个国企的巡察，对42个村（居、社区）开展巡察“回头看”；对2017年以来已开展巡察的单位进行专项督查工作，发现巡而不改、改不到位的问题29个，新问题15个，真正达到“发现问题、形成震慑、推动改革、促进发展”的效果。全力配合省委巡视组对漳平市开展巡视，积极协助市委抓好巡视整改，建立全程跟踪督导机制，推动各级各部门全面改、深入改、改到位。

第十节　“十二五”建设成就

“十二五”期间（2011—2015），漳平市委、市政府紧紧围绕建设“海峡西岸宜居宜业生态工贸城市”“山区的前锋，沿海的后卫”这一目标，持续“狠心造环境，推进新跨越”工作主题，全力推进产业、项目、城乡、生态、民生“五个突围”，不断解放思想，先行先试，抢抓机遇，攻坚克难，全市经济社会发展取得新成就，基本完成“十二五”规划提出的各项目标任务，为“十三五”（2016—2020）规划的发展奠定了坚实基础。

综合经济实力大幅提升。“十二五”期间，全市经济总体呈现持续健康发展态势，2015年全市地区生产总值完成182.8亿元，是2010年的1.8倍，“十二五”年均增长11.4%；三次产业结构从2010年的14.7：41：44.3调整为2015年的13.9：43.8：42.3。财政一般公共预算总收入10.08亿元，其中地方财政一般公共预算收入为6.38亿元，分别年均增长7.2%、8.7%。全社会固定资产投资五年累计 723 亿元，年均增长 22.9%。社会消费品零售总额 52.5 亿元，年均增长 12.2%。城镇居民人均可支配收入 2.69 万元，农村居民人均可支配收入 1.34 万元，分别年均增长 12.8%、13.8%，均高于 GDP 增长水平。

产业转型升级步伐加快。现代农业稳步推进，初步形成木、竹、花、茶、菜等特色优势产业格局，漳平水仙茶成为中国驰名商标，工商注册农民专业合作社、家庭农场分别达 278 个、1605 家，设施农业面积达到 1500 亩，农村土地流转面积 8.35 万亩，动植物疫病防控、农产品质量安全监管体系逐步健全。工业经济保持较快增长，工业内部结构得到优化升级，制造业、民营工业比重持续提高；轻纺、建材等工业主导产业逐渐形成，亿元企业发展到 25 家，比 2010 年增加 10 家；上市公司 1 家、中国驰名商标 3 件、省著名商标 19 件，企业科技创新能力进一步增强；工业园区、台商投资区基础设施不断完善。服务业发展水平提升，越丰农产品冷链物流、钟利运输物流中心、公交货运站建成投入使用，市场流通体系不断完善；成立市电子商务服务中心，投入运营电子商务孵化中心、农村淘宝服务中心和 49 个农村淘宝服务站，成功对接阿里巴巴农村淘宝、1 号店特产中国、企通宝·漳平 O2O 电商园等项目，成为省级农村电子商务示范县(市)；乡村旅游不断发展壮大，举办首届观赏石宝玉石旅游文化节，持续开展永福樱花节等“一乡一节”特色旅游活动，投入使用山水大酒店、宏都大酒店、城区游客服务中心等项目，全市接待游客突破 200 万人次，旅游总收入突破 10 亿元，获得全国休闲农业与乡村旅游示范县称号。

城乡基础设施明显改善。“十二五”期间共完成交通建设投资 123.5 亿元，南龙快速铁路于 2013 年开工建设，莆永高速公路漳平段、漳永高速公路漳平段相继建成通车，新增高速公路里程 116.5 千米；新建或改建国省道公路 180.6 千米，共有二级公路 151.5 千米，三级公路 22.4 千米；完成乡道路面硬化 676.2 千米；村道路面硬化 225.2 千米，形成了以高速公路“一纵一横”、普通公路“一纵二横三联”为主骨架的区域性交通枢纽格局。城市功能日臻完善，福增大桥及连接线、林隆南路、体育中心二期、榉仔洲公园一期等项目相继建成，第二水厂、东坑口新桥及连接线、南学堂新区一期、华龙二期等项目加快建设，城市建成区面积扩大5.7平方千米，达到14.6平方千米，西园、南洋、芦芝撤乡设镇，城镇化率达到57%，比2010年提高12个百分点。省级试点镇永福镇、龙岩市级试点镇西园镇建设加快推进，南洋生态小镇、永福西山村、南洋北寮村等美丽乡村建设初具规模，新桥、永福、溪南被列为全国重点镇，双洋城内、东洋和赤水香寮被列入中国传统村落名录。组织实施安全饮水、九龙江防洪堤、中小河流治理、病险水库除险加固等一批水利工程，全市有效灌溉面积达22.42万亩、节水灌溉面积达到20.85万亩。农网改造升级工程、110千伏桂林输变电工程、110千伏永福变二期扩建工程等项目竣工。

生态文明建设扎实推进。率先在龙岩获得省级生态市命名，创成11个国家级生态乡镇、15个省级生态乡镇、43个省级生态村。五年累计完成水土流失综合治理28.6万亩、造林绿化33.2万亩、封山育林46万亩，宜林荒山基本消灭，森林覆盖率80.35%，比2010年提高2.9个百分点，获得“福建省森林城市”称号。实施节能减排项目112个，关闭污染企业5家，完成省、龙岩市下达的节能减排任务。建立“河长制”，实施九龙江流域生猪养殖业污染整治、饮用水源地保护等一批整治工程，九龙江流域漳平段干流及各支流水质稳定在国家Ⅲ类水标准，城区饮用水源地水质达标率100%，城市环境空气质量总体保持在国家二级标准，城市污水处理率、垃圾无害化处理率达到85%以上。

对外开放水平显著增强。坚持深化改革与扩大开放同步推进，重要领域和关键环节取得突破，向社会公开行政权力清单、部门责任清单、公共服务事项目录清单等“三张清单”。对台交流合作更加密切，漳平台湾农民创业园被列入国家水利风景名单，成功创建省级农业科技园区，创业园人员交流日益频繁，交流层次不断提升，前来参观考察的台湾同胞近2万人次，入驻台资企业60家；建立大陆首个海峡两岸茶产业优势整合示范基地，永福获得全国休闲农业与乡村旅游示范点称号，成为两岸农业交流合作先行先试的重要平台，“大陆阿里山”品牌影响力不断扩大。外经外贸加快发展，全面加强与台湾、“珠三角”、“长三角”的合作，设立汕头招商联络处，招商区域从闽南向广东潮汕等地拓展，重点跟踪对接三维项目、央企项目、军工项目，五年累计新批外商投资企业27个，实际利用外资五年累计1.3亿美元；外贸出口总值4.3亿美元，年均增长22.3%。

民生事业持续改善。“十二五”期间共组织实施为民办实事项目52个，相继投入使用保障性住房、社会福利中心、档案文化中心、市医院整体迁建等一批项目，开工建设漳平三中整体迁建等项目。获得国家发明专利授权582项，连续7次通过全国科技进步考核。教育强市步伐加快推进，组织开展校园布局调整，实施幼儿园扩容和薄弱园改造工程，深化“一校多区”管理模式改革，全面推行市域内义务教育教师校际交流制度，“义务教育发展基本均衡县”创建取得阶段性成效。改建、扩建乡镇卫生院12所，创建农村标准化卫生室115个，基层医疗机构综合改革扎实推进，市公立医院实施药品零差率销售，全面落实12类基本公共卫生服务、7项重大公共卫生服务，新农合参合率高于规划目标1.9个百分点。持续稳定低生育水平，人口出生率14.03‰，政策符合率91.58%，均控制在目标以内。公共文化服务网络建设进一步加强，建成体育中心二期、演艺中心等项目，完成灵地泰安堡、永福长青楼等修缮保护工作；奇和洞遗址入选“2011年全国十大考古新发现”和第七批全国重点文物保护单位，朱德率红四军出击闽中纪念馆改造完成并成为龙岩市“爱国主义教育基地展馆”，赤水穿云洞遗址首次发现商周文物，王景弘史迹陈列馆被授予全国海洋意识教育基地。就业服务体系不断完善，五年来共新增城镇就业人数1.61万人，农村劳动力转移2.32万人；城镇登记失业率为2.33%，控制在规划目标以内。社会保障水平明显提高，城乡低保基本实现应保尽保，建立完善城乡社会救助体系。“平安漳平”建设扎实推进，安全监管和隐患治理持续强化，获得“全国平安建设先进市”等称号。

第十一节　区位产业优势与发展机遇

漳平有“五区四乡”之称，“五区”即山区、林区、矿区、苏区、对台交流合作先行区，“四乡”即画乡、花乡、茶乡、观赏石之乡。山区：拥有“九山半水半分田”地貌；林区：森林覆盖率80.35%，为中国南方48个重点林业县(市)之一、“中国特色竹乡”；矿区：矿产资源丰富，是福建省唯一烟煤生产基地，石灰石储量居全省前列；苏区：2006年被确认为原中央苏区县；对台交流合作先行区：国家级漳平台湾农民创业园落户台资企业60家，涉及台商投资个体近500人，是大陆地区最大的台湾软枝乌龙茶生产基地。画乡：1989年，新桥镇被国家文化部命名为“中国现代民间绘画之乡”，是当时全国唯一的乡镇级“画乡”，2011年，又被国家文化部命名为“全国民间文化艺术之乡(农民画)”；花乡：2000年，漳平市和永福镇分别被国家林业局和中国花卉协会命名为“中国花木之乡”和“中国杜鹃花之乡”，永福镇成为全国最大的盆栽杜鹃花生产基地，全省最大高山花卉生产基地，享有“高山花园”美誉；茶乡：2010年，漳平市被中国茶叶学会授予“中国名茶之乡”“全国重点产茶县”。漳平水仙茶获得中国驰名商标，永福高山茶成为北京“故宫贡茶”；观赏石之乡：2014年，漳平市被中国观赏石协会命名为“中国观赏石之乡”。

综合分析国内外环境和漳平市的基础条件，“十三五”(2016—2020)发展既面临加快发展的战略机遇，也面临着严峻挑战。围绕全面建成小康社会目标，漳平市“十三五”发展面临以下良好机遇。

政策效应进一步显现。国务院关于支持福建加快海峡西岸经济建设，支持福建省加快生态文明先行示范区建设、自贸区试点、“海上丝绸之路”核心区等政策，以及新古田会议的召开，都为漳平市“十三五”经济社会发展释放诸多的利好信号。国家和省把转型升级提升到前所未有的战略高度，有助于漳平市进一步把准产业转型路径，拓展创新产业转型手段。

改革释放新的制度红利。国家重点领域改革以及国家宏观调控方式创新，将进一步发挥市场在资源配置中起决定性作用。加快建设系统完备、科学规范、运行有效的制度体系，将为漳平市“十三五”经济社会发展提供持久的动力支撑。

对台对外交流合作潜力大。闽台经济融合将不断加强，先进制造业、农业、现代服务业进一步对接，处于龙岩市对台最前沿的漳平面临更大的机遇，为漳平市保持较快发展提供了良好的外部条件和增长空间。王景弘等人物的“海上海外”特色优势的进一步挖掘，将有利于漳平市更好地融入“海丝”大战略。漳平市与厦门市集美区结为山海协作友好城市，两地有广泛的合作基础。

交通区位优势逐步凸显。两条高速建成通车，南龙快速铁路将于 2018 年建成，与闽南沿海发达地区的时空距离进一步缩短，届时将形成独有的区位先天优势和交通后发优势，人才、信息、投资等要素将不断聚集，为增强发展动力带来新机遇。同时，即将拥有的 4 个高速出口、2 个高铁站，将为漳平市发展经济带来重大机遇，成为闽西对接省会和闽南沿海的桥头堡、重要窗口和节点城市。

拓展新空间的基础较好。“十二五”(2011—2015)期间，漳平市经济总体保持较快增长，综合竞争力逐步增强，城乡居民收入基本实现与经济同步增长，民生得到改善，生态优势较为突出，为养老、健康、旅游产业的发展提供了难得的发展机遇。随着象湖奇和洞古人类遗址的发掘和传播，漳平独特的史前文化及与之相关的产业发展具有较大的想象空间，为在新的起点上加快发展创造了有利条件。

机遇与挑战并存。在全球、全国经济进入新一轮调整期，漳平市“十三五”发展也面临严峻的挑战。

宏观发展环境复杂多变。全球经济进入新一轮调整期，各国抢占产业制高点的竞争日趋激烈，全球贸易增速也将长期保持较低水平。我国正处于多种因素的叠加期，经济增速换挡、产业结构性变局、金融危机后的刺激政策消化等各种矛盾和深层次问题，都需要在这一时期集中解决，给“十三五”发展带来新挑战。

转型升级更加紧迫。市域煤炭、水泥等资源型产业比重较大，高耗能工业产业比重较高；产业整体配套能力较弱，自主创新能力不强；支撑跨越发展的重大项目仍然不多，投资支撑渐显疲态；服务业发展水平低，经济转型升级动力不足。老区人民群众对公共设施、社会服务等需求持续提升，而财政增收困难，支出压力大。

适应发展新常态带来新挑战。“十二五”以来，漳平市经济增速呈逐年回落趋势，下行压力较大，加上发展环境与“十二五”初期判断相比发生较大变化，GDP、财政收入等个别指标完成情况与规划目标存在一定差距。要素制约更加明显，人口红利逐步弱化，劳动力成本持续上升，土地供需矛盾日益趋紧，经济与生态环境协调发展面临较大压力，人力资源相对缺乏。

第十二节　“十三五”规划的制定

正当“十二五”(2011—2015)计划顺利完成，“十三五”(2016—2020)计划即将开始执行的时候，2016 年 8 月 4 日，中国共产党漳平市第十三次代表大会开幕。市委书记陈论生代表中国共产党漳平市第十二届委员会向大会作题为“铁心抓项目奋力促发展为建设富强精美幸福漳平而努力奋斗”的工作报告。报告共分为四个部分：一、富有成效的五年；二、致力建设富强精美幸福漳平；三、掀起新一轮创业热潮；四、全面加强党的建设。

会议总结了过去的五年所取得的令人瞩目的成绩，在省委、龙岩市委正确领导下，市委团结带领全市上下，坚持以科学发展观为指导，一是经济实力不断增强；二是产业结构更加优化；三是发展环境更加优越；四是社会民生持续改善；五是改革开放成效显著；六是党的建设更加科学。会议指出，今后五年，是漳平市实施“十三五”规划，实现全面建成小康社会目标的决胜期。同时，漳平发展正处在大有作为的战略机遇期，中央支持福建和原中央苏区加快发展力度不断加大，新古田会议后续效应持续显现，区位、交通、生态、资源等优势进一步凸显，发展潜力巨大、前景广阔、前途光明。面向未来，实现上述奋斗目标，既要心存忧患，变压力为动力，迎难而上，矢志攻坚；又要坚定自信，抢抓机遇，鼓足干劲，努力争先进位。今后五年，工作的总体思路是：高举中国特色社会主义伟大旗帜，全面贯彻党的十八大和十八届三中、四中、五中全会精神，以马克思列宁主义、毛泽东思想、邓小平理论、“三个代表”重要思想、科学发展观为指导，深入贯彻习近平总书记系列重要讲话精神，围绕全面建成小康社会目标，持续“铁心抓项目，奋力促发展”工作主题，以项目落地、脱贫攻坚、生态环保“三大战役”为主要抓手，全力建设富强漳平、精美漳平、幸福漳平。大会审议通过《中共漳平市委关于制定国民经济和社会发展五年规划（2016—2020）纲要的决议》。

《纲要》指出，“十三五”时期（2016—2020），是新常态下全面建成小康社会、全面深化改革、全面依法治市、全面从严治党的决战期、攻坚期和关键期，是中央支持福建省进一步加快发展的重要战略机遇期，也是在整体经济增速放缓、产业转型升级、生态问题突出的形势下，漳平市经济发展进入明确产业定位、加快产业升级、完善服务功能、推进公共服务均等化和城乡一体化建设的重要时期。《纲要》明确了“十三五”规划的指导思想、战略定位、战略目标、任务和措施。指导思想是：高举中国特色社会主义伟大旗帜，全面贯彻党的十八大和十八届三中、四中、五中全会精神，以马克思列宁主义、毛泽东思想、邓小平理论、“三个代表”重要思想、科学发展观为指导，深入贯彻习近平总书记系列重要讲话精神和来闽来岩重要讲话精神，坚持“四个全面”战略布局，坚持创新、协调、绿色、开放、共享的发展理念，坚持发展第一要务，以“山区的前锋，沿海的后卫”为定位，围绕“铁心抓项目，奋力促发展”工作主题，更加注重产业转型升级、城乡协调发展、激活发展活力、增强人民福祉，努力建设机制活、产业优、百姓富、生态美的新漳平。按照全面建成小康社会和科学发展、跨越发展的总体要求，综合考虑漳平市未来发展趋势和条件，确定“十三五”国民经济和社会发展总体目标是：地区生产总值年均增长不低于龙岩市平均水平，人均地区生产总值保持龙岩上游水平，达到全省平均水平以上。为此，具体提出以下主要目标和任务：

综合实力显著增强。全市经济实现较快和可持续发展，发展质量和效益显著提升，增长速度高于龙岩市平均水平。“十三五”期间，全市地区生产总值年均增长9.5%左右，到2020年，全市经济总量超过300亿元。财政一般公共预算总收入、地方财政一般公共预算收入年均增长6.5%，居民人均可支配收入年均增长9.5%，提前实现地区生产总值和城乡居民人均可支配收入比2010年翻一番。全社会固定资产投资年均增长18%。规模以上工业增加值年均增长10%。

产业转型深入推进。产业结构进一步优化，自主创新能力进一步提高，特钢机械、轻纺、建材、能源四大主导产业和现代物流、电子商务、文化创意、生态旅游、养生养老等五大新兴产业加快发展，新型工业化、农业现代化、服务业现代化水平明显提高，传统产业竞争力不断增强，高新技术产业加快发展，三次产业结构调整为10.6∶45.4∶44。

城乡区域协调发展。城乡发展差距逐步缩小，城乡一体化迈上新台阶，常住人口城镇化率达到63%左右，户籍人口城镇化率达到49%左右，城区辐射带动能力、特色小城镇承载作用、美丽宜居乡村建设水平明显提高，新型城镇化建设加快推进。

生态文明效应凸显。创建国家级生态市，生态功能保护区基本形成，森林覆盖率达到80%左右，单位生产总值能耗下降、二氧化碳和主要污染物减排总量控制在省、龙岩市下达指标内，主要河流Ⅲ水质比例达到100%。生态安全保障体系基本建成，构建起资源节约、环境友好的生产方式、消费模式。

改革开放取得实效。重要领域和关键环节改革取得决定性成果，形成具有领域特色的系统完备、科学规范、运行有效的制度体系。开放型经济发展水平、区域交流合作水平进一步提高，对台交流合作先行先试走在全省全列，主动融入“一带一路”战略，军民融合发展成效初显。实际利用外资五年累计1.7亿美元，到2020年，外贸出口总额达到5亿美元。人民生活持续改善。社会与经济同步发展,公共服务水平与质量显著提高,覆盖城乡居民的社会保障体系基本形成,贫困人口实现全部脱贫。到2020年,劳动年龄人口平均受教育年限达到12年,每千人口医疗机构床位数6张,每千人口执业(助理)医师数2.5人。每千名老人养老床位数达到35张,城镇新增就业人数9000人。人民文明素质和社会文明程度显著提高。“三乡”文化、奇和文化优势转化为文化产业发展优势。法治漳平建设全面推进,人民权益得到切实保障。

围绕这一“山区的前锋,沿海的后卫”定位,按照“4+5”产业发展思路,着力打造特钢机械、轻纺、建材、能源四大主导产业,培育发展现代物流、电子商务、文化创意、生态旅游、养生养老产业五大新兴产业,加快漳平工业园区、国家级台湾农民创业园2个核心园区和海西(漳平)台商投资区、装备制造业循环经济产业园区、闽南客商投资区、海西(漳平)农产品加工园区4个新兴工业小区建设,进一步做精第一产业、做强第二产业、做大第三产业,走富有漳平特色的产业转型升级新路子。“4+5”产业发展目标。“十三五”期间,重点打造特钢机械、轻纺、建材、能源四大主导产业,加快培育现代物流、电子商务、文化创意、生态旅游、养生养老五大新兴产业。到2020年,力争钢铁机械、轻纺、建材、能源工业产值分别达到60亿元、60亿元、40亿元、40亿元;现代物流业总产值30亿元,电子商务产业交易额达到30亿元,文化创意产业10亿元,生态旅游业产值20亿元,养生养老业产值10亿元。

漳平市第十三次党代会在总结历史和现实的基础上,制定实施“十三五”规划的基本方略和目标任务。大会提出,今后五年全市工作的具体目标是:富强漳平,即经济总量实现大幅跃升,城乡居民收入不断增加,全市核心竞争力和可持续发展能力显著增强,力争到“十三五”末,漳平市经济综合发展水平进入全省中等发展水平县(市)前列;精点漳平,即城镇格局更加优化,公共服务设施更加完善,生活环境更加优美,城市人居水平明显提高;幸福漳平,即公共服务均等化日益完善,人民群众享有更优质的教育,更可靠的社会保障,更舒适的居住条件,社会环境更加和谐,幸福指数不断提升。

大会指出，为实现上述奋斗目标要立足当前，强调五个方面具体要求：一、着力提升产业核心竞争力。做强工业，坚持盘活存量与扩大增量并重，加快资源型工业转型步伐，推动工业企业在创新增效中壮大规模；做优农业，实施农业“提质增效”工程，着力构建特色现代农业产业体系，促进农业增效、农民增收、农村繁荣；做大三产，着力物流、电商、文化创意、旅游等，使服务业成为加快发展的新引擎。二、着力加大项目建设力度。项目是经济社会发展的主要抓手，要始终围绕“铁心抓项目，奋力促发展”工作主题，以项目聚集生产要素，以项目带动有效投资，以项目推动工作落实，坚决打好项目落地攻坚战役，提升项目前期工作水平，提升招商引资水平，提升服务保障水平，实现“谋划一批、签约一批、增资一批、开工一批、建成一批”良性循环。三、着力推进新型城镇化。新型城镇化蕴藏着巨大的内需潜力，是推进经济持续健康发展的持久强劲动力，要精心规划，精致建设，精细管理，着力构建以中心城区为核心，以特色乡镇为纽带，以美丽乡村为基础的新型城镇体系，打造宜居宜业宜游的精美城市。四、着力深化改革开放。改革开放是加快转型升级的动力源泉，要坚持以改革增活力，以开放促发展，大胆创新创造，勇于开拓进取，全力做好对台交流文章，做好山海协作文章，做好创新创业文章，做好开放通道文章，全面激发漳平发展活力。五、着力保障和改善民生。为政之道，民生为本，要把保障和改善民生摆在更加突出的位置，落实各级关于保障和改善民生、促进社会公平正义的新部署，坚决打赢脱贫攻坚战，加快发展社会事业，创新社会治理体系，加强生态文明建设，坚持每年实施一批为民办实事项目，提升群众幸福指数。

大会强调：党要管党、从严治党，是党的建设的一贯要求和根本方针。要全面加强思想政治建设，强化历史责任担当，建设善打硬仗队伍，营造风清气正氛围，凝聚共图发展合力，为掀起新一轮创业热潮，推进漳平加快发展提供坚强政治和组织保证。

根据漳平市第十三次党代会的建议，《漳平市国民经济和社会发展第十三个五年规划纲要》，经 2016 年 12 月 30 日举行漳平市第十七届人民代表大会第一次会议批准后付诸实施。历史到了实现全面建成小康社会目标的攻坚阶段，漳平市第十三次党代会的胜利召开，“十三五”规划的开始实施，标志着漳平经济社会发展进入了一个新的发展阶段，开启全力建设富强、精美、幸福的漳平，实现全面建成小康社会的新征程。

发展的蓝图已经绘就，进军的号角已经吹响。今后五年，在省委、龙岩市委、漳平市委的正确领导下，全市各级党组织和干部群众将紧密团结在以习近平总书记为核心的党中央周围，进一步解放思想，开拓创新，抢抓机遇、凝聚力量，真抓实干，为加快建设富强精美幸福漳平，实现全面建成小康社会目标而努力奋斗，不忘初心，砥砺前行，继续谱写新时代辉煌篇章。

大　事　记

（1919—2018）

1919 年

5 月　在龙岩九中读书的漳平学生郑超麟等人参加本校举行的罢课游行，声援北京学生的“五四”运动。在漳州、厦门等地读书的漳平学生陈国华、陈文成、陈福庆、陈尚益等发起组织漳平籍“旅居漳州、厦门同乡会”。

9 月　郑超麟等离开漳平县城，赴法国勤工俭学。

1922 年

2 月　郑超麟与邓小平同在法国哈金森橡胶厂务工。

6 月　郑超麟与周恩来、赵世炎等 18 位留学生发起成立“旅欧中国少年共产党”。

1924 年

春　郑超麟在莫斯科东方大学留学期间参加中国共产党。

1925 年

春　中共党员蓝秋帆（化名）从粤汕抵达漳平永福，在菁华书院（今永福中学内），宣传中共四大精神。

1926 年

10 月　漳平县农民协会、漳平县工会、漳平县妇女部成立。

本年　漳平县实现第一次国共合作。

1927 年

4 月　初岩平宁政治监察公署颁布的《二五减租》《废除苛捐杂税》《解放妇女》《破除迷信》等法令，在漳平得到实施。

4 月 15 日　上海“四·一二”反革命政变波及漳平，第一次国共合作失败。

8 月　郑超麟以中共湖北省委宣传部部长身份，参加中共“八七”会议。

1928 年

8 月 10 日　闽西暴动委员会副总指挥邓子恢、中共闽西临时特委领导人郭滴人在永福郎车（今龙车）麻只贝直接领导漳平成立第一个党组织——中共郎车支部。

1929 年

春　永福成立总区苏维埃政府和东河区、北河区、南河区等区苏维埃政府。

5 月　境内初步形成永福第一块红色区域。

8 月 4 日　朱德率红四军第二、第三纵队和军部出击闽中，攻克宁洋县城（今漳平市双洋镇所在地）。8 日中午，首克漳平县城，领导组建中共漳平支部、漳平城关苏维埃政府、城防第一赤卫队，重建漳平县工会、县农民协会。17 日、19 日分两批离开县城，经芦芝、溪南、象湖、吾祠等地挺进大田县。28 日从永春县回师漳平县。29 日发动溪南突袭战，全歼张汝匡旅 1 个团。30 日又重创张汝匡旅 1 个团，二克漳平县城。9 月 1 日，攻克永福，复建永福总区苏维埃政府。

9 月 2 日　永福郎车农民在红四军的影响下和龙岩红军武装排，蕉坑、适中两支赤卫队的支援下，举行武装暴动，拉开漳平武装斗争的序幕。

9 月　中共永福区委成立，下辖 5 个党支部，党员 20 人。

11 月 9 日　在永福郎车潭头村召开郎车区第一次苏维埃代表

大会。

12 月　根据中共闽西特委指示，永福郎车赤卫队改编为漳平县独立游击大队，队员 120 人。

冬　赤水、石寮、罗坑、安坑、黄山（原属宁洋县，今属漳平市）等村赤卫队联合组建宁洋赤水赤卫中队。

1930 年

1 月　永福成立南福区苏维埃政府。

2 月 6 日　永福成立岭下区苏维埃政府。

春　漳平县独立游击大队 164 人，改编为（龙）岩南（靖）漳（平）游击队。

2 月　新安社内山乡（今拱桥镇罗山村）举行农民暴动，成立内山乡苏维埃政府和赤卫队。

3 月　南洋的北寮、梧溪、红林成立村苏维埃政府，新安社（今拱桥镇）的高山、隔顶、岩高、上堺成立乡、村苏。

3 月　红九军龙岩红一团、永定红三团歼灭萧继武反动民团 300 余人，缴获枪支 300 余支。永福各地农民统一举行大暴动，史称“永福总暴动”。

4 月　南洋的北寮、梧溪、红林赤卫队联合成立北寮赤卫中队。

4 月底　今漳平境域 70％以上地区成为红色区域，红色人口达 4 万多人，占当时总人口 65％左右。

5 月　闽西苏维埃政府在《闽西出席全国苏代会代表的报告》中，首次认定漳平是红色区域，列入闽西苏区 12 县范围，标志着漳平革命根据地的正式形成。

6 月　岩南漳游击队编为红十二军第二团，邓克明任团长，陈正任政委。

7 月　南洋成立北寮乡苏维埃政府，下辖北寮、梧溪、红林 3 个村苏。

8 月 5 日　红二十一军军长胡少海率部及地方红色武装，在永福与安溪詹方珍部反动民团激战。胡少海为了减少伤亡，亲临永福圩场十字街口察看敌情，不幸腹部中弹，在转移龙岩途中英勇牺牲。

8月　漳平城里已有3个党支部，党员14人，奉中共闽西特委指示建立漳平特区委，书记郭日辉。

12月　国民党军张贞部一四五旅大举进犯漳平各苏区乡村，发动第一次“围剿”。

1931年

4月　漳平各区委在“左”倾路线影响下，成立肃反委员会，错误地进行肃清“社党”分子。

7月　漳平游击队、南福区游击队在火德坑伏击国民党军萨镇冰部，歼敌30多人。

1932年

4月　红军东路军东征漳州，途经漳平永福的中甲、郎车、吕坊、西山、岭下、元沙等乡村。南福区妇女游击队和1000多名的运输队、担架队随部参战攻克漳州。

1933年

春　中共南福区委在永福郎车成立，书记游祖贵。

11月　国民革命军第十九路军3个连分头活动在漳平各地，推行“计口授田”“二五减租”的土地政策。

1934年

春　中国工农红军独立第八团、第九团奉中革军委的命令，抵漳平、宁洋、龙岩、南靖、连城等县边区，破坏敌后方运输，牵制国民党军向中央苏区腹地的进攻。

3月9日　红军101团攻打宁洋县城，至次日下午，未克而撤。

3月26日　红九团团长吴胜率部夜袭宁洋城，歼灭宁洋县保安团700余人，活捉保安团副团长，缴获枪支400余支，子弹4万余发及一批物资。

7月　红九团二营(代号“维营”)进驻宁洋中村(今属漳平市),组建中村游击队。中村游击队配合红九团二营在坑仔口设伏,击溃省保安十二团,歼敌100多人,其中俘敌70多人,缴枪70多支。

11月　红八团在永福四旺村组建中共岩南漳边区工作委员会,同时成立岩南漳游击队办事处,随后成立岩南漳游击支队。

1935年

2月　红八团在龙车进行第一次整训。

2月　中共闽西特委在永福四旺村组建岩南漳边区军政工作委员会。

2月　永福宝山村成立中共永福宝贤支部。

4月　闽西南军政委员会决定把闽西南红军游击队划分为四个作战分区,其中第一作战分区游击范围:龙岩、连城、宁洋三县地区;第三作战分区游击范围:龙岩、南靖、漳平三县,漳平因此成为坚持闽西南三年游击战争的中心游击区域之一。

6月　邓子恢在永福龙车主持成立中共岩南漳县委,书记魏金水。岩南漳县委成立后,在漳平境内先后组建5个区委。1936年2月,县委驻地迁往永福新坑村小村。1937年3月,迁往龙岩冬头盂。

7月　红八团在龙车进行第二次整训。

9月　红八团政委邱织云在官田梅营村为掩护部队安全撤退,身负重伤,光荣牺牲。

秋　中华苏维埃共和国闽西南军政委员会领导人张鼎丞、谭震林、邓子恢等在永福新坑村小村主持成立岩南漳县军政委员会(苏维埃政府)。

冬　在永福仙宫村楼仔顶成立中共永福特区委员会。

1936年

2月5日　岩南漳、岩连宁和第三作战分区联合颁发《告龙岩、南靖、漳平壮丁书》,呼吁共同“抗日反蒋”。

2月初　红八团出征返回永福龙车、村头、四旺一带,与龙岩游击队、岩南漳游击支队集中进行第三次整训。

2月中旬　岩南漳县委在永福新坑村小村召开扩大会议，讨论中共中央关于建立“抗日反蒋”民族统一战线的任务，16日发布《中华苏维埃共和国岩南漳县军政委员会布告》。

2月　岩南漳游击支队改编为中国工农红军岩南漳抗日讨蒋支队，下辖4个大队。

6月　红八团和岩南漳抗日讨蒋支队，在永福朝天岭伏击国民党军八十师，歼敌100余人。

8月　邓子恢等在永福新坑村小村召开闽西南军政委员会扩大会议，分析西南反蒋事变与目前党的斗争策略，总结岩南漳6月、7月的工作，部署岩南漳边区今后50天的革命工作。

10月底　邓子恢、魏金水在永福宝山召开岩南漳县委和县军政委员会常务会议，决定采取新的游击战术。

1937年

4月17日　漳平第一支妇女游击武装——南福区妇女游击队在永福岭下村四旺锯齿岭红军寮，与国民党粤军九三八团一营血战，从队长到队员绝大部分光荣牺牲。

6月中旬　中共南福区委书记游祖贵代表岩南漳游击纵队，在龙车麻只贝与粤军九三八团谈判，达成草签协议，永福地区实现停战合作局面。

1938年

1月　80余名坚持闽西南三年游击战争的漳平籍红军战士加入新四军第二支队。2月27日，新四军第二支队在龙岩白土举行抗日誓师大会。3月31日，邓子恢，张鼎丞等率领新四军第二支队从龙岩东肖犀牛排广场出发，奔赴苏皖抗日前线。

1939年

5月　中共新安乡内山支部建立，书记陈庆云。

1940 年

10 月　中共漳平永福工作团在永福重建永福区委和武装侦察队伍。

冬　永福、新安乡（今拱桥）等地恢复建立党组织，党员 180 余人。

1941 年

1 月　参加新四军第二支队北上抗日漳平籍战士，大部分在“皖南事变”中壮烈牺牲。

8 月 14 日　日机 3 架侵入永福上空，投弹 3 枚，炸毁市场一角，死 6 人，伤 2 人。

12 月　中共闽中工委组建中共大（田）漳（平）边区工作委员会，林志群任书记。

12 月　中共闽中工委在漳平吾祠坑兜土楼召开“闽中人民自卫武装事会议”，漳平、大田、宁洋等县 50 余人与会。

1942 年

1 月 15 日　日机 9 架侵入漳平县城上空，投弹 20 余枚，居仁小学及附近民房被毁，炸死 2 人。

春　中共西埔支部在新桥成立，林清奇任书记。

1943 年

10 月　中共闽中工委在漳平吾祠坑兜、陈祠两地，先后举办二期地下党员和革命骨干学习班，漳平、宁洋有 20 余名地下党员和革命骨干参加。

12 月　中共北坑场支部在新桥成立，曾振浩任书记。

1944 年

3 月　组建新桥游击队，抗击国民党顽固派的“清剿”。

1945 年

9 月　新桥游击队和闽西北特委挺进游击队连续 8 天遭受国民党福建省保安厅“五县联防剿共”部队的追击，闽西北特委书记兼挺进游击队政委林大蕃和其他特委领导以及游击人员大部分牺牲。

10 月　中共大漳边委书记兼西埔支部书记林清奇在新桥被国民党新桥镇警察杀害。

1947 年

4 月　闽赣边地委领导成立宁洋支队。

1949 年

6 月 21 日　中共漳平县临时工委、漳平县解放委员会领导漳平各地民兵攻打县城，中国人民解放军闽粤赣边纵队第八支队第四团 2 个主力连和 300 余名安溪县民兵赶赴支援。原中国三民主义青年团(国民党控制下的青年组织、简称“三青团”)漳平分团干事会干事长刘子熙率部起义，漳平县城首次解放。

6 月 26 日　闽粤赣边区漳平县人民民主政府成立，刘子熙任县长。

7 月 6 日　宁洋县地方工作团和县游击大队第一次解放宁洋县城。

7 月 17 日　国民党刘汝明兵团第五十五军曹福林部一个步兵团及山炮营攻占漳平县城，中共漳平县临时工委、漳平县人民民主政府暂时撤离县城。宁洋县地方工作团和县游击大队亦撤出宁洋县城，坚持解放斗争。

9 月 13 日　中共漳平县临委、漳平县人民民主政府组织中国人民解放军闽粤赣边纵队第八支队第四团第五营和各乡民兵，再次解放漳平县城。

10 月 1 日　宁洋县地方维持委员会成立，林维邦任主席，宁洋县城宣告和平解放。

10月中旬　中共漳平县临会和中国人民解放军漳平县军事代表团共同组建中共漳平县委员会，张震东任书记。

本年　全县人口18854户，76108人；全县工农业总产值1259万元，其中工业产值为169万元，农业产值1090万元。

1950年

2月　中共宁洋县委成立，张其俭任书记；宁洋县人民政府成立，林云祥任县长。

4月　漳平县人民政府成立，张震东任县长。10月龙岩行政督察区改称龙岩专区，漳平县隶属龙岩专区管辖。

7月1日　匪首张景清勾结安溪县的吴增辉、詹福瑞等股匪300余人在凌晨时攻占溪南区人民政府，张自封为“漳平县县长”。

10月17日　区人民政府改为区公所，原菁华、党泰、永福、官田、溪南、新桥六区人民政府依次分别更名称为漳平县人民政府第一、第二、第三、第四、第五、第六区。

10月　中共宁洋县委组织部部长黄加其在小陶镇（今属永安市）遭土匪伏击牺牲。

11月下旬　中国人民解放军第85师253团3营奉命驻扎漳平剿匪。1951年6月漳平匪患基本肃清后，调离漳平。

12月　全县人民节衣缩食、踊跃捐款，开展抗美援朝运动。至1952年12月，全县为抗美援朝共捐款49288.63元。

11月　在全县范围内开展镇压反革命运动。1952年8月基本结束，至12月共逮捕各类反革命分子1349名，其中判处死刑456名，死刑缓期执行15名；至1953年10月，全县完成镇反复查判定工作。

12月　县委举办第一期土地改革运动培训学习班。

1951年

1月　全县6个区、63个乡镇（不含1959年实行土改的山羊隔乡）、544个自然村，分三类参加土地改革运动，其中一类乡（镇）7

个，占 11.11%；二类乡（镇）39 个，占 77.78%；三类乡（镇）7 个，占 11.11%。，至 1952 年 6 月基本结束。贫雇农人均占有耕地由 0.63 亩提高到 2.02 亩，中农由 1.70 亩提高到 2.34 亩，实现“耕者有其田”的愿望。

2 月 1 日　福建军区、中国人民解放军第十兵团通令嘉奖中国人民解放军第 85 师 253 团，表彰该团在 1 月 18—25 日漳平溪南、新桥的剿匪斗争中，奔袭张景清、詹福瑞等股匪的重大战绩。此役歼匪 454 名，俘获张景清等 9 名匪首，击毙郑国华等 5 名匪首，创造闽西南地区剿匪的范例。

3 月　全县自 1950 年 1 月开始的剿匪斗争，至此共歼灭土匪 1062 名（生俘 300 余名、击毙 174 名、投降自新 560 多人、畏罪自杀 22 名），缴获各种枪支 675 支，弹药 2.6 万发（件），取得肃清大股匪患的战果。至 1953 年 9 月，漳平县剿匪斗争全部结束。

4 月　芦芝乡邦坑村农民组成漳平第一个农业生产互助组——杨柏互助组。至 1953 年春，互助组发展到 1000 余个，入组农户占农户总数的 61.9%。

7 月　宁洋县开展土地改革运动。至 1952 年 5 月结束时，全县有 5425 户（占总农户 80.5%）无地少地农民分得土地 55282.24 亩，房屋 6845 间，耕牛 224 头，农具 14348 件，粮食 26.5 万公斤。

8 月 12 日　中央人民政府秘书长、中央人民政府南方革命老根据地访问团团长谢觉哉、副团长李步新率团莅临闽西，慰问老区人民。同月下旬，访问团分团莅临漳平县，赴永福等地慰问革命老区人民。

12 月 20 日　县直机关开展“三反”（反贪污、反浪费、反官僚主义）运动，至 1952 年 6 月底基本结束，查出有贪污行为 103 人。全县共查实贪污总金额 32015.13 元，定案宣判贪污犯 13 人。

1952 年

1 月　宁洋县党政机关从双洋迁往小陶（今属永安市）设署办公。

2月　在全县资本主义工商界开展“五反”(反行贿、反偷税漏税、反盗骗国家财产、反偷工减料、反盗窃国家经济情报)运动。

本年　为三年国民经济恢复时期的最后一年,全县社会总产值1569万元,比1949年增长14.11%,年均递增4.75%;粮食总产28518吨,比1949年增长29.7%。

1953年

3月　全县开展取缔反动会道门活动,取缔一贯道、先天道、同善社等道坛9个,依法判处反动会首死刑1人,徒刑7人,管制3人。

11月　全县贯彻粮食统购统销政策,严禁私商经营粮食、油料,直至1979年才逐步放开。

1954年

9月16日　漳平按国家规定,实行棉花、棉布统购统销政策,按人口凭票定量供应棉布,直至1984年1月取消布票,免票敞开供应。

9月　漳平中学校名改为漳平第一中学,县第二初级中学亦易名为漳平第二中学。

1955年

3月1日　国家发行新版人民币,同时以一比一万的比率回收当时市面的旧版人民币。

7月　鹰厦铁路(北起江西省鹰潭市、南至福建省厦门市、全长694千米、1954年动工兴建、1957年竣工通车)漳平段开始施工。中国人民解放军8503部队一个师进驻漳平修筑鹰厦铁路,1959年底陆续调离漳平。

11月27日　下午,中国人民解放军铁道兵司令员王震视察鹰厦铁路建设莅临漳平,到会接见漳平县第一届人民代表大会第二次会议的代表,并在闭幕式上作重要讲话。

1956 年

3 月　漳平县第一座人工水库—西园可人头水库竣工(1955 年 12 月兴建),蓄水 3 万立方米。

5 月 26—31 日　中共宁洋县第一次代表大会召开,选举郑来潮为县委书记。

6 月 2—8 日　中共漳平县第一次代表大会召开,选举王曙东为县委书记。

6 月　龙漳(龙岩—漳平)公路(1955 年 11 月动工)正式建成通车,全长 81 千米。

7 月 31 日　宁洋县撤销建置,原辖境分别划归漳平、龙岩、永安三县领属,原宁洋县双洋、赤水划归漳平县管辖,共有 12 个乡(镇)、116 个自然村、3001 户、10930 人,耕地面积 42943.06 亩。

9 月 2 日　平福公路(漳平—永福)动工修建。1957 年 4 月 6 日竣工,5 月 2 日正式通车,全长 41.5 千米,为龙岩专区第一条民办公助公路。

10 月 19 日　漳平各界万余人举行集会,欢庆鹰厦铁路铺轨到漳平县城。

12 月　全县基本上完成对农业、手工业、资本主义工商业生产资料私有制的社会主义改造。全县共办高级农业社 164 个,入社农户 22147 户,占农户总数的 90.53%;全县共建立手工业社(组)28 个,从业人员 446 人,占全县手工业者总人数的 86.8%;全县有 83%的私营工业企业,96.3%的私营商业、饮食业和服务业,分别纳入公私合营或合作化的轨道。

1957 年

12 月　在双洋南门圳建成装机 16 千瓦的试点水电站,为中华人民共和国成立后漳平县境内建成的第一座水电站,亦是漳平县有史以来的第二座水电站(1945 年 3 月在永福蓝田兴建第一座水电站)。

本年 为1953—1957年发展国民经济第一个五年计划的最后一年。全县社会总产值3399万元,比1952年增长116.6%,年递增16.72%;工农业总产值3017万元,增长108.5%,年递增15.83%;粮食产量37247吨,增长30.32%,年递增5.44%;社会商品零售总额669万元,增长223.19%,年递增26.44%。

1958年

2月23—28日 县委在城区召开五级干部扩大会议,提出"反右倾、鼓干劲、超英赶美、苦干3年、迅速改变漳平落后面貌,提前实现农业发展纲要四十条。"的急躁冒进口号,首先在农业组织"大跃进"。

8月中旬 全县贯彻全民"大炼钢铁"的号召,组织8万余人挖煤、采矿、烧炭、建土高炉。至11月底,县在芦芝大深、城关凌坑寮等地兴办铁厂,龙岩地区也在东坑口建立漳平钢铁厂;全县共建土高炉1684座。

9月1日 反映老区人民支援铁路建设的故事片《山里来的人》在漳平城区浮桥头开拍。

10月 撤销乡(镇)建制,实行政社合一,建立公社、生产大队、生产队三级管理体制。全县28个乡(镇)合并成立9个"政社合一、农工商学兵"五位一体的人民公社,即红专(菁城)、红旗(芦芝)、红色(党泰)、永福、东方红(官田)、溪南、火箭、建峰(吾祠)、东风(双洋),全县农户25344户都成为公社社员,兴办公共食堂726个,99.3%的人在食堂就餐。

11月9日 中国人民解放军8503部队三支队战士龙均爵(今贵州省天柱县邦洞街道大河边村人、侗族、1931年出生、1950年参加革命工作、中共党员)为扑灭芦芝大深的山林大火,保护国家财产而英勇牺牲。

11月上旬 漳平县和龙溪地区在新桥大坑合办溪平煤矿,是福建省唯一生产烟煤的国有企业,为今福煤(漳平)煤业有限公司的前身。

11月26日　《漳平日报》刊登溪平煤矿放出日产煤8000吨的所谓“巨型卫星”的浮夸报道，宣称“人均日产量跃居全省首位”。

12月　福建省最大的铁矿、省属全民所有制企业——漳平潘洛铁矿（1958年初筹建、由漳平洛阳和安溪潘田两个矿区组成）在漳平县芦芝大深村建成投产。

1959年

3月　漳平唯一的畲族乡——山羊隔乡开展土地改革，至5月结束。

9月22日　漳平—泉州铁路梅水坑至大深段通车。

11月8日　全县禁止在市场上自由出售生猪，居民肉食凭票限量供应。至1985年3月，取消居民猪肉凭票供应制，开放市场供应。

1960年

2月　当时龙岩地区最大的火电厂——漳平火电厂在芦芝东坑口村建成投产。

春　全县暴发水肿病、妇女闭经、子宫下垂和小儿疳积等疾病，并出现人口非正常死亡情况。患病人数达10872人，其中治愈7334人，死亡369人，其余经治疗先后好转。

6月9—10日　县域普降暴雨，发生“6·9”特大水灾，受灾损失仅次于道光廿二年（1842）漳平历史上的最大水灾。全县因灾毁房3202间，农田19066亩，水利设施2007处；公路塌方4.7万立方米，铁路塌方9万余立方米；木材流失13449立方米；死亡11人，伤46人。

9月　漳龙铁路漳平—雁石段正式通车。

冬　县委成立整风整社领导小组和处理平调委员会，纠正“左”的错误，肃清“五风”和清退平调款物。至1961年9月结束，全县共退赔平调款130万元，占应退款物总数的70%。

1961 年

夏　县委贯彻中共中央《关于农村人民公社当前政策问题的紧急指示信》，两次缩小公社规模，停办公共食堂，以生产队为基本核算单位，恢复实行土地、劳力、耕牛、农具“四固定”制。

11月　自1958年动工兴建的漳龙线（支线）漳平段通车。该线从鹰厦线的漳平县和春线路所分轨，终点龙岩，漳平境内8千米，

12月止　全县粮食总产量从1957年的37247吨降到1961年的20803吨，比1949年减少1178吨，比1957年减16444吨；人均口粮从1957年的297公斤减少到1961年的138公斤，为漳平解放以来全县粮食总产量最低，人均口粮最少的一年。

1962 年

3月　在下桂林建成全县第一座电灌站，装机20千瓦。

6月　全县农业普遍出现包产到户责任制的作业形式。全县有1063个生产队实行“四统一”包产到户责任制，占生产队总数的73.4％。

本年　自1958年动工兴建的漳泉线（支线）漳平段通车至大深。

1963 年

1月11—15日　中国共产党漳平县第二次代表大会在城关召开，选举田若为县委书记。

3月　县工会、共青团、妇联等团体号召向雷锋同志学习，全县掀起学雷锋、树新风的热潮。

12月1日　漳平煤矿大坑矿区4号斜井建成投产，为全省第一座新型正规烟煤矿井。

12月　省道“福三线”古田县水口至漳平县城段公路建成通车。县境内路段起点半华，终点黄岭，全长72千米。

1964 年

4 月 28 日　县计划生育和节制生育领导小组成立，开始在全县推行计划生育。

本年　为纪念永福龙车暴动 35 周年，龙车革命烈士纪念碑建成，原址位于龙车暴动纪念馆旁。1979 年纪念龙车暴动 50 周年时，迁建于龙车村潭头自然村公路边的大寨山巅上，1987 年重修。碑身为革命前辈伍洪祥、魏金水的题字，并刻有 73 名烈士英名。

1965 年

3 月　县动员首批城镇知识青年 72 人（男 50 人、女 22 人）落户上坂公社宝山。

12 月　在东门修建 1 座竹木排筏起水码头，码头设有铁轨、绞盘机、卷扬机，中转上游流放下来的竹木排。1985 年后竹码头停止使用。

本年　中国人民解放军 6715 部队第 54 团（铁道兵）进驻漳平城关赤山，负责维护鹰厦铁路。1975 年，陆续调离漳平。

本年　是国民经济调整时期的最后一年。全县社会总产值 4915 万元，比 1957 年增长 44.6％，年递增 4.72％；工农业总产值 3559 万元，增长 112.16％，年递增 10.49％；粮食产量 34060 吨，下降 8.56％，但比 1962 年增长 58.5％；社会商品零售总额 1097 万元，增长 63.98％，年递增 6.38％。

1966 年

5 月 27 日　县委根据中共中央《五·一六通知》，成立“文化革命领导小组”，下设办公室，即日开始办公，揭开漳平县“文化大革命”的序幕。

6 月 1 日　全县各机关、学校和企事业单位开始批“三家村”、砸“四家店”、揪“黑帮”、斗“牛鬼蛇神”活动，一批干部、群众受到打击、迫害。

6月中旬　县直宣教系统各单位开展“五界”(学术界、教育界、新闻界、文艺界、出版界)“文化大革命”。

7月　全县刮起一场大规模的破“四旧”(旧思想、旧文化、旧风俗、旧习惯)歪风。仅8月份被焚毁的古籍、字画就达12866件,毁坏明代宣德炉、青花瓷器等文物,造成不可弥补的损失。

9月中旬　“红卫兵”和大部分中学师生开始免费搭乘车船外出串联“点火”“取经”,交通秩序极度混乱。

12月25日　龙岩专区第一家化肥厂,当时全国50个小氮肥厂之一的漳平化肥厂建成投产。

1967年

1月14日　县委召开三级干部会议,围绕“文化大革命”和工农业生产两大问题,部署“抓革命、促生产”工作。

1月　在上海“一月风暴”影响下,城区相继成立名目繁多的群众组织,夺取部分基层单位的领导权,党政机关开始陷于瘫痪,企业停工停产。

1月底　县人武部和解放军驻漳部队奉命“支左”,组建“抓革命促生产指挥部”。此后,逐步扩大为支左、支工、支农、军管、军训的“三支两军”活动。

2月　在福州“1·26”事件影响下,打、砸、抢、抄、抓的恶浪席卷县城,“红字派”“新字派”两派群众组织的对立情绪激化。

3月上旬　县军事管制委员会成立,内设办公室、政治处、生产指挥处,行使县人民委员会职权。

3月13日　县人民武装部和解放军驻漳部队奉命对漳平火车站、公安机关、司法机关、银行、邮电等重点单位实行军事管制。

4月下旬　县委召开全县抓革命、促生产誓师大会,动员广大干部、群众不误农时搞生产,做到革命、生产两不误。

7月14日　在“文攻武卫”的煽动下,漳平两派造反组织在旧总工会前的广场召开批判大会,发生武斗流血事件,打伤数人。下旬,“文攻武卫”蔓延升级。

本年　国家水电部第七列车电站调来漳平东坑口并网发电，装机容量为2500KW·h，1979年调离漳平。

1968年

5月4日　县委召开四级干部大会，会期8天。会议部署深入开展活学活用"毛著"活动，强调以斗私批修为纲，促进思想革命化；抓革命促生产，开展农业学大寨。

8月28日　县人民武装部生产指挥部下发《中学复课闹革命通知》，全县中学师生陆续回校复课闹革命。

9月28日　经福建省军区和福建省革命委员会的批示，同意成立军队代表、干部代表、群众代表（军、干、群）"三结合"的漳平县革命委员会（简称革委会），李学孔任主任。县革命委员会总揽全县党、政、财等一切权力，行使原县委、县人委的领导职能。

10月30日　全县16个公社全部成立革委会，掌管公社党政大权，实现革命大联合。

11月13日　县革委会在全县动员、部署开展所谓"清理阶级队伍"活动。至1969年底，全县被揪斗几千人，几百人被迫害致死。

本年　县竹藤厂编织的毛泽东主席肖像，被选送北京人民大会堂悬挂。漳平竹编工艺品工艺精巧、造型美观，在国内外享有盛誉。

1969年

1月5日　县成立"四面向"办公室（1973年12月更名为上山下乡知识青年办公室）。先后安置了漳平和晋江知识青年2215人到农村插队落户，另有城镇居民564户2792人被迁往农村落户。

3月16日　县革委会批准成立"漳平县群众专政指挥部"，各公社成立相应组织，肆意搜查、审讯群众。

3月27日　县"四面向"办公室组织第二批127名（含女知青19名、晋江籍知青97名）知识青年上山下乡，安置在城郊、和平、芦芝、西园、南洋、官田、溪南、吾祠、双洋、赤水等10个公社。

5月　全县开始整党建党工作，至1970年10月基本结束。期间，县革委会先后派出整党建党毛泽东思想宣传队350余人，举办毛泽东思想学习班188期，全县有217个基层单位建立新的党支部，15个公社建立新的党委，195名先进分子入党，绝大部分党支部恢复组织生活。

8月　县革委会开展“三清”(清武器、清钱、清粮)运动，共收缴短枪3支、子弹2014发、手榴弹16枚、炸药10公斤、雷管32发、粮食56498公斤。

9月6日　县革委会定案办公室成立，打击迫害几百名无辜干部、群众。

11月28日　省人民防空现场会在漳平城区召开，全省各地党政军负责人共184人参加，至12月1日结束。会议高度赞扬漳平县革委会近一个月来，动员群众挖地道、防空壕233条14453米和防空洞1785个的成绩。

12月　漳平县开始安置下放干部工作，共接收安置来自福州、厦门等地的下放干部949名。

本年　县革委会贯彻“深挖洞、广积粮、不称霸、要准备打仗”的指示，掀起战备和联防的热潮。

1970年

2月　在全县开展打击“反革命”破坏和反贪污盗窃、反投机倒把、反铺张浪费的“一打三反”运动，制造一批冤案、假案、错案。

8月　在“文化大革命”停止招生工作后，漳平首次采用“群众推荐，领导批准，学校复审”办法，免试招收大中专新生80名。

9月26日　止全县共有知识青年和城镇居民5789人，省、地、县下放干部884人，大中专毕业生264人，先后到农村插队落户或下放劳动。

1971年

1月26日　漳平县第六届人民代表大会第二次会议召开，选举王国干(县委书记、军队代表)为主任。县委书记兼县革委会主任，主持全县党政工作。

5月　县委贯彻中共中央关于“批陈整风重点在批陈，其次才是整风”的指示，举办批陈（陈伯达）整风学习班，开展“批陈整风”运动。

6月　漳平农械厂在和平建成投产，总投资90万元，为省定点厂家。

9月　中共中央粉碎林彪反革命集团妄图夺取最高权力，策动反革命武装政变的阴谋（“九·一三”林彪叛逃事件），全县开始开展“批林整风”运动。

10月　县造纸厂在桂林公社下桂林大队建成投产（1957年筹建、1962年2月因资金不足停办、1969年11月重建），总投资258.3万元。

本年　漳平化肥厂试验用加压碳化煤球成功，成为全国第一家用加压碳化煤球制原料取代块煤的化肥厂。国家化工部在该厂召开现场会，推广此技术。

1972年

2月3—9日　县委、县革委会在全县范围内公开传达中共中央〔1972〕3号、4号文件，由党内逐步向党外传达林彪反革命集团罪行材料，开展“批林整风”，重点批判《571工程纪要》。

5月24日　县委、县革委会组织各公社书记、部分大队党支部书记、小队长等县社队干部代表54名，组团赴大寨参观学习。

6月21日　县委召开农业学大寨会议，介绍漳平赴大寨参观学习团的取经情况，发出“学大寨人、走大寨路、立大寨志、兴大寨风，学大寨赶昔阳，重新安排漳平河山”的号召。

11月　县委发出《关于开展社会主义劳动竞赛运动的意见》，持续抓革命、促生产的工作。

12月14日　漳平城区第一座横跨九龙江的公路桥—漳平大桥建成通车，解决城关、桂林两地交通运输的瓶颈问题。该桥于1971年12月动工兴建，全长173米，单拱净跨度50米，为当时全省净跨度最长的钢筋混凝土吊装拱桥。

本年　永福藤器社成套藤制家具被选送参加全国工艺美术品展销会展销，获客商一致好评。

本年　县粮油加工厂的大米加工技术改铁土砻为橡胶砻，提高出米率，碎米率下降到国家规定标准，被国家粮食部和省、地评为先进企业。

1973 年

4 月 22 日　县委下发《关于开展队队办养猪场，户户再增养一头猪，实现生猪生产上（纲要）的决定》，全县开展生猪养殖的劳动竞赛。

6 月 4 日　县高等学校招生领导小组成立，继续在全县采取群众推荐、领导批准、学校复审的办法，免试招收“工农兵学员”。1977 年全国恢复高考，停止招收。

8 月 19 日　县委召开四级干部会议，提出“抓大批促大干，鼓足干劲学大寨，加快步伐赶昔阳”的口号，农业学大寨运动持续不断。

12 月止　全县实现社社通公路，48％的农村生产大队通公路。

本年漳平松香厂（1952 年创建、原厂址设于桂林）在城关打鼎金新建厂址。总投资 133.2 万元，占地面积 3.69 万平方米，建筑面积 9066 平方米，年设计生产松香 4500 吨。

本年龙岩地区在漳平县五一林场建立全区第一个杉木无性系嫁接种子园，面积 13 亩，共嫁接 10 个无性系 217 株，保存率 90％。

1974 年

3 月　漳平县首次使用飞机播种造林，飞播面积 18.15 万亩。

7 月　县机砖厂在城郊虎岗岭建成投产，累计投资 119.12 万元，年设计生产能力为红砖 1100 万块、水磨石地板砖 1 万平方米。

秋　中国农林科学院和黑龙江甜菜研究所派技术人员到永福指导，大面积试种甜菜获得成功。一般亩栽 6000 株，产块根 1500 公斤，含糖度达 18％～24％，为南方发展食糖生产开辟一条新路。

10 月 8 日　漳平县农业科研工作会议召开，讨论和制订 1975 年农业科研工作计划，推广农业先进生产技术与经验。

12 月　经省、地验收，宣布漳平县基本消灭疟疾病。

本年　县委按照中共中央的部署，设立“漳平县批林批孔办公室”，专职负责开展所谓“批林批孔”运动。

1975 年

3 月 2—4 日　漳平县知识青年上山下乡代表大会召开，知青代表 195 人与会。

5 月　按照中央决定，在“文化大革命”期间介入地方工作的军队干部全部退出地方党政工作，调回部队，“三支两军”任务至此结束。

6 月 3 日　漳平县六届人民代表大会第三次会议召开，选举李文德为县革委会主任。

8 月 7 日　县革委会决定撤销政治处和生产指挥处，15 日停止办公，革委会下设农林、水利、工交、财贸办公室。

10 月　经龙岩地区防疫站考核验收，确认漳平为基本消灭血丝虫病的县。

10 月止　自 1970 年北方地区农业会议后，漳平县先后组织 5 批 284 人到大寨县参观学习，其中有 75 个大队的主要干部、各公社有 2 位领导干部均到大寨县取经。

11 月 3—16 日　县委召开三级干部会议，再次部署农业学大寨运动，提出“全党动员，苦战三年，为建设大寨县而奋斗”的口号。

12 月 22 日　县革委会决定：为 1968 年冬“清队”时以刑讯逼供制造的杨美革命集团假案平反，对受审查的 34 人分别情况给予妥善处理，对被打死、逼死的 4 人的家属给予适当抚慰。

12 月　全县开展所谓“批邓、反击右倾翻案风”运动。

1976 年

1 月 8 日　周恩来总理逝世，全县人民怀着沉痛的心情，自发地以各种方式举行悼念活动。

1月24日　县革委决定：为1968年11月在“清队”中以刑讯逼供制造的吾祠“和平军”“黄思军”反革命集团假案平反，恢复受审查32人的名誉。

3月1日　县革委决定：为1968年冬“清队”期间以刑讯逼供制造的古溪、山坪、适榕“反共救国军”和新桥逢湖“复仇队”两起反革命集团假案平反，恢复受审被冤29人的名誉。

4月16日　全国南方甜菜生产现场会在永福召开，并庆祝中国南方第一座以甜菜为原料的永福糖厂建成试产成功，后因经济效益差而停产。

9月9日　毛泽东主席逝世，各单位设置灵堂哀悼。9月18日下午3时，城区万余群众在县体育场举行追悼大会。

10月23日　漳平城区3万军民举行庆祝游行，热烈欢呼粉碎江青反革命集团这一历史性胜利。

1977年

3月　在全县开展批判“四人帮”反革命集团和打击阶级敌人的破坏活动、打击资本主义势力的进攻的“一批二打”运动。

6月2日　县公安机关对清查对象的居所、住处进行搜查，共缴获各种子弹4000余发、雷管53枚、炸药8.4公斤，以及一些枪支和非法抄家所得的财物，以维护粉碎“四人帮”后的社会安定。

7月　漳平县石油公司成立，专营汽油、柴油等石油商品。

11月下旬　“文化大革命”期间进驻各学校的“工宣队”“贫宣队”全部撤出学校，教育管理体制逐步恢复正常。

12月　苏坑水库工程投建。水库最大坝高29.6米，总库容186万立方米。

1978年

3月16—18日　中国共产党漳平县第四次代表大会在城关召开，选举华亨为县委书记。

春　漳平制材厂在新桥云墩建成投产，年产锯材2万立方米。

4月　漳平第一座电视转播台在和平仁隔山燕尾林尖建成开播。

5月　县成立摘掉“右派分子”帽子办公室，随后49名被错划的“右派分子”全部得到纠正。

8月　漳平当时最大的水电站文星一级电站建成发电，总投资150万元，装机3台计1200千瓦，年设计发电量900万千瓦小时。

9月　龙岩地区革命委员会(1970年7月成立)撤销，设立龙岩地区行政公署，恢复为省的派出机构，漳平仍属龙岩地区管辖。

10月　县直机关开展“实践是检验真理的唯一标准”讨论，倡导解放思想，摆脱“两个凡是”的束缚。

12月18—22日　中共十一届三中全会召开，恢复马克思主义思想路线、政治路线和组织路线。漳平县开始全面纠正“文化大革命”的“左”倾错误，平反冤假错案，结束经济工作和社会发展在徘徊中前进的局面，实现党的工作重点从阶级斗争到社会主义现代化建设的转移。

本年　菁城影剧院建成，建筑面积2354平方米，为钢筋混合结构，共有座位1640个。

1979年

2月15日　县革委会决定：对1968年冬“清队”期间，县人民保卫组用刑讯逼供等手段制造的灵地“反共救国军”反革命集团假案给予平反。

3月　全县复查审定“四类分子”1172名，摘除地主、富农、反革命、坏分子帽子1098名，纠错40名，占总数的97%。

4月　开始全面复查“文化大革命”及其他政治运动中的冤案、假案、错案。经复查，先后为3723位蒙冤受屈者平反昭雪或纠错。

5月　漳平硫酸厂在东坑口建成投产，总投资1029.7万元。

8月8日　纪念朱德率领红四军入漳50周年大会在漳平电影院召开。

10月1日　县自来水厂(顶郊电灌站改建)投产,累计投资86.1万元,年供水约80万吨,缓解城区供水紧张状况。

12月　赤水钓竿岩水库竣工(1986年1月正式交付使用),是龙岩地区第一座刚性斜墙堆石坝。水库坝高30米,总库容81.5万立方米。

12月　在永福吕坊村兴建漳平铁厂正式投产,填补县冶金工业的空白。

本年　县竹藤社制作的“友谊提篮”和“青丝格篮”,被选送日本工艺美术品展销会上展销,深受客商欢迎。

1980年

1月　漳平罐头厂在石龟顶建成投产,年生产能力为各种罐头800吨。

7月　溪南集体所有制企业东湖造纸厂(1978年兴建)建成投产,设计生产能力日产2吨。

秋　在桂林南美坪创办漳平第二中学,将桂林、拱桥、南洋、和平4所中学的高中部并入二中,同时招收初中生。

10月　全县贯彻中共中央《关于进一步加强和完善农业生产责任制的几个问题的通知》,全面铺开家庭联产承包责任制。

11月　中共漳平县委与县革委会分开办公,各级党政分署,系统独立。

12月止　县人民法院全面复查“文化大革命”期间由县人民保卫组判处的刑事案件191件、264人。经审理改判34件、40人,宣告无罪38人,免刑2人,减刑9人。

1981年

1月5—8日　漳平县第八届第一次人民代表大会在城区召开,选举叶加林为县长。至此,撤销县革委会,恢复漳平县人民政府。

3月止　全县1703个生产队落实各种形式的承包责任制,占全县1710个生产队的99.6%,尚未落实责任制的生产队仅有7个。

11 月初　县文物普查队配合中国科学院古脊椎动物与古人类研究所，在芦芝大深村（潘洛铁矿）北矿山勘察，发掘出古脊椎动物骨骼和牙齿化石 40 余块。经考证为距今约三四万年前的熊猫、水鹿、野猪、山羊、貘、剑齿象等动物骨骼和牙齿化石。

12 月　位于菁城福满村的长北坑水库竣工并投入使用。水库最大坝高 20.5 米，总库容 98.8 万立方米。

本年　县委、县政府落实回城落户政策，在“文化大革命”期间被遣送农村落户的城镇居民 148 户 280 人，先后分 5 批迁回城区落户。

本年　在全县开展确定山权、林权和管护权的林业“三定”工作，林权定权 248.48 万亩，其中私有林权 82431 亩。

本年　漳平林产化工厂收购松脂 6293 吨，生产松香 4125 吨，松节油 739 吨，松香优质品率达 96.6%，创历史最高水平。

1982 年

6 月 14—16 日　中共福建省委第一书记项南莅临漳平视察，深入永福、南洋、和平等地调查，访问当地花农、菜农、茶农，提出一系列发展山区经济的新思路。

6 月 30 日　县政府公布首批重点文物保护单位 17 处，其中象湖杨美红军留款信、永福龙车革命烈士纪念碑、永福毓秀塔、永福福里太平天国天将告示和双洋麒麟山圆觉塔等 5 处为县级。

9 月　县成立处理地下党历史遗留问题办公室。经两年调查，共落实“五老”人员 874 人，其中老地下党员 181 人，老游击队员 495 人，老接头户 101 人，老红军 12 人，老苏区干部 85 人。

11 月　位于永福上林村的上林水库正式交付使用。水库坝高 27.5 米，总库容 1138 万立方米。

12 月　漳平县被列为福建省首批计划免疫冷链试点县，实现一人一针。

本年　在全县工业企业中全面推行盈亏承包责任制，采用利润包干、超收留用或分成的办法，发挥企业经营的积极性。

本年　漳平食品厂生产的冬瓜条获龙岩地区食品质量评比第三名，成为漳平地方特色食品。

1983年

7月　漳平县供销合作社联合社成立，成为在商业系统中最早实行体制改革的单位。

8月　遵照全国人大常委会《关于严惩严重危害社会治安的犯罪分子的决定》，全县开展严厉打击严重危害社会的刑事犯罪活动（简称“严打”）。至1985年8月，共摧毁犯罪团伙62个；侦破各类案件204起，其中大案29起；逮捕罪犯753人，法办555人。至1986年12月，共审结各类刑事案件332件、756人，其中属于杀人、强奸、抢劫、爆炸、流氓集团等7个方面的严重刑事犯罪案件87件、161人；集团和团伙犯罪案件47件、202人。

本年　龙岩地区当时最大的面粉加工厂——漳平面粉厂在城区凌坑寮建成投产，年加工面粉能力1.75万吨。

本年　全县粮食总产量达86961吨，创历史最高水平。

本年　漳平县被省体委、教育厅评为体育达标先进县。至1990年，连续8年获此称号，施行新颁《国家体育锻炼标准》取得良好成效。

1984年

2月　国务院原副总理、中共中央书记处原书记、时任政协全国委员会副主席陆定一将“永福花乡”的亲笔题字寄赠永福公社。

5月15日　县政府颁布《关于加强荒山绿化和山地开发步伐的规定》，规定社中自留山应占集体山林总面积的20%左右，由政府发给自留山证，社员有长期经营权，荒山、荒滩谁种谁有，使用权30～50年不变。

7月1日　1957年成立的漳平县军人接待所改为“八一”服务站，为军队、地方两用站，面积3858平方米。

8月　全县取消1958年以来实行的人民公社体制，恢复乡

(镇)、村建制,至11月底全面完成。全县共设2个镇(菁城镇、新桥镇)14个乡,共计16个乡(镇)、4个居委会、176个行政村。

11月9—11日　在漳平城关召开中国共产党漳平县第五次代表大会,选举杨金龙为县委书记。

12月20日　省内独家引进西德APM公司人造大理石设备的漳平人造大理石厂在桂林建成投产,总投资352.6万元,3年后停产。

冬　县委在全县开展新中国成立以来最大的整党工作。至1987年,参加整党的党员共5945人(正式党员5439人、预备党员506人)。

本年　漳平宾馆建成,建筑面积2782平方米,为5层框架结构建筑。

1985年

2月27日　县政府决定:自3月1日起取消生猪派购制度。

4月8日　在九龙江上游、漳平城西顶郊村动工兴建中国华电福建漳平电厂,属福建省“七五”期间应急电源工程。总体生产规模为4×10万千瓦,即安装四台国产10万千瓦燃煤凝汽式汽轮发电机组,项目总投资2.06亿元。1986年11月30日上午11时50分,1号机组并网发电。1987年10月9日,2号机组并网发电。2台机组年发电量达10～13亿千瓦小时。

5月13日　省政府批准设立漳平卫生职工中等专业学校,校址在顶郊村。

5月28日　漳平县被评为龙岩地区集资办学先进县,受到地区行署表彰,社会集资居龙岩地区7县之首。

9月10日　全县举行一系列尊师重教活动,庆祝全国第一个教师节。

9月11日　中国福建投资企业公司与意大利GTE公司签订福州—漳平的480路数字微波通信系统合同书。1987年该通信系统建成并投产使用,漳平成为龙岩地区第一个引进先进的通信设备，并建成数字微波通信站的县。

10 月 16 日　经省卫生厅验收批准，宣布漳平为基本消灭麻风病县。

11 月 11 日　漳平磷肥厂正式批量生产“191 型”“196 型”和“851 型”3 种不饱和聚酯树脂产品，填补了省内化学工业的一项空白。

12 月 27 日　县医院新病房大楼正式启用。

12 月　漳平县经龙岩地区验收合格，全县少、青、壮年无盲率达 92.14%，宣布为基本无文盲县。

本年　全县乡镇企业异军突起。当年有乡镇企业 2362 个，比 1980 年的 295 个增长 8 倍。

1986 年

1 月 30 日　省重点开发项目 TY－101 不饱和聚酯树脂新产品在县林产化厂正式投产。

1 月　漳平硫酸厂研制成功将硫酸生产湿法排渣改为干法排渣，经地区环保局鉴定为省内首创。

3 月 22 日　县饲料加工厂建成投产，年产配合饲料 7000 吨。

5 月 19 日　漳平县与东山、藁城缔结为友好县。

8 月 8 日　县面粉厂经龙岩地区评定为全区第一家产品质量达三级标准的面粉厂，产品质量基本达到部级标准。

10 月 6 日　麦园纤维板厂正式投产，年设计生产能力为纤维板 3000 吨。

10 月 15 日　县粮油加工厂波纹面生产线正式竣工投产。

11 月 10 日　漳厦电池炭棒厂在桂林建成并正式投产。产品质量达到部颁标准，年生产各种型号的电池炭棒 500 余吨。

本年　全县计划免疫“四苗”覆盖率达 87.1%，建卡率达 99.7%，漳平成为全省 15 个达标县之一，获省计划免疫先进县称号。

1987 年

2 月 16 日　全国绿化委员会对漳平在 1986 年造林育林 22.41 万亩给予嘉奖，授予漳平县全国绿化先进单位称号。

4 月 20 日　经省批准增认永福、赤水等 26 个村为革命老区村。至此，全县共有革命基点村 31 个，重点老区村 84 个。

8 月 30 日　县人武部部长曾广益在组织漳平火电厂民兵进行手榴弹投掷训练时，为保护投弹失手临危民兵而牺牲。后经省政府批准，追认其为革命烈士。

9 月 25 日　漳平电厂 2 号机组安装完毕，并于 10 月 9 日并网发电。该厂 2 台机组共 20 万千瓦，仅用 29 个月建成投产，创造福建省大电站建设史上最好成绩，受到省政府表彰。

10 月 25 日　漳平东坑口九龙江大桥建成通车。该桥全长 177.58 米，为 3 孔 50 米跨径空腹式石拱桥。

11 月 17 日　国家“七五计划”重点工程一鹰厦铁路电气化工程永安至漳平段开通。

12 月 8—10 日　中国共产党漳平县第六次代表大会在城区举行，选举杨金龙为县委书记。

1988 年

2 月 3—4 日　中共福建省委书记陈光毅带领省委办公厅和省经委、计委、农业厅、扶贫办的负责人，莅临漳平调研和视察工作。

2 月 12 日　漳平县第一家外资合作企业——菁港竹器制品有限公司正式签约，并于 4 月正式投产，全县“三资”企业正式起步。

4 月 1 日　经国家广播电视部和省广播电视厅批准，建立省首家县级电视台——漳平电视台，下设新闻部、广告部、专题组和技术组。

4 月　县政府出台《关于严格执行计划生育两个〈规定〉的通知》，严格执行有超生子女的干部、职工一律“单职单开、双职双开”的政策。

5月上旬　全省第一条木质纤维楞板生产线在漳平县动工兴建，年设计生产木瓦板3500吨。

6月23日　经国家广播电影电视部批准，建立全省首家县级调频广播电台，呼号为“漳平人民广播电台”，配备两台50瓦调频发射机。

8月1日　鹰厦线（干线）永安至漳平段改用电力机车牵引，1990年延伸至邵武。从此客货综合运力提高一倍，为华东地区第一条电气化铁路。

8月2日　县委、县政府印发《关于开展向“临危不惧、舍己救人”而英勇献身的曾广益同志学习的决定》，学习曾广益同志“临危不惧、舍己救人”的献身精神。26日，龙岩地委、行署、军分区作出决定，在全区开展学习曾广益烈士活动。

9月　漳平县首家股份制集体金融企业——漳平县盛菁城市信用社创办。

12月　县大菁洋水泥厂建成投产，年设计生产能力水泥7.5万吨。

本年　漳平火车站由原来9股道扩建为22股道，升为二等编组站。

本年　漳平县被省体委评为1986—1987年度体育锻炼达标先进县。

1989年

1月　县粮油食品厂的冠芳牌波纹面，荣获省优产品称号，并获省首届工业品博览会银质奖。

5月1日　福建省首家县级电视台、广播电台——漳平电视台、漳平人民广播电台，经国家广播电影电视部批准，正式开播。

6月　漳平最大的中型水库大坂水库竣工，平均年发电量1308万千瓦小时。

6月　漳平县新桥镇被国家文化部命名为“中国现代民间绘画画乡”。

8月　中共中央发出《关于加强党的建设的通知》，全县各级党组织和党员旗帜鲜明地反对1989年“六四”风波，反对资产阶级自由化，维护政治和社会的稳定。

8月　官田乡党委、政府在梅营村重修红八团政委邱织云（今上杭县临江镇人、1935年9月牺牲）烈士墓。碑文系老红军、中共福建省委原书记伍洪祥题写。

12月8日　国家公安部授予勇斗歹徒的陈善珉“一级英模”称号。

1990年

1月　漳平县接受联合国人口基金会和儿童基金会提供的援助，成为加强“中国基层妇幼卫生、计划生育服务”项目合作县。

8月15日　国务院正式下文，批准漳平撤县建市（县级）。

12月1日　漳平市民和特邀嘉宾3万余人，在城区举行盛大建市庆典活动，宣告漳平市正式成立。

本年　为“七五计划”的最后一年，全县社会总产值为36433万元，国内生产总值为45848万元，分别比1949年增长25.5倍和17.8倍；粮食总产量为87251吨，比1949增长2.97倍。

1991年

1月17—20日　漳平市第十一届人民代表大会第一次会议在城区召开，选举卢泉昌为市长。

4月　漳平市在和平安靖村仁隔山建成无线寻呼发射台并成功开通，首次正式办理无线寻呼业务。

5月29日　漳平—龙岩—漳州数字微波电路工程竣工验收，从而完成自1972年开始建设的全省微波电路环网工程。

6月16日　国家“七五”计划期间重点工程、华东地区第一条电气化铁路即鹰厦线鹰潭至漳平段开通。

11月上旬　市教育工作以优级水准通过福建省教育六项督导验收。

12月2—7日　省、地社教验收组到漳平26个社教村检查验收，合格村率为93.5%。

本年漳平市被省委、省政府和省军区评为“全民国防教育先进单位”，被省政府授予“义务教育工作先进市”称号。

1992年

1月11—18日　漳平市以优异成绩顺利通过省政府的宜林荒山造林绿化核查验收，提前一年基本完成海拔千米以下宜林荒山造林绿化任务。

2月12日　18时，漳平火车站实现安全生产1100天，在上海铁路局50个直属站中名列第一，受到上海铁路局的嘉奖。

2月20日　省、地、市、乡四级社教工作队员共385人分赴漳平农村开展第二期社教活动。同日，计划生育第一次突击活动全面开展。

3月7日　市委在菁城影剧院召开学习邓小平南巡重要讲话动员大会，加大全市改革开放的步伐。

6月25日　漳平市被省党代会列为综合改革试点市。

9月10日　由漳平籍华裔陈大江先生捐资92万元港币兴建的宝娘幼儿园剪彩开园。

9月　溪仔口水厂一期工程投入使用，总投资650万元，日供水能力1万吨。

11月8日　省电力工业局与香港福联电力投资有限公司合作兴建的漳平电厂二期扩建工程正式开工。该工程装机容量为2×10万千瓦，总投资5000万美元，是福建“八五”期间重点建设项目之一，也是福建省首家直接与外资共同建设经营的电力企业。

12月16日　被列为“八五”期间三明钢铁厂重点配套项目的潘洛铁矿洛阳矿区坑采工程通过省级验收投产。该工程为全省唯一的铁矿石竖井地下开采工程，总投资3937万元，年产矿石70万吨。

12月28日　福建省第一家县(市)级专业经济电台——漳平人民广播电台经济台正式开播。

1993年

1月26日　经省矿产储量委员会、省地质矿产局等单位组成的专家小组勘测后公布:在芦芝、月山、圆潭、涵梅4村60平方千米范围内,发现全省储量最大的优质辉绿岩矿,初步估计储量在1亿立方米以上。

1月6日　漳平铁路供电段实现无弓网事故1190天,创全国同行业最高纪录。

4月3日　漳平市以优级水平通过省、地社会治安综合治理检查验收,被评为“社会治安综合治理达标市”。

4月28日　铁道部授予漳平机务段前进型682机车组“新长征突击手”称号,表彰该车组安全行车175万千米的先进事迹。

6月1日　全市取消城镇居民定量粮油供应,粮食购销完全市场化。

6月5—6日　省委书记陈光毅莅临漳平调研和现场办公,视察漳平电厂二期扩建工程和市农贸市场。

9月28日　漳平—华安公路举行开工典礼。

9月26日—28日　中共漳平市第八次代表大会在城区召开,选举江华先为市委书记。

12月25日　国家“八五”计划重点项目、总投资3亿元的鹰厦电气化铁路漳平至厦门段181千米电气化改造工程竣工。至此,鹰厦铁路694千米电气化改造全线建成。

1994年

3月23日　市委、市政府追授易鸿杉“舍己救人好青年”称号。30日,龙岩地委、行署追授易鸿杉为“舍己救人,无私奉献好青年”称号。7月15日,省人民政府批准易鸿杉为革命烈士。

5月7日　省“八五”重点建设项目——漳平发电二厂3号10万千瓦机组投产发电。

5月16日　漳平被国家民政部评为全国民政工作先进县(市)。

9月8日　漳龙铁路引入线(漳平至和春铁路复线改造)建成，结束漳龙线漳平至和春段占用鹰厦线的历史，解决鹰厦线“卡脖子”路段问题。

10月2日　在全国林业名优待新产品博览会上，市林化厂生产的紫罗兰酮获银奖，市木质瓦楞板厂生产的木质纤维瓦楞板获优良产品奖。

10月28日　省道岭和线永福—月水段改造工程开工。

11月15日　漳平市与厦门市思明区签订缔结友好市区协议。

12月28日　漳平市首家企业集团——闽西巨龙集团挂牌成立。

12月30日　省民政厅批复同意，撤销菁城镇、桂林乡，分别设立菁城街道、桂林街道，所辖行政区域不变。

1995年

1月　闽西首家林化产品集团——闽西九龙集团挂牌成立。

3月　漳平罐头厂与福建农大食品系开发的香珍笋系列产品首条生产线投产。产品获省首届农村名特优产品银奖。

7月　全市高考成绩万人口上线率达11.7%，考生上线率达38.6%，居龙岩地区前列。

8月15日　省地矿中心探明溪南金菊一处十几平方千米的五彩玉石和辉绿岩矿区。预测储量1700万吨以上，质量居全省之首，颜色为全国罕见。

8月31日　全市开通程控电话2.4万门，市区安装计费电话8450部，平均1.5户装有1部电话，市话普及率居全国山区县(市)前列。

9月2日　市公交公司新购36部中巴和24部微型客车投入运营，结束漳平城区无公交客运的历史。

9月30日　漳平电厂、发电有限公司、漳平市林委等3家企业进入95福建省300家最大工业企业排行榜。

10月　国家土地局授予漳平全国土地执法“三无”(无违法批

地、无违法管理、无违法用地)先进市称号。

11 月 20 日　闽西最大商贸城—华裕商贸城在城区八一路中段南侧动工。

11 月 21 日　闽西第一座预应力“T”型桥——顶郊大桥竣工通车。该桥于 1993 年 11 月 8 日动工兴建。

11 月 30 日　市财政收入首次突破亿元大关,达 12120 万元。

本年　漳平在龙岩率先建立 6 个村级救灾扶贫基金会,筹集资金 32.5 万元。

本年　南洋水仙茶在福建省名茶评比中荣获金奖和优质产品奖,至 2005 年连续 11 年获此殊荣。

1996 年

1 月 18 日　漳平铁路供电段在鹰厦线永安至漳平段首次进行电气化接触网悬挂改造试验取得成功,在福建省铁路史上属首次。

2 月 8 日　闽西最大的化工企业——福建闽西化学实业有限公司在漳平正式成立。

2 月 27 日　中日合作漳平木村林产有限公司在富山工业区建成投产。

2 月　龙岩市首家股份制水利工程——西园可人头水库建成投入使用。

3 月 19 日　漳平通过“省土地执法模范县(市)”检查验收,成为福建第一个土地执法模范县(市)。

7 月 9 日　中国计生宣传教育中心、省计生委、地委宣传部、地区计生委和漳平市政府在北京中山公园联合举办“人口与计划生育农民画展”。11 日,中央电视台播发这一新闻。

11 月 8 日　市教育“两基”工作通过省级验收。

11 月 12 日　拱桥、象湖、永福被中共福建省委脱贫致富奔小康工程领导小组授予脱贫先进乡(镇)。

11 月 20 日　国务院批准撤销龙岩地区改设地级龙岩市。12 月 23 日,省政府批文,将省辖漳平市委托龙岩市代管。

11月　全市城乡电话全面实现交换程控化、传输光缆化。

本年　台商谢东庆在永福镇创办台品茶叶有限公司，建立高山茶基地。此后，在永福镇台商掀起投资热潮。

1997年

1月　省政府授予漳平“发展乡镇企业先进市”称号。

2月19日　全市人民沉痛悼念邓小平逝世。25日，收看追悼大会实况转播，缅怀邓小平的丰功伟绩。

6月15日　装机6400千瓦的大坂二级电站建成投产。该电站引水隧洞5.4千米，为龙岩市当时最长的电站引水隧洞。

6月30日　总投资1600万元的溪仔口水厂二期技改扩容工程竣工投入使用，日供水能力由1万吨增至3万吨。

7月25日　省委副书记习近平一行深入漳平部分乡(镇)调研，指示要加快扶贫攻坚奔小康步伐，推进农村新一轮创业。

9月8—13日　在厦门举行的1997中国投资贸易洽谈会上，总投资5亿美元的中外合资漳平瀚中水泥股份有限公司年产300万吨的水泥项目正式签约，后因亚洲金融危机爆发而未能履约。

9月29日　全市通过省基本小康复查组的16项指标验收，88.76%农户实现基本小康，综合分值93.3分，成为全国老区县(市)中最快进入基本小康的县(市)之一。

12月25日　市农村水电初级电气化建设通过省达标验收，成为全国第三批达标县(市)之一。

本年　全市实现村村通公路。

本年　永福镇27个行政村1万多农户种植反季节蔬菜1720公顷，产量5.8万吨，成为全省最大反季节蔬菜基地和交易中心。

本年　新桥镇成为闽西最大仔猪市场、最大商品羊基地。年产仔猪6万头，年饲养改良品种南江黄羊1.5万头。

1998年

1月23日　总投资1.8亿元的漳华公路和省道福三线漳平基

泰岭路段改建工程通过省公路局组织的交工验收,标志着漳平市公路“先行工程”基本完成。

1月　城区旧广场改造而成的菁华广场竣工。

2月26日　市委、市政府在永福举行纪念胡少海烈士诞辰100周年活动。胡少海之女胡贞及其家属参加座谈会和“少海路”揭碑仪式。

8月14日　市委、市政府授予苏宗林“舍己救人好青年”荣誉称号。2001年,福建省人民政府批准苏宗林为革命烈士。

8月　下旬省委副书记习近平、副省长汪毅夫对桂林山羊隔畲族村实施茅草屋改造工程直接作出批示,该村开始实施大面积茅草屋改造工作。

9月30日　省政府授予漳平市“福建省可持续发展实验区”牌匾,并于当日挂牌运作。

10月30日　漳平被省政府列为“九五”期间生态农业试点县(市)之一。

11月27—29日　中共漳平市第九次代表大会在城区召开,林乔城当选为市委书记。

1999年

1月7日　漳平作为龙岩市试点县(市)率先放开木材经营权。

7月　市委、市政府采取果断措施,取缔境内“法轮功”邪教组织,依法惩处骨干分子,做好参与练习者的教育、转化工作。

8月　市委、市政府制定下发《关于稳定和完善土地承包工作实施方案》,规定土地承包合同期限为30年,从1999年1月1日至2028年12月31日。

9月15日　1997年7月动工改造扩建的漳平大桥竣工通车,桥宽由9米扩大到24米。

9月18日　投资1120万元的九龙广场竣工。

9月18—20日　举办“1999中国·漳平首届花卉节”。

12月　国家科学技术部授予漳平“全国科技工作先进市”牌

匾。此后,分别于2001年、2003年、2005年顺利通过每两年一次的科技进步情况考核,连续7年保持这一荣誉称号。

本年　市和兴机械厂生产的南山马NSM－13HZ小型拖拉机在1999昆明世博会上获银奖。

本年　开始实施九龙江流域水污染与生态破坏综合整治。每年由厦门市出资500万元,由新罗区和漳平市按相关比例分配专项资金补助。

2000年

1月18日　溪南镇久鸣村采取“公推直选”办法选举新一任党支部班子。此举为全省首创。10月中旬,省委组织部到活动试点单位溪南镇进行专题调研,肯定这是基层组织建设一大创新举措。

3月6日　市委召开“三讲”(讲学习、讲政治、讲正气)教育动员大会。

4月1日　漳平正式实施新的城镇职工基本医疗保险制度,成为福建省医疗保险制度改革试点市,也是全省首批实施此制度的县(市)之一。

4月　“六合彩”骗赌活动从外地传入永福镇,并蔓延到全市各地,严重影响社会生产和生活秩序。

5月12日　漳平市和永福镇分别被国家林业局和中国花卉协会命名为“中国花木之乡”和“中国杜鹃花之乡”。

8月　在全市党员开展以保持共产党员先进性为目标的“三问三牢记”(一问入党为什么?牢记入党誓词;二问为民做些什么?牢记党的宗旨;三问自己还差什么?)牢记党员标准教育活动。

12月　装机容量5000千瓦的三重岭电站投产发电,总投资4288万元。该工程于1997年12月28日　开工建设,为漳平当时大坝最高、压力管最长、调节性能最好的水电工程。

本年　全市开展产权制度和转换职工国有身份为主的“双置换”改革。

2001 年

4 月　漳平富山工业园区被列为首批 40 个“福建省乡镇企业省级工业园区建设基地”之一，总体规划面积 7.2 平方千米。

8 月 14 日　总投资 1341 万元、全长 5.36 千米的城区防洪堤工程竣工。

10 月 21 日　漳平通过省第二批初级水利化县(市)验收。

10 月 25 日　中宣部、国家计生委授予漳平市为“全国婚育新风进万家活动先进市”。

11 月 27 日　漳平通过世界卫生组织(WHO)“亚太区结核病控制项目县(市)”验收。

12 月　漳平被国土资源部授予“全国土地执法模范市”称号。

本年　全市深入开展农村“三个代表”重要思想学习教育活动。

2002 年

1 月 23 日　城区解放南路改造工程全部完工验收，由原来 6～12 米拓宽为 22 米。沿江设大理石护栏，置绿地和夜景灯。

3 月 6 日　漳平被共青团中央授予“全国团建工作先进市”称号。

12 月　“永福牌”杜鹃花经省名牌产品评定工作委员会评定，省人民政府批准，被授予“福建名牌产品”荣誉称号。

12 月　漳平选送的水仙茶在中国国际茶、茶具、茶文化博览会“凯捷杯”茶王赛中荣获乌龙茶类银奖，居全国水仙茶品种第二名。

本年　市财政收入突破 2 亿元大关，达到 20231 万元。

2003 年

3 月 22 日　亿力佳能电站一号机组顺利并网发电。装机容量 12600 千瓦，是市内当时已建成的最大水电站。

4 月　省老区办核定漳平全市所有行政村为老区村。

5 月 22 日　市防治“非典”(非典型性肺炎)指挥部成立，部署防控“非典”工作。

5月 在第四届中国杜鹃花展上，漳平选送的杜鹃花获得“杜鹃花栽培金奖”“杜鹃花原生种栽培金奖”和“杜鹃花造型金奖”。

8月 山羊隔村开通固定电话。至此，全市行政村实现村村通电话。

11月19日 南洋水仙茶获福建省绿色食品发展中心颁发的“福建省无公害农产品认证证书”。

11月28—30日 中共漳平市第十次代表大会在城区召开，选举林兴禄为市委书记。

2004年

1月1日 起全市种植水稻的耕地全部免征农业税及其附加。

2月22日 漳平市选育的“西园苦瓜”被农业部列为全国重点农作物推广新品种。

2月25日 国家司法部、最高人民法院授予连续10年调解率在90%以上的永福法庭为“人民调解工作模范人民法庭”，并荣立集体一等功。

3月 市政府制定实施《漳平市实施农村居民最低生活保障制度》。

4月8日 《郑和下西洋》大型专题电视片摄制组一行到王景弘故里——漳平赤水镇香寮村拍摄外景。

7月22日 由福建省国际文化经济交流中心与龙岩市人民政府主办、漳平市人民政府承办的首届“中国·漳平王景弘学术研讨会”在漳平举行

8月20日 重庆市万州区大周镇71名三峡移民，在位于厚福社区和菁西社区的三峡移民安置地正式落户。

8月 漳平籍女运动员李婷在希腊雅典举行的第28届奥运会上，获女子单人500米皮划艇竞赛第9名，为漳平籍运动员获得奥运会比赛项目的最好成绩。

10月8日 市司法局被中央社会治安综合治理委员会办公室、

团中央、最高人民检察院等11家联合授予“全国优秀青少年维权岗”荣誉称号。

10月28日　漳平市与厦门市集美区结成山海协作友好城市。

11月16日　漳平市“十五”水电农村电气化县建设通过省政府验收。

12月16日　漳平北部以天台山为主景区包括马山、紫云洞山、宁洋古城和九鹏溪等景点在内的景区，被国家林业局正式批准为国家级森林公园，并命名为“漳平天台国家森林公园”。

本年　位于城区八一东路南侧的汇盛名城建成开盘发售。该工程于2002年动工兴建，占地面积10850平方米，建筑面积33000平方米，是市内首个将市政基础设施建设和房地产开发捆绑建设的项目。

本年　祥和新城房地产项目动工兴建，总用地面积2800平方米，总建筑面积61000平方米。

2005年

1月1日起　全面推行农村税费重大改革。全市免征农业税及其附加，取消除烟叶外的农业特产税。农民负担由税改前的69.62元/年，降至税改后的11.73元/年，人均减负率达83.15%。

1月26日　漳平通过省级生态农业试点县(市)建设验收。

5月1日　漳平天台国家森林公园九鹏溪景区正式对游客开放。

7月28日　漳平市可持续发展实验区顺利通过省专家组总体验收，成为全省第一个通过验收的省级可持续发展实验区。

8月　省委、省政府和省军区授予漳平市“双拥模范城”称号。

8月　永福镇被列入龙岩市闽台农业合作示范镇，为漳平(永福)台湾农民创业园的中心区域。

9月15日　由省电力公司控股的漳平供电有限公司正式成立，标志着漳平完成“一市两公司”的农电体制股份改制。

9月20日　永安—漳平公路漳平段通过交工验收。该公路于

1997年1月动工修建，漳平境内长59.15千米，造价31941万元。

11月19日　东山公园及市博物馆奠基仪式在东山举行，2007年2月建成投入使用。

12月　漳平被省政府授予计划生育工作一类先进县(市)。

本年　财政总收入突破3亿大关，达到31929万元。

本年　和平路北区的“万成·家天下”房地产开发项目动工兴建，规划用地面积9.27万平方米，建筑面积16.63万平方米。

本年　始于2002年的集体林权制度改革基本结束。全市完成明晰产权的村177个，占有改革任务178村的99.4%。

2006年

1月1日　漳平市执行《关于废止农业税条例的决议》，农业税正式退出历史舞台，五年内取消农业税的目标提前两年实现。

4月　原富山工业园区升格为省级开发区，更名为“福建漳平工业园区”，驻园企业从2003年的12家增加到60家。

7月8日　漳平台湾农民创业园在永福镇正式挂牌成立。

7月17—19日　中国共产党漳平市第十一次代表大会在城关召开，选举林兴禄为市委书记。

11月2日　经科技部、国家发改委等18个国家部委(局)评审通过，漳平市被批准为国家可持续发展实验区，为福建省继东山县之后的第二个国家可持续发展实验区。

12月22日　经中共中央党史研究室审定，以中史厅函〔2006〕65号文件，正式认定漳平市在土地革命战争时期属于中央苏区范围，成为福建省第12个“中央苏区县”。

12月27日　福建省委、省政府授予漳平市“第九届创文明城市工作先进城市”称号。

本年　漳平市正式启动新农村建设工作，确定10个龙岩市级试点村和12个漳平市级试点村。

本年　漳平水仙茶荣获第七届广州茶文化博览会金奖、福建省第四届“闽茶杯”特等奖、北京首届中华名茶乌龙茶类银奖。

2007年

2月12日　市政府颁发《漳平市农村困难家庭医疗救助试行办法的通知》，启动农村困难家庭医疗救助工作。

3月18日　漳平市第一家民办医院——中山医院开业。

4月　华电福建发电有限公司关停漳平余热发电公司机组。6月，关停漳平电厂机组、漳平发电公司机组，不再运行。8月23日，漳平火电有限公司2×30MW“上大压小”项目获国家发改委“路条”。

5月28日　红狮400万吨水泥一期点火试产。

6月　省委、省政府授予漳平市“平安县(市、区)”称号。

10月24日　振鸿200万吨水泥一期主体工程正式开工建设。

11月　在北京举办的中国茶界大盛会——2007年“人文中国·茶香世界”第二届中华名茶评选中，漳平市共获得中华名茶奖20个，其中金奖2个(漳平水仙1个、永福高山茶1个)，银奖4个(漳平水仙2个、永福高山茶2个)，铜奖6个(漳平水仙3个、永福高山茶3个)，优秀奖8个(漳平水仙2个、永福高山茶4个、铁观音2个)。

11月　漳平火车站新站房及站前广场建成投入使用。

12月2日　海西高速公路网“双永高速”(永春—永定)公路项目建议书获省发改委批复正式立项。“双永高速”起点永春岵山，与泉三高速公路相连，经安溪、漳平、新罗、永定，终于永定县下洋镇沿江(闽粤界)。

12月6日　漳平市被国家人口计生委授予“全国计划生育优质服务先进市”荣誉称号，是龙岩市第二个获得该项荣誉的县(市)。

12月8日　漳平市被福建省人民政府确定为新型农村合作医疗试点市，共有21.54万人参加2008年度新型农村合作医疗并缴费，参合率96.89%。

本年　全市174个行政村全面实现“村村通水泥路”目标。

本年　全市落户台湾农民创业园台资企业有36家，永福镇已成为大陆地区最大的台湾软枝乌龙茶生产基地。

本年　全市生产总值(GDP)完成54.28亿元,增长15.2%,增速创近13年来最快水平,人均生产总值达20006元,比2000年翻一番。

2008年

1月　国家财政部、国家农业综合开发办批准漳平市列入“国家农业综合开发项目县”。

2月27日　国家农业部、国台办批准设立国家级漳平永福台湾农民创业园,为福建省第2个国家级台湾农民创业园,标志着漳平永福台湾农民创业园正式从省级创业园升格为国家级创业园。

4月　国家工商总局商标局审核通过“漳平水仙茶”集体商标注册。

5月31日止　市慈善总会、市红十字会,市民政局共接受社会各界为汶川地震灾区捐赠的赈灾专款412.3万元。

5月　国家旅游局授予漳平市九鹏溪旅游景区为国家4A级景区。

7月26日　漳平市以高票荣膺“福建省十大空中最美家园”称号。

9月　漳平市行政服务中心入驻单位39个。中心服务规范、高效,受到社会各界群众的肯定。

12月31日　吾祠煤矿主链锁工程顺利贯通,井下枢纽工程已经完工,步入采区建设的准备阶段。

本年　漳平市先后获得国家农业综合开发县、国家级台湾农民创业园、现代茶叶生产标准化示范项目、国家4A级景区4个国家级工作品牌。品牌工作运作取得明显成效,全市通过各种国家级工作品牌争取上级资金1.19亿元。

本年起　漳平市把每年10月定为特色品牌活动月,开展茶王、花王、画王、竹王、风味美食、最美村庄等特色品牌评选活动。

2009 年

1月　漳平市污水处理厂主体工程建设基本完成，投入试运行。日处理污水能力 4 万吨，漳平市成为龙岩市第二个同时具有垃圾处理能力和污水处理能力的县(市、区)。

3月25日　国家交通部批准项目、概算投资 145 亿元的双永高速公路，在漳平市和平镇和平村举行开工典礼，闽西交通“瓶颈”制约取得历史性突破。项目建设工期为 4 年。

4月29日　漳平市政府办行政服务中心获“全国工人先锋号”荣誉称号。

6月25日　国家发改委正式核准福建华电漳平火电有限公司 2×300MW“上大压小”工程项目，标志着福建省重点建设项目、漳平市单个投资额最大的工业建设项目全面进入施工阶段。工程建设 2 台 300MW 国产亚临界循环流化床燃煤发电机组，总投资 25.1 亿元。

7月8日　漳平奇石文化城落成暨闽西南商贸城首批商家开业庆典仪式在闽西南商贸城举行。

8月　漳平市举办首期经济适用住房抽号配售仪式，94 名家庭低收入无房户成为首批受益者。

8月　漳平市被福建省委、省政府、省军区评为“双拥模范城”。

9月8日　市重点民生工程——漳平市第二医院落成启用。

10月16日　在上海举办的 2009 中国国际赏石精品博览会上，漳平市选送的“神州鳄”九龙壁奇石获得“迎世博极品石”最高奖。

10月24日　在北京举行的第六届中国国际茶业博览会上，漳平市共选送 17 个茶叶样品(漳平水仙 8 个、永福高山茶 4 个、官田铁冠 5 个)参评，获金奖 5 个、优质奖 3 个。

10月　中共党史出版社正式出版《福建中央苏区纵横·漳平卷》，为党史部门成立以来出版级别最高的党史书籍。

10月　漳平市正盛化工有限公司被评为“第三届(2006—2008 年度)福建省最佳信用企业”。

11 月 11 日　福建省漳平木村林产有限公司被评为“2006—2008 年度福建省百家明星侨资企业”。

12 月　位于永福镇的台缘山庄一期工程完成建设，投入试运营，为两岸交流合作的重要平台。

12 月　漳平千百汇工艺品的 UBS 花盆音箱等 4 个系列商品入选 2010 年上海世博会特许商品，成为福建省第三家入选世博会特许产品生产商。

本年　福建省博物院、龙岩市文化与出版局及漳平市博物馆联合组成考古发掘队，对位于漳平市象湖镇灶头村的奇和洞遗址进行抢救性考古发掘，学术意义非凡。

本年　漳平水仙茶获“农产品地理标志”证书，其产品划定的地域保护范围的地理坐标为东经 117°10’～117°45’、北纬 24°54’～25°47’间的漳平市境内，包括南洋乡、双洋镇、赤水镇、新桥镇、吾祠乡、灵地乡、溪南镇、象湖镇、永福镇等 9 个乡（镇）。

2010 年

1 月 11 日　漳平工业路及西园大桥正式贯通通车。

1 月　2007 年 12 月动工修建的漳平文庙重修落成。2013 年 1 月，被公布为福建省文物保护单位；7 月，被中国孔庙保护协会评为“全国孔庙保护先进单位”。

6 月 4 日　国家环保部正式发布公告，授予全国 398 个乡（镇）为“全国环境优美乡镇”，其中漳平市永福镇榜上有名。

6 月 5 日　经中国银监会批准，龙岩市第一家村镇银行——漳平民泰村镇银行股份有限公司开业。

9 月 14 日　总装备部司令部高级顾问、北京闽西革命老区建设促进会会长、中国卫星测控中心原司令上官世盘少将到漳平考察。

12 月 24 日　在漳平市举办庆祝撤县设市 20 周年暨项目签约仪式上，包括装机 156 万千瓦天然气热电联产项目、高性能竹质成型材项目等 13 个项目上台签约，总投资 73.1 亿元，涵盖高新技术、机械制造等方面。

2011 年

1 月 14 日　展现大陆“阿里山”——漳平秀丽风貌，两岸人民和谐相处的音乐电视《大陆阿里山》在中央电视台音乐频道《中国音乐电视》栏目播出。

2 月 9 日　市委召开常委扩大会议，学习传达贯彻胡锦涛总书记给漳浦和漳平永福台湾农民创业园台商农民的重要来信精神。

7 月 10 日　漳平市赤水镇香寮村入围“第二批全国特色景观旅游名镇（村）”候选名单。

7 月 14 日　中共漳平市委第十二届一次全会召开，邓菊芳当选市委书记。

10 月 14—16 日　第六届中国竹文化节在江西省宜春市举行，漳平市被中国竹产业协会评为“中国特色竹乡”。

12 月 23 日　漳平市第十六届人民代表大会第一次会议举行第三次全体会议，赖招源当选漳平市人民政府市长。

2012 年

1 月 31 日　省委书记孙春兰赴漳平市永福镇调研农业科技创新工作。

2 月 12 日　漳平市举办“大陆阿里山·福建漳平首届樱花节”，至 3 月 31 日结束。

4 月 13 日　漳平奇和洞遗址考古发现入选 2011 年度全国十大考古新发现。

6 月 27 日　漳（州）永（安）高速公路龙岩段在漳平市芦芝乡华寮村举行开工仪式。龙岩段全长 79.85 千米，批复概算约 73.9 亿元，按设计速度 80 千米/小时双向四车道高速公路标准建设。

7 月 6 日　漳平木村·美丽家园控股有限公司在香港上市，成为漳平市第一家上市企业。

10 月 18 日　漳平市在“第八届中国茶业经济年会”上，获“2012 年度全国十大生态产茶县”称号。

12 月 17 日　漳平市双洋镇东洋村被国家住建部、文化部、财政部列入首批中国传统村落名录。

12 月 20 日　由中国文联、中国曲艺家协会和福建省文联共同主办的“首届全国曲艺理论学术研讨会”在漳平市举行。

2013 年

1 月 31 日　漳平市骏华农业机构专业合作社被国家农业部评为全国农机合作社示范社。

3 月 1 日　永福镇西山村被全国实施“文明交通行动计划”领导小组授予“全国文明交通示范行政村”称号，这是龙岩市唯一获评此称号的行政村。

3 月 20 日　和平镇被国家卫生和计划生育委员会命名为“全国人口和计划生育依法行政示范乡镇”。

3 月　南洋乡石牛崇山峰海拔 820 米处发现一棵千年野生茶树王。树龄千年以上，至少枯荣两次，是漳平境内发现的树龄最古老的野生茶树。

4 月　省环保厅下发文件，授予漳平市“省级生态市”称号，成为全龙岩市首个获得省级生态市命名的县(市、区)。

4 月　国家环保部公布 2011 年度“国家级生态乡镇”名单，赤水镇名列其中。

6 月 1 日　“乡野英华·福建漳平农民画展”在福州三坊七巷举办，至 7 月 1 日结束。此次画展是福建省 2013 年“文化遗产日”非遗进坊巷系列活动之一，共展出漳平农民画作品 92 幅。

6 月 17—18 日　在第十一届“中国·海峡”项目成果交易会暨第三届民企对接会上，漳平市惠增科技项目上台签约，总投资 8.5 亿元，对接技改项目 3 个。

6 月 29 日　漳平台湾农民创业园核心区至龙岩中心城市的快速通道——国省干线公路横九线红尖山隧道及连接线项目开工建设。路线全长 19.6 千米，按二级公路标准设计，路基宽度 10 米，设计时速 60 千米。

9月9日　国家住建部、文化部、财政部联合公布第二批列入中国传统村落名录的村落名单，双洋镇城内村和赤水镇香寮村上榜。

9月25日　中国县域菜联合评价小组为漳平市获得“中国县域菜试点县”授牌。

10月27日　朱德率红四军出击闽中纪念馆、漳平市革命传统教育基地、党的群众路线教育实践基地揭牌仪式在象湖镇杨美村举行。

10月　漳平市双和蔬菜专业合作社申报的“漳平青仁乌豆”通过国家绿色食品发展中心的检测，获得绿色食品标志。

2014年

1月3日　市委第十二届九次全体会议召开，审议通过《中共漳平市委关于贯彻党的十八届三中全会精神全面深化改革的决定（草案）》，开启漳平市全面深化改革大局。

2月14日　省委书记尤权莅临漳平台湾农民创业园调研，查看茶叶种植基地，勉励台商充分发挥台湾农业技术优势和福建生态优势，促进两岸农业交流。

3月5日　漳平市通过国家可持续发展实验区验收，成为全省继东山县之后第二个通过验收的国家可持续发展实验区。

4月25日　漳平木村林产有限公司被国家林业局认定为“首批国家林业重点龙头企业”。

5月29日　漳平市被中国观赏石协会命名为“中国观赏石之乡”。

6月13日　拱桥镇、官田乡、吾祠乡、灵地乡、新桥镇、溪南镇、象湖镇、和平镇、南洋乡等9个乡（镇）被国家环境保护部授予2012—2013年“国家级生态乡镇”称号。

7月1—2日　福建省首届“丹桂奖”少儿曲艺大赛暨第六届全国少儿曲艺大赛（福建赛区选拔赛总决赛）在漳平市举行。

7月21日　新桥镇、永福镇、溪南镇入选最新的全国3675个重点镇。

7月24日　漳平市福建正盛无机材料股份有限公司、福建瑞森化工有限公司入选2014年度福建省知识产权优势企业。至此，漳平市共有3家企业入选，位居龙岩市前列。

8月20日　省海洋与渔业厅授予漳平九鹏溪水乡渔村“福建省现代渔业产业园区（基地）”称号，成为龙岩市首个“现代渔业产业园区”。

8月22日　漳平市在广东省深圳市举办的龙岩市重点产业推介会暨项目签约仪式上，签约2个重点项目（茶饮料项目和轮式装载机整车生产、配件生产项目），总投资3.6亿元。

8月23日　象湖镇举办“纪念红四军出击闽中85周年”红色旅游文化节。

8月27日　漳平市举行2014年“金秋助学·圆大学梦”助学金发放仪式，发放资助金91.74万元，212名贫困新生获得4000元或5000元的资助。

9月11日　福建省人民政府立碑表彰漳平籍著名侨领、印尼中华总商会原总主席、印尼友光集团名誉董事长陈大江先生捐赠公益事业仪式在漳平一中举行。

9月17日　双洋城内村、赤水香寮村、官田桂东村等21个村庄被列为漳平市第一批传统村落。其中双洋城内村、东洋村，赤水香寮村等3个村已被列入国家级传统村落名录。

10月17日　漳平市拱桥镇荷花景观在国家农业部举办的“中国美丽田园和最美休闲乡村”推介活动上，获“2014年中国美丽田园”称号。

10月21—24日　全国性茶叶培训班暨首届闽台乌龙茶品质评鉴研修班在漳平台湾农民创业园开班。

10月31日　漳平市菁城街道北郊社区被评为全国和谐社区建设示范社区。

11月5日　漳平市九鹏溪生态旅游区被评为2014年省级生态旅游示范区。

11月8日　在第五届海峡两岸中小企业项目对接会暨第七届

中国龙岩项目洽谈会上，漳平市与5家企业签署投资合约，其中外资项目2个，总投资3500万美元；内联项目3个，总投资4.63亿元。

12月4日　漳平市人民政府与华润电力控股股份有限公司在北京签订抽水蓄能电站投资合作协议。

12月17日　2014年中国木结构产业发展高峰论坛在漳平市举办。

2015年

1月18日　国道358线(原省道308线)漳平境内段全线建成并通车。

1月27日　漳平市举行"全国海洋意识教育基地"揭牌仪式，这是国家海洋局设立的第41个"全国海洋意识教育基地"。

1月　经国家林业局批准，漳平市南洋国家级湿地公园开始实施试点工作，成为福建省第5个国家湿地公园。

2月4日　农业部、国台办批复同意福建漳平永福台湾农民创业园更名为福建龙岩漳平台湾农民创业园，核心区由永福镇扩大至永福镇和官田乡。

2月5日　由农业部、国台办、央视七套农业节目主办，央视七套《美丽中国乡村行》栏目、漳平台湾农民创业园承办的《美丽中国乡村行——走进"大陆阿里山"》节目开机仪式在漳平台湾农民创业园举行。

2月28日　永福镇西山村被中央文明办评为第四届全国文明村。

3月17日　漳平市五一国有林场"马尾松工业原料林红心装饰材新品种选育研究"项目获2014年度省科学技术奖励科技进步奖三等奖；漳平木村林产有限公司发明专利《多功能箱体装置》获2014年度省专利奖励三等奖。

3月25日始　在由福建博物院、漳平市文化体育局联合组织的奇和洞遗址周边文化遗存考古调查中，考古人员发现赤水穿云洞遗址。一层考古现场出土有商周时期的人类骸骨，二层考古现场发现大量陶片，年代为新石器时期，以及龟板陪葬品和铜器装饰品等。

4月11日　南洋镇梧溪村引进福建省唯一一条全自动水仙茶生产线投产，辐射带动5万亩水仙茶园提升加工品位。

5月6日　漳平市举行景弘公园竣工揭牌活动。

5月12日　南京军区联勤部“文化服务老区行”走进漳平·象湖红色革命旧址群文艺演出在象湖镇杨美村举行。

6月10日　漳平市成立市委干部理论教育宣讲团，启动“三严三实”教育宣讲活动。

6月15—16日　奇和洞遗址国际学术研讨会在漳平市举办，来自美国、澳大利亚、加拿大、越南等国家以及中国台湾地区的考古界80位著名专家、学者参加，并实地考察奇和洞遗址。

6月18日　在福州举行的第十三届海峡项目成果交易会、第五届民营企业产业项目龙岩市6·18签约项目仪式上，漳平市代表团现场上台签约项目6个，总投资10.7亿元，其中包含台资项目1个、军民融合项目2个、民企项目3个。

7月6日　漳平市被列为“国家级新型职业农民培育工程示范县”。

8月3日　在《农业部关于认定全国第五批一村一品示范村镇的通知》中，拱桥镇(福上界莲子)被评为第五批全国一村一品示范镇。至12月止，全市有全国一村一品示范村镇4个。

8月9日　漳平市德诺林业有限公司在深圳前海股权交易中心挂牌。

8月26日　福建省委县(市、区)巡视五组到漳平市开展巡视工作，至9月24日结束。巡视五组对漳平市推进党风廉政建设和反腐败工作、执行中央八项规定精神、严明政治纪律、执行民主集中制和干部选拔任用等方面进行巡视。

9月1日　阿里巴巴农村淘宝漳平服务中心正式开业。

9月30日　漳州至永安高速公路通车。漳永高速公路起于漳州市华安县丰山镇玉兰村，与厦成高速公路漳州段相连，经华安县丰山、沙建、华安城关、草坂、漳平市官田、芦芝、漳平城关、和平、新桥、永安市西洋，终于三明永安市黄坂洋，接泉南高速公路三明段，全长144.96千米。

9月　福建省新纶纺织科技有限公司荣获2014—2015年度中国纺织服装企业竞争力500强，并获"棉纺织行业成长型优良企业"称号，成为龙岩市唯一一家获此荣誉的企业。

10月27日　溪南镇东湖村被评为"闽西最美古村落"，赤水镇香寮村获"闽西最美古村落"提名奖，溪南镇下林村南洲书院获"闽西最书香古书院"提名奖。

11月8日　漳平市参加第六届海峡两岸机械产业博览会暨福建龙岩专用车投资贸易洽谈会，签约项目8个，总投资19亿元。

11月19日　福建省贸促会与漳平市领导就市"山区的前锋、沿海的后卫"的目标定位，及打造"钢铁之城、纺织之城、建材之城、能源之城"的项目建设、招商引资工作进行探讨和洽商。

11月11日　德诺林业有限公司被评为2015—2017年度福建省林业产业龙头企业。

11月17日　漳平台湾农民创业园水利风景区被评为全国第十五批国家水利风景区。

11月19日　"鸿鼎"牌永福高山茶和"大用山"牌漳平水仙茶获第十三届中国国际农产品交易会金奖。

11月20日　漳平市与1号店电商网络平台签订特产中国项目合作框架协议，在1号店特产中国频道建立1号店"特产中国·漳平馆"，是龙岩市唯一开设此特色地方馆的县(市、区)。

11月25日　省绿化委员会、省林业厅授予漳平市"福建省级森林城市"称号。

11月27日　漳平市医院新院正式落成启用。

12月22日　经龙岩市政府审定，漳平水仙茶被确定为闽西"八大珍"产品之一，漳平毛蟹被确定为闽西"八大鲜"产品之一。

12月28日　漳平青仁乌豆、漳平水仙茶、永福高山茶被列入2015年度全国"名特优新"农产品目录。

2016年

1月28日　以省级农业科技园区漳平台湾农民创业园为核心区的龙岩农业科技园区申报创建“国家农业科技园区”获科技部批准，成为全国第七批国家农业科技园区，这是龙岩市农业领域获得的首张“国”字号科技园区名片。

2月1日　漳平市脱贫攻坚工作会议召开，贯彻落实中央、省和龙岩市脱贫攻坚会议精神，部署全市脱贫攻坚工作。

2月2日　首届“国泰”郁金香文化旅游节在漳平市花卉交易博览中心举行。

2月　漳平市启动“两学一做”学习教育，市委制定实施方案，成立相关工作机构。

3月8日　以市委督查中心（市委督查室）、市政府督查室、市效能办为班底的督查力量整合成立的“漳平市督查工作办公室”正式挂牌运作。

3月11日　市委书记陈论生到市委党校为党员干部上党课，围绕“发展是什么”“怎么发展”和“需要什么样的队伍”三大方面，阐述当前漳平市委主要发展思路、未来发展方向和党员干部的责任担当。

4月6日　漳平市迎宾大道（原工业路）工程、无线通信终端天线研发、制造项目、箭竹坪煤矿生产项目等一批项目集中开工。

4月12日　漳平市人民政府与华电福建分公司在福州举行漳平抽水蓄能电站项目签约仪式。

4月21日　福建瑞森新材料股份有限公司新三板挂牌上市，为漳平首家新三板挂牌上市企业。

4月28日　众创指购（漳平）创客空间·互联网孵化器启动。

5月1日　漳平市全面推开营改增改革试点，作为增值税发票管理新系统的唯一识别码，“三证合一”的统一社会信用代码正式启用。

5月3日　华电漳平火电有限公司漳平红尖山风电场项目获得

省林业厅使用林地审核同意书，该项目是2016年第一个获得省内陆风电厂使用林审批项目。

5月12日　漳平市通过全国义务教育发展基本均衡县省级评估验收。

6月6日　漳平市行政服务中心被列为国家级社会管理和公共服务综合标准化试点单位，这是2016年福建省唯一一家被列入国家级标准化试点的单位。

6月13日　漳平市不动产登记局正式挂牌，漳平市成为龙岩市首个颁发不动产权证书的县(市、区)。

6月18日　在福州举行的第十四届龙岩市产业项目推介会暨"6·18"项目签约仪式上，漳平市有3个项目签约，总投资达4.5亿元。

6月20日　中粮集团中国茶叶有限公司与漳平台湾农民创业园鸿鼎农场签订战略合作协议。

6月24日　2016年漳平一中高考本一上线率46.67%，本科上线率87.5%，均创新高。

6月29日　龙岩市在北京举行"走进闽西·携手发展"项目对接会暨签约仪式，漳平市签约项目10项，总投资98亿元。其中，投资超10亿元的有漳平抽水蓄能电站项目、东方雨虹防水材料生产项目、航天生物产业园建设项目、三一重工项目。

6月30日　漳平市入选国家农村产业融合发展试点示范县。

7月9日　溪南镇遭受特大洪水袭击，其中南柄、官坑、长荣、朗车4个行政村失联。武警福建总队出动300多名官兵，成功解救被困群众400多人。

7月9—10日　受"尼伯特"台风影响，全市15391人受灾，经济损失10.528亿元。

7月25日始　漳平市全面开展生猪养殖污染治理专项行动，关闭拆除禁养区内的养殖场，升级改造限养区的养殖场，实现达标排放或零排放，至11月30日结束。

8月4—5日　中国共产党漳平市第十三次代表大会召开，市委书记陈论生代表中国共产党漳平市第十二届委员会向大会作题为《铁心抓项目，奋力促发展，为建设富强精美幸福漳平而努力奋斗》的工作报告。会议选举陈论生为市委书记，马勇、赖进益为市委副书记。

8月9日　中国东方歌舞团大型环球经典音乐会《东方之声》在漳平体育中心举行。

8月23日　漳平市农村土地承包经营权确权登记在和平镇菁坑村举行，全市第一本《农村土地承包经营权证书》在该村颁发。

8月　漳平一中新华都学生公寓验收交付使用。

9月1日　漳平市举行教师进修学校第二附属小学开工奠基暨漳平三中整体迁建竣工揭牌仪式。

9月8日　在第十九届中国国际投资贸易洽谈会龙岩市重点产业项目推介会暨项目签约仪式上，漳平市代表团签约项目5个，总投资8.45亿元。

9月30日　漳平第二水厂竣工通水，供水规模3万立方米/日，使全市城区供水总规模达6万立方米/日。

10月16日　在福州召开的国家义务教育发展基本均衡县督导检查反馈会上，漳平市同福建省其他17个县(市、区)通过国家评估。

10月22日　漳平市通过国家生态市考核验收。

11月1日　漳平市综合档案馆正式落成启用。

11月3日　漳平市反诈骗中心正式揭牌启动运行，为龙岩市首个县级反诈骗中心。

11月8日　在龙岩市第七届海峡两岸机械产业博览会签约仪式上，漳平市签约项目6个，总投资11.34亿元。

11月15日　漳平市全面实施公务用车制度改革。

11月18日　在第十八届海峡两岸花卉博览会、第六届中国(福建)花王评选暨花卉精品展上，永福镇选送的组合玫红杜鹃花“海峡同心”获“花王”称号，为该届十大花王之一；参展的“黄尊”金花茶获银奖，“可娜”茶花获银奖。

12月21日　漳平市委巡察工作部署动员暨业务培训会召开，正式启动首轮市委巡察工作，成为龙岩市首个率先开展党委巡察工作的县（市、区）。

12月26日　漳平市开展第四季度项目现场推进活动，永福镇小城镇供水和公路建设、官田乡翡翠谷生态休闲旅游、漳平卫生职业技能实训基地、福尔金生物科技、迎宾大道（原工业路）工程等5个项目集中开竣工，总投资约14亿元。

12月27日　市委启动首轮巡察进驻拱桥镇，打响巡察“第一枪”。

12月29—31日　漳平市第十七届人民代表大会第一次会议召开，选举马勇为漳平市人民政府市长。

2017年

1月22日　永福镇举行“清新福建·精美漳平”第六届樱花旅游文化节开幕式，并举办永福第二届特色花卉精品展。

2月21日　漳平市召开打击治理电信诈骗犯罪集中返赃大会，向受害者返还被骗财物49.1万元。

2月24日　漳平市召开2017年“三大战役”工作部署暨“城乡建设提升年”动员会议，全面动员部署“三大战役”和“城乡建设提升年”工作。

2月　台盟中央在漳平台湾农民创业园设立台湾青年产业融合示范基地。

3月21日　漳平市开展第一季度项目现场推进活动。工业园区集中供热及超低排放脱硫改造、省粮食储备库漳平直属库等4个项目集中开竣工，总投资约6.8亿元。

3月24日　中国电信漳平分公司与漳平市人民政府联合的“智慧漳平·中国电信翼支付民生项目”启动签约仪式在桂林量贩广场举行。

3月27日　赤水镇香寮民族村入选第二批中国少数民族特色村寨。

3月30日　漳平市国联玩具礼品有限公司获评2016—2017年度省文化出口重点培育企业，是龙岩市唯一一家入选企业。

3月　永福台品樱花茶园荣膺“福建省首批优秀创意旅游产品”称号。

4月11日　漳平市南洋湿地公园列入福建省第一批省重点湿地名录。

4月17日　漳平掌上公交APP开通，为龙岩市第首个（龙岩中心城市除外）、福建省第4个（晋江、龙海、沙县、漳平）开通掌上公交的县级城市。

5月9日　市长马勇围绕中央环保督察组交办事项，到矿山、企业、信访点现场办公，落实整改情况，部署环保攻坚推进工作。

6月14日　中国电建新能源公司与漳平市签订50MW风电项目开发协议。项目所在地为象湖镇及溪南镇辖区山脉，总投资约4.5亿元。

6月24日　“两岸茶缘·仙韵漳平”2017年漳平市春季茶王（福州）品鉴推介会在福州市三坊七巷小黄楼举行。

6月28日　漳平市举行2017年第二季度项目现场推进会，集中开竣工项目6个，总投资8.58亿元。

7月7日　国家电力投资集团公司福建分公司与漳平市人民政府举行大深光伏电站投资开发协议签约仪式。

7月17日　漳平市环保局7月监测数据显示，漳平境内六大支流首次全部达到Ⅱ类水，全面“治水”成效显著。

7月27日　漳平市举行木竹产业园推介暨签约活动。首家入驻木竹产业园区的威斯顿木结构材料有限公司正式揭牌，集中签约木竹产业项目9个，总投资5.25亿元。

7月　永福镇获国家农业综合开发田园综合体省级试点项目。

8月17日　中共漳平市委十三届五次全体会议召开。会议，审议通过《中共漳平市委关于加快社会事业发展补齐民生短板确保如期全面建成小康社会的决议（草案）》。

8月18日　漳平现代装备制造业特钢铸造基地项目举行签约仪式。

8月　漳平“火柴空间创新创业平台”开始投入运营。

9 月 1 日　漳平市第二实验小学、漳平市教师进修学校第二附属小学建成揭牌。

9 月 21 日　漳平市召开市直派驻监督全覆盖和派驻机构建设工作会议，推动全面从严治党主体责任和监督责任在市直党政群机关和企事业单位的落实。

9 月 21—24 日，漳平市秀雨农业水仙茶和永福鸿鼎高山茶获 2017 年第十五届中国国际农产品交易会参展农产品金奖。

9 月 26 日　漳平市第三季度项目现场推进会中，集中开竣工项目 7 个，涉及工业、民生、市政、军民融合等。

9 月 30 日　漳平市政府与航宇卫星科技就火柴空间站(漳平)创新创业基地举行合作签约仪式。

9 月　《漳平市志(1991—2005)》正式由方志出版社出版。

10 月 31 日　第八届海峡两岸机械产业博览会暨漳平市 2017 年第四季度项目现场推进活动举行，集中开竣工项目 8 个，涉及教育、生态、木竹产业、工业企业等。

11 月 8 日　在第八届海峡两岸机械产业博览会暨第十届中国龙岩投资项目洽谈会签约仪式上，漳平市代表团签约项目 8 个，均为内资项目，涉及钢铁、建材、新材料等，总投资 39.34 亿元。此次签约项目为现代装备制造业特钢铸造基地项目、年产 5000 辆专用车项目、漳平火柴空间站创新创业基地建设项目等。

11 月 17 日　永福镇西山村被中央精神文明建设指导委员会命名表彰为“全国第五届文明村镇”。

11 月 18 日　在第十九届海峡两岸花卉博览会上，漳平市作为全国著名的“杜鹃花之乡”，独家布展杜鹃花展区，选送花卉展品 120 个，获得“一金二银三铜”的成绩。

11 月 27 日　中共漳平市委十三届六次全体会议召开。会议主题是深入学习贯彻党的十九大精神，加快建设富强精美幸福新漳平，决胜全面建成小康社会。

11 月　龙岩首个团体标准《漳平水仙茶》制定发布，该标准于 12 月 1 日实施。

12月22日　漳平市以总分90.5分的成绩，通过省“义务与教育发展基本均衡县”整改督导检查，总分位居全省申报的18个县(市、区)第一名。

12月　漳平台湾农民创业园获批“福建省级台湾青年就业创业基地”和“福建省台湾高校学生农业教学实践基地”，其中后者为福建省首个此类基地。

12月　福建省汇创新高电子科技有限公司、漳平市国联玩具礼品有限公司、金绿源(中国)生物科技有限公司3家企业获得2017年福建省“专精特新”中小企业认定。

2018年

1月　天守(福建)超纤科技股份有限公司和福建省漳平木村林产有限公司被龙岩市委、市政府授予“2017年度纳税新星企业”荣誉称号。

2月9日　“清新福建　精美漳平”(2018)第七届樱花旅游文化节开幕式在永福镇举行。

2月21日　中央电视台一套《新闻联播》播出漳平永福樱花园，新春美景再次刷屏全国，永福成为“中国最美樱花圣地”。

2月23日　经龙岩市旅游景区质量等级评定委员会组织评定，漳平永福大陆阿里山景区达到国家3A级旅游景区标准，获批国家3A级旅游景区。

4月3日　人民网舆情数据中心发布2018踏青赏花特色小镇排行榜TOP30，漳平台创园核心区永福镇荣登榜首。

4月23日　首届数字中国建设峰会——福建省数字经济招商签约活动在福州举行。火柴空间站(漳平)创新创业基地作为福建省29个数字经济重大项目之一、龙岩市唯一入选签约项目，与漳平市人民政府现场签约，标志着广东航宇卫星科技有限公司正式加入“数字福建”建设军团。

6月18日　市委书记陈论生带领发改、经信、农业等部门及十几家企业组成代表团，参加第十六届中国·海峡项目成果交易会。

在龙岩市产业发展推介会暨签约仪式上，漳平市共上台签约项目3个，总投资5.5亿元；在省军民两用技术项目成果对接会上，漳平市签约项目2个，总投资1亿元。

7月24日 《漳平市新材料产业园总体发展规划（2018—2035）》《漳平市新材料产业园产业发展规划（2018—2035）》顺利通过专家评审会。

7月 国家林业和草原局公布“2018年认定命名国家林业产业示范园区名单”，漳平户外木竹制品产业示范园区上榜。

7月 漳平市九鼎氟化工有限公司、漳平市德诺林有限公司、漳平市国联玩具礼品有限公司等7家企业列入省级科技小巨人领军企业。

7月止 红尖山、大西岭风电项目取得新进展，红尖山风电场22台风电机组进入风叶吊装阶段。项目总投资约7.8亿元，规划建设40台2.2MW风电机组，其中红尖山风电场22台，大西岭风电场18台。

8月31日 漳平市第一个党支部成立90周年暨“龙车暴动”89周年纪念活动在永福镇龙车村举行。省委党史研究室、省老区促进会领导以及伍洪祥、魏金水、邓子恢、胡少海等老革命前辈的后人参加纪念活动。

8月 菁城文化驿站项目施工主体完工。该项目是漳平市“一江两岸、宜居城市”系列建设项目之一，位于九龙江北岸步行桥头至东门溪段。

10月 根据福建省商务厅公布的2017年度开发区综合发展水平评价结果，漳平工业园区在全省94个省级开发区位列31位，位居龙岩市省级开发区第二名。

10月 省农业厅、财政厅批准漳平市等9个县（市）为创建省级现代农业产业园，漳平市为龙岩市唯一入选地。

11月25—26日 以“破局——探索·突破·共赢”为主题的第三届中国绿色木业大会暨第十一届中国木材保护工业大会在漳平市召开，大会授予漳平市“中国（漳平）户外木竹制品产业示范基地”称号。

12月1日 龙岩创建国家现代林业科技示范园区通过国家林

业和草原局组织的专家评审，成为目前全省唯一通过评审的集红色与绿色、林改于一体的特色现代林业示范园区，漳平五一林场列入示范园区。

12月25日　漳平市总医院正式揭牌成立。

12月29日　7时37分，首趟动车D6538次从龙岩站开出，南龙铁路正式开通运营。上午8时许，动车到达漳平西站，漳平正式进入“动车时代”。

12月止　漳平台湾农民创业园已有66家台资企业入驻，园区高山茶种植面积5.5万亩，年产量1600多吨，产值7亿多元。

本年　全市实现地区生产总值255.74亿元；一般公共预算总收入13.14亿元，地方一般公共预算收入8.25亿元；社会消费品零售总额78.91亿元；城镇居民人均可支配收入34082元，农村居民人均可支配收入17349元。

本年　外联内通“大交通”格局加快形成。累计投入财政资金4.3亿元建成南龙铁路(漳平段)及其配套工程漳平西站、双洋站站前广场及通站道路，与合福高铁、杭深、龙厦铁路形成环形快速铁路通道，到达省内主要城市更加快捷，到厦门、南平仅需1.5小时，到福州仅需2小时。

本年　城区魅力日益凸显。九龙江北岸栈道、菁城文化驿站、市公共卫生大楼、一中改扩建、三中二期、进校二附小等项目建成使用，城区功能更加完善；和平中路、和平南路、江滨北路等8条道路15.2千米完成“白改黑”“断头路”福满北路、林隆南路全面打通，市民出行更加便利。

本年　精神文明建设富有成效。漳平市获得“第五届省级文明城市”称号，永福西山村再次被授予“全国文明村”称号。

本年　脱贫攻坚战取得新突破。全市60户213人脱贫，15个贫困村和2个扶贫开发重点乡镇如期摘帽；新增符合建档立卡贫困户13户44人；易地扶贫搬迁89户293人，住房修缮改造325户，贫困户贷款发放1817万元，新型经营主体带动贫困户脱贫增收1318户；实施激励性扶贫项目201个，7151人参与。

附　录

《关于认真学习贯彻落实省委习近平副书记在漳平调研时讲话精神的通知》

编者按：1997 年 7 月 25 日，福建省委副书记习近平莅临漳平市，就农村脱贫致富奔小康、农业产业化等农业和农村工作情况进行调研，与漳平市五套班子成员座谈，对漳平市的农业和农村工作提出了希望和要求。中共漳平市委印发漳委〔1997〕75 号《关于认真学习贯彻落实省委习近平副书记在漳平调研时讲话精神的通知》，要求各乡镇（街道）党委、政府（办事处），市直各部、委、办、局、行、社、公司认真学习贯彻，狠抓各项工作落实。现全文整理，以飨读者。

关于认真学习贯彻落实省委习近平副书记在漳平调研时讲话精神的通知

各乡镇（街道）党委、政府（办事处），市直各部、委、办、局、行、社、公司：

7 月 25 日，省委习近平副书记一行在龙岩市委赵觉荣书记等领导的陪同下，到我市就农村脱贫致富奔小康、农业产业化等农业和农村工作情况进行调研，并与市五套班子成员进行了座谈。在听取我市主要工作情况汇报后，习副书记谈了对漳平的初步印象，并对我市的农业和农村工作提出了希望和要求。现将省委习近平副书记的讲话印发给你们，请认真学习贯彻，狠抓各项工作落实，推进我市农业和农村工作再上新台阶。

中共漳平市委
1997年7月28日

省委副书记习近平在漳平调研时的讲话

（1997年7月25日，根据录音整理，未经本人审阅）

同志们：

我们这次到龙岩调研，主要任务是来以前没有到过的漳平、连城、武平等县（市）走一遍，了解农业和农村经济发展情况。在这次调研后，龙岩的县（市、区）我就都走全了。但是，我们这样的调研还是走马观花的性质，比如到漳平只有一天的时间，很匆忙地看了几个点，听了一些情况介绍，不可能对漳平的情况有很深入的了解，等走过三个市县之后，我们还要和龙岩市委、市政府交换意见，这里我简单地讲三点。

一、对漳平的初步印象

今天，看了几个点，听了刚才的情况汇报。第一个比较深刻的印象是漳平的经济发展有了一定的基础，漳平在龙岩还算是比较先进的一个市，几项主要经济指标基本上都排在第二位，除了新罗区就是你们。以前我除了知道新罗在龙岩排第一位，哪个排第二、第三我不太清楚，这回清楚了，是漳平排第二，这儿的农业、工业、财政等方面的发展都比较平均。第二个突出的印象是漳平的优势比较明显，区位、交通和资源都具有优势。区位方面，漳平处于龙岩、三明、漳州、泉州四市结合部，这样就带来了很多机会，带来了很多有利条件；交通方面，很突出的就是铁路，我对漳平的最先认识就是知道有一个漳平站，是我省最大的编组站，交通运输促进了工业的发展，很多龙岩市属的工厂都办在漳平。漳平的公路只是怎么上档次、上等级的问题，总的交通还是便捷的，所处的位置还不能算偏远；资源方面，铁矿、煤炭等各类矿藏以及山水资源比较丰富，高海拔地区的反季节蔬菜、花卉培育都搞得很好，粮食种植的耕作技术是龙岩市最好的，在全省排第11位。第三个印象是漳平对新一轮创业的思路比较清晰，特别是省委、省政府“琅岐会议”之后，漳平对优势、差距的认识比较清楚，漳平的经济发展有后劲。这是我在漳平一天所获得的三个初步印象，总的来讲，对漳平的印象是不错的，漳平的发展有潜力，可能在今后的发展过程中走在闽西的前列，缩小和闽东南地区的差距或者赶上他们。

二、关于今后农业和农村工作的体会

首先，我给大家简单介绍一下我省农村经济运行情况。总的来说，全省农业生产形势比较好，农村经济全面发展。今年上半年，全省农林牧渔业总产值达273亿元，增长了12%，主要有以下几个特点：一是粮食生产形势良好，春粮面积、单产、总产三增长，早稻丰收在望。二是多种经营全面发展，经济作物面积扩大、产量增加，预计水果产量达67万吨，比增13万吨；蔬菜产量570万吨，比增19万吨；肉蛋奶产量增长8.9%；龙岩的烤烟扩种不少。三是林业、水产业两大支柱产业有了新的起步，森工产值增长6%，木材市场有所复苏；水产量比增21%。四是乡镇企业保持较快的发展势头，产值增长21%。五是农民收入稳步提高，农民人均现金收入达1410元，比去年同期增加了171元。六是农村脱贫致富奔小康形势良好，从省委、省政府到各级的工作力度较大，“增粮增收保供给，脱贫致富奔小康”一直是我省农村工作的主线。

前一段，省里接连召开了几个有关农村脱贫致富奔小康工作的会议，进一步统一了大家的思想，一方面解决了奔小康任务艰巨、可望不可即、奔小康无望等错误认识；另一方面也克服了急于求成、一蹴而就等过激超前想法，提出了分类指导的意见，安排了具体的时间表，允许一部分基础条件比较差、任务比较重的地方分步实施，省里要求地（市、县）也分类指导各乡镇的工作。同时省里也对脱贫致富奔小康的具体做法提出了规范化的要求，既要解决工作不扎实、不深入、没有针对性、搞浮夸、搞数字奔小康、急功近利等错误做法，又要切实加大力度，以攻坚的姿态来完成脱贫致富的工作任务。要抢抓机遇，要拧成一股绳，努力推动小康建设进程。目前要采取倒计时的方法，针对工作中存在的薄弱环节，采取措施加以解决。特别要注意解决工作不平衡的问题，还要解决松劲情绪等思想认识问题。因为小康是一个长期的过程，即使实现了基本小康，还有全面小康和宽裕型小康，从小康到富裕还有很多的路要走。因此，我们还不能停步，还要抓工作措施的落实，比如闽委发〔1996〕20 号文件规定的措施还有不够落实的地方，各地要找找差距，真正把小康建设工作推向前进。

三、对漳平市的农业农村工作和脱贫致富奔小康工作提三点希望和要求

（一）进一步推进脱贫致富奔小康进程。漳平市作为龙岩第二个基本实现小康的市，取得的成绩是可喜可贺的，现在应该抢抓机遇，乘势而上，向实现全面小康和宽裕型小康迈进。一要提高整体水平，不要忘记极少数贫困问题，不要形成强烈的反差。因此，要把脱贫工作继续抓好，一村一村地过，一户一户地解决。二要抓住机遇，完善配套基础设施，如实现村村通公路，以及通讯、广播进村入户等。三要把建新村同步抓起来，脱贫致富奔小康本身也是一个形象工程，要把建新村、改旧村和整治村容村貌结合起来。在这方面，龙岩有很好的经验，漳平也有好的经验，如芦芝村就是一个典型。我们要因地制宜，改旧建新，不搞“一刀切”。总而言之，就是把奔小康工作倒计时抓好。

（二）进一步推进农业产业化进程。奔小康会促进产业化的发展，产业化又会推动奔小康的实现。现代农业的一个必然途径就是通过产业化来实现。要通过调动联产承包责任制解放出来的劳动力的积极性，适应商品生产和市场经济的要求，切实解决零星、分散、小规模、小生产问题，解决产供销、种养加的脱节问题，进一步提高生产力水平。要提高认识，洞察产业化的实际内涵。要结合实际，因地制宜地研究产业化的模式、途径，“念好山海经，画好山水画”，不要效仿，走有特色的路子。漳平的反季节蔬菜、花卉、水果等已经形成了一定的产业化规模，要进一步发展壮大。要扶持龙头企业，种、养、加、销都可以成为龙头，要有一些专业大户来带动片区的发展，我们今天看的付东明的果园、陈木荣的花圃都是有带动、示范作用的龙头企业。要完善社会化服务体系，做好搭台、组织、培养工作，这可以是政府行为，也可以是集体的、个体的，但是政府要做好推动工作。

（三）进一步抓好夏收和秋粮生产。早稻要及时抓收成，漳平的早稻不多，要不误农时，抢抓收获。要高度重视晚稻生产，要确保面积。漳平的粮田不多，粮食生产更不能松劲，既定目标要保证，但是在粮食丰收之后不能出现卖粮难、粮食压库等问题。

关于漳平市委、市政府请求协调解决的问题，我们将尽力而为，待研究后再作答复。

漳平市省定革命基点村历次评定沿革

根据漳平市档案馆1982年案卷4卷（长期）整理，1952年评定漳平县革命基点村共30个。

一、永福29**个**

龙车村：村头、麻只贝、潭头、水尾

岭下村：四旺、岭下（注：大岭下）、内佳山、坪仑

元沙村：圳口、竹下

适榕村：麻南溪

后盂村：宝山、东坑、山兴

新坑村：小村、内厝坪、新坑、仙宫、楼仔顶

洪坑村：洪坑、淇洋、半岭、田头、下宫

大坂村：大坂、乌行、里寮、汤窟、明山

二、拱桥1**个**

罗山村:礤头

根据漳平市档案馆1989年案卷号36卷67页(永久)整理,漳平县革命基点村共31个。

一、永福 30 **个**

龙车村:村头、麻只贝、潭头、水尾

岭下村:四旺、大岭下、内佳山、坪仑

元沙村:圳口、竹下

适榕村:麻南溪

古溪村:深坑

后盂村:宝山、东坑、山兴

新坑村:小村、内厝坪、新坑、仙宫、楼仔顶

洪坑村:洪坑、淇洋、半岭、田头、下宫

大坂村:大坂、盂行、里寮、汤窟、明山

二、拱桥 1 **个**

罗山村:礤头

根据漳平市档案馆1990年案卷号40卷67页(永久)整理,漳平市革命基点村共31个。

一、永福 30 **个**

龙车村:村头、麻只贝、潭头、水尾

岭下村:四旺、大岭下、内佳山、坪仑

元沙村:圳口、竹下

适榕村:麻南溪

古溪村:深坑

后盂村:宝山、东坑、山兴

新坑村:小村、内厝坪、新坑、仙宫、楼仔顶

洪坑村:洪坑、淇洋、半岭、田头、下宫

大坂村:大坂、盂行、里寮、汤窟、明山

二、拱桥 1 **个**

罗山村:礤头

根据1999年9月龙岩市革命老根据地建设委员会办公室、龙

岩市老区建设促进会《闽西革命老区资料汇编》269 页记载：

一、永福 30 个

龙车村：水尾、潭头、麻只贝、村头

岭下村：大岭下、四旺、内佳山、坪仑

元沙村：胡口（圳口）、竹下

适榕村：麻南溪

后盂村：宝山、山兴、东坑

新坑村：内厝坪、新坑、仙宫、小村、楼仔顶

洪坑村：上富石（雷石）、下宫、蜘蛛形、淇洋、半岭、田头

大坂村：大坂、明山、盂行、汤窟、里寮、

二、拱桥 1 个

罗山村：礤头

备注：

1、第二、第三中列有古溪村的深坑，因深坑早已无人居住，属废村，故第四中未列深坑。

2、第一、第二、第三均列有洪坑，洪坑是洪坑村的一个自然村，上报时仅报建制村名，在报自然村时，因洪坑与建制村洪坑同名报批。

3、第一、第二、第三中均未列有洪坑村的蜘蛛形、上富石（雷石）两个革命基点村，后根据其革命历史情况达到革命基点村的条件和标准而增加。

4、今楼仔顶、山兴居民已全部搬迁，均属废村。

漳平市级革命基点村名单

根据中共漳平市委办公室、漳平市人民政府办公室《关于确定芦芝乡圆潭村等 98 个村为漳平市级革命基点村的通知》（漳委办〔2010〕103 号），漳平市级革命基点村共计 98 个。

菁城街道 4 个：福满、顶郊、菁东、菁西；

芦芝乡 1 个:圆潭;

西园乡 7 个:钟秀、基泰、遂林、进庄、西园、丁坂、前洋坪;

拱桥镇 7 个:罗山、高山、隔顶、梧地、上界、下界、岩高;

南洋乡 9 个:永兴、北寮、党口、红林、营仑、梧溪、暖州、利田、南洋;

双洋镇 6 个:中村、西洋、城内、坑源、东洋、城外;

赤水镇 5 个:安坑、黄山、罗坑、石寮、赤水;

新桥镇 6 个:西埔、仓坂、曳船(属城口村)、党口(属坂尾村)、宗坑(属钱坂村)、新桥;

吾祠乡 9 个:凤山、厚德、北坑场、陈地、彭溪、留地洋、吾祠、内林、彭炉;

灵地乡 5 个:赤坂场、易坪、长安、下凤山、谢畲。

溪南镇 8 个:下林、溪南、郎车、长荣、上坂、下河、东湖、金菊;

象湖镇 4 个:杨美、长塔、灶头、上德安;

永福镇 18 个:福里、石洪、李庄、封侯、西山、后盂、适榕、古溪、陈村、桂洋、佳山、颍水、和丰、小村(属箭竹村)、紫阳、邓家坊(属吕坊村)、清源、同春;

官田乡 9 个:梅营、官东、豪山、官西、和坑、下浙、黄坪、梧村、坪山。

重要革命旧址

2015 年,全市普查遗址共 56 处,其中革命遗址 54 处(现存 48 处、完全损毁 6 处),其他遗址 2 处。现存重要革命遗址如下:

郑超麟旧居郑家宗祠 位于菁城街道。1901 年 4 月 15 日(农历 2 月 27 日),郑超麟出生于此。1919 年,郑赴法国勤工俭学,1922 年,与周恩来、赵世炎等 18 位留学生在巴黎发起成立“旅欧中国少年共产党”。1924 春,在莫斯科加入中国共产党,成为闽西南地区最早的共产党员之一。同年 9 月回国后,历任中共中央宣传部秘书、中共上海区委委员、中共湖北省委宣传部部长等职。曾参加五卅运动和上海第二、第三次工人武装起义，出席中共四大、五大、八七会议，主持召开福建省第一次党代会。翻译《共产主义 ABC》，编辑刊物《向导》和《布尔什维克》，是中国传播马列主义早期宣传者。1979 年后，任上海市政协第五、第六届委员会委员。1998 年 8 月 1 日，病逝于上海，享年 98 岁。

红四军驻地旧址万福堂　位于赤水镇安坑村。1929 年冬，宁洋县赤水赤卫中队在此成立，成为双洋、赤水一带人数最多的第一支农民武装队伍，掀起农民武装斗争的热潮。

红九军龙岩红一团活动旧址衍秀堂　位于拱桥镇高山村。1930 年春，红九军辖部龙岩红一团团长邓毅刚率部在此召开群众大会，宣布成立高山村苏维埃政府、农民协会和农民赤卫队，高山村 25 名农民青年参加红九军。

内山乡苏维埃政府旧址琴形祠　位于拱桥镇罗山村。1930 年 2 月 28 日，邓毅刚团长联合罗山村的内山、后坑、石祭头、中仑、土坑等 5 个自然村，在此主持召开内山乡苏维埃政府成立大会。内山乡苏维埃政府公开使用“漳平福里区新安社内山乡赤卫队印”印章，开展抗租减息，没收地主豪绅财产等斗争。

红八团政委邱织云烈士陵墓　位于官田乡梅营村。1935 年 9 月，红八团在官田梅营村与尾追而来的国民党军第十师五十六团发生激战。红八团政委邱织云为掩护部队撤离，亲临前沿阵地指挥，身负重伤，壮烈牺牲，年仅 26 岁。1989 年 8 月，中共官田乡党委、政府为缅怀邱织云，拨款重修烈士陵墓。

红军士兵会石柱标语旧址陈家祖屋　位于芦芝镇圆潭村。1929 年 8 月，红四军宣传员墨书于圆潭村上洋自然村陈家祖屋的门框石柱上，文为“焚毁田契借约”，落款为“红军士兵会”。1978 年发现，原件现陈列于古田会议纪念馆。以“红军士兵会”的落款署名，迄今为止在闽西乃至福建省尚属首例。

永兴苏维埃政府旧址福星堂　位于南洋镇永兴村。1929 年 7 月中旬，永兴村苏维埃政府、赤卫队在此成立，队员 9 名。8 月 7 日，永兴村赤卫队配合红四军攻打南洋老街附近的民团“枪楼”，消灭敌数十人。8月8日，配合红四军攻打漳平县城。此后，永兴村苏维埃政府坚持斗争，捍卫红色政权。

《红军第四军司令部布告》张贴旧址太平桥 位于双洋镇城内村。1929年8月，红四军军长朱德在此召开群众大会，亲临发表演说，张贴《红军第四军司令部布告》，为竖写四言体石印布告，1929年1月发布，由军长朱德、党代表毛泽东签署。20世纪70年代发现，原件现珍藏在中国革命博物馆，为国家一级革命文物。毛泽东在几十年后见到这张布告，欣然提笔批示：“这是红军1929年1月从井冈山下山向赣南闽西途中的布告。”

红九团营部驻地旧址钟英堂 位于双洋镇中村。1934年7月，红九团二营和机枪连挺进双洋中村，营部设于此。二营驻扎中村3个多月，指导中村人民成立中村苏维埃政府、中村游击队，并开展“按口插标、定户分田”的斗争。

中村苏维埃政府旧址武安楼 位于双洋镇中村。1934年8—12月，红九团二营发动成立中村苏维埃政府，开展“按口插标、定户分田”斗争。

红九团二营战斗旧址坑仔口 位于双洋镇中村。1934年7月，红九团二营和机枪连挺进中村，发动成立中村游击队，在此设伏进犯的省保安十二团。战斗经历三个多小时，俘虏包括敌团副及其以下官兵72人，缴枪76支。

陈开路旧居华上堂 位于西园镇前洋坪村。1913年陈开路(原名陈光照)出生于此。1929年8月，入伍编入红四军第三纵队三营五连任勤务员。历任红十二军六八八团战士、红一军团第一师三团机枪连班长、副连长、连长等职。曾参加第一次至第五次反“围剿”、二万五千里长征。1937年，任红一军团第一师十三团团长。抗战时期，历任八路军一一五师独立团二营营长、平西六团团参谋长、晋察冀二分区二十六团副团长、晋察冀四分区三十六团团长等职，参加平型关大捷、百团大战等著名战役。解放战争时期，历任晋察冀独立旅副旅长、补训兵团一旅旅长、补训兵团四师师长等职，参加平津战役,解放华北、广东等战役。中华人民共和国成立后,历任空军十八师第一任师长、广东省公安总队司令员、广西军区副司令员等职。1960 年晋升为大校军衔,1988 年被批准为副兵团职待遇,2003 年在广州因病逝世。

漳平县城防第一赤卫队成立旧址彰福堂　位于西园镇钟秀村。1929 年 8 月中旬,漳平县城防第一赤卫队在此召开成立大会,红四军军长朱德亲临会场演说。县城防第一赤卫队下设钟秀、基泰、进庄(含遂林一部分)三个分队,队员 70 余人,队长苏振源,副队长苏金,成为西园开展土地革命斗争的中坚力量。

红军题壁留款信旧址荣福堂　位于象湖镇杨美村。1929 年 8 月 20 日中午,朱德率领红四军向大田县进军,进驻杨美村休整,从苏和家的米缸中秤购大米 26 斤。临行前,红军战士在存放大米房间的内墙上写下了珍贵的"红军题壁留款信"。全文墨水竖写,共 4 行 30 个字,简洁明了,无标点符号,文为:"老板你不在家你的米我买了廿六斤大洋二元大洋在观泗老板手礼红军"。1982 年,被漳平县人民政府公布为第一批县级文物保护单位,是迄今全国发现唯一保存最完好的"红军题壁留款信"。

溪南突袭战旧址溪南圩　位于溪南镇所在地。1929 年 8 月 29 日拂晓,红四军兵分两路,从溪南南柄和象湖小路包围溪南圩,从溪南圩后面的打鼓岭突袭敌阵,敌全线溃败。红四军乘胜追击 30 余里,在溪南下林村击毙敌团副一名。此战全歼国民党军张贞部张汝匡旅一个团,俘敌 200 余人,缴获大批枪支弹药、迫击炮等军用物资,成为红四军入闽后的七大战斗之一,其光辉战例永载史册。

中共大漳边工委活动旧址崇德堂　位于新桥镇西埔村。1940—1945 年,中共党员林清奇、林金凤以小学教员为公开身份作掩护,进行抗日宣传、"反顽"、"统战"等革命活动。林清奇白天上课,晚上在崇德堂组织新桥村、西埔村等地的进步农民学习革命理论,培养与发展党员,组建新桥人民自卫队,为中共西埔支部的建立奠定坚实的基础。

中共西埔支部活动旧址护凤楼　位于新桥镇西埔村。1942 年春,中共西埔支部在西埔村成立,林清奇任书记。支部以护凤楼为活动据点，发展地下党员，组织农民自卫队，争取林维邦及其所部民团。1945 年 10 月林清奇英勇就义后，支部坚持革命斗争直至 1949 年新桥解放。

漳平县农民协会旧址莲花心祠 位于永福镇石洪村。1925 年 10 月，永福中学进步教员林仲堪、陈文成等发起成立漳平县农民运动委员会，会址设于石洪村莲花心祠，俗称“莲花心农民协会”，推选陈长地任农会主席。同时，在莲花心祠成立农民夜校，设农民夜校董事会，推选林仲堪任校长，陈文成任会长。该旧址是漳平县第一个农民夜校基点。

中共龙车支部成立旧址游氏宗祠 位于永福镇龙车村。1928 年 8 月 10 日，闽西暴动委员会副总指挥邓子恢及中共闽西临时特委主要领导人郭滴人在龙车村头溪坂林“游氏宗祠”直接领导建立漳平第一个党组织——中共朗(龙)车支部，游祖辉任书记，党员 14 人，隶属中共闽西临时特委的直接领导。该旧址是漳平成立第一个基层党组织的地点。

龙车区苏维埃政府旧址凤岐堂 位于永福镇龙车村。1929 年 11 月 9 日，龙(朗)车区苏维埃政府在此成立。堂前悬挂老红军、老领导伍洪祥墨书“朗车区苏维埃政府旧址”牌，厅堂、屋后等墙面尚保存着墨写的 10 余条红军标语。

《红四军司令部政治部布告》张贴旧址步云桥 位于永福镇步云路。1929 年 9 月 1—5 日，朱德率红四军军部和第二、第三纵队驻扎永福期间，在步云桥遮板上张贴《红军第四军司令部政治布告》。原件纸质，1929 年 6 月发布，由军长朱德、党代表毛泽东、政治部主任陈毅签署。1978 年发现，原件现陈列于古田会议纪念馆。

胡少海烈士牺牲旧址少海路 位于永福镇街区。1930 年 7 月，红二十一军军长胡少海率部分二路夹击盘踞永福圩的詹方珍匪部。7 月底，扫清外围敌据点，詹部退守永福天主教堂和溪边炮楼两个孤立据点负隅顽抗，战斗异常惨烈。8 月 5 日，胡少海为减少部队伤亡，亲临前沿阵地观察地形，不幸中弹，壮烈牺牲，年仅 32 岁。1987 年 10 月，中共漳平县委、县政府将胡少海牺牲的这条永福街道命名为“少海路”，以缅怀这位出色的红军将领。1998 年 2 月 26 日，中共漳平市委、市政府在永福镇召开胡少海诞辰 100 周年纪念会，并举行“少海路”揭碑仪式。

中共岩南漳县委旧址三堂厝　位于永福镇新坑村小村。1935 年 6 月，邓子恢在永福龙车主持成立中共岩南漳县委，书记魏金水。1936 年 2 月，县委机关驻地迁往永福小村。

邓子恢革命活动旧址陈宝英厝　位于永福镇后盂村宝山。1935—1937 年闽西南三年游击战争期间，宝山陈宝英家成为闽西南军政委员会副主席邓子恢等领导同志隐蔽居住、处理军政事务的重要地点。

红色教育基地

朱德率红四军出击闽中纪念馆　位于象湖镇杨美村的红军留款信旧址荣福堂。2013 年 10 月 27 日开馆展览，展区以红四军出击闽中为历史依托，围绕党的群众路线主题，凸显红军留款信的亮点。2014 年 5 月，朱德之孙、空军指挥学院原副院长朱和平将军亲笔题写馆名，为漳平市党的群众路线教育实践基地、漳平市革命传统教育基地、龙岩市党的群众路线教育实践基地、龙岩市党史教育基地。

红色漳平馆　位于市城区东关山上东山公园漳平市博物馆内。2007 年 5 月 1 日开馆展览，全面展示 1919—1949 年漳平人民革命斗争的光辉历程。2006 年 6 月，被中共龙岩市委宣传部公布为龙岩市爱国主义教育示范基地。2012 年 3 月，被中共龙岩市委宣传部、龙岩市委党史研究室公布为龙岩市党史教育基地。

龙车革命纪念馆　位于永福镇龙车村。2004 年 12 月 27 日建成开馆，展现 1919—1949 年永福人民特别是龙车人民英勇无畏、不屈不挠的革命斗争史迹。2009 年翻新版面，馆名由伍洪祥题字，2018 年 8 月重新布设，为漳平市县级爱国主义教育基地。

龙均爵烈士陵园　位于芦芝镇大深村后头山的半山腰上。

1959年始建，坐东朝西，占地面积约660平方米。2019年4月，完成陵园的修缮及周边绿化工程，为全市党员干部“不忘初心，牢记使命”主题教育基地之一。陵园正前方立有“龙均爵烈士之墓”等三块题字碑文，刻有时任国务院内务部部长钱瑛、中共福建省委第一书记兼福州军区政委叶飞（上将）、铁道兵司令员李寿轩（中将）、中共贵州省委第一书记周林的题词或题诗。一名普通士兵牺牲后，如此备受哀荣，碑文规格之高，为全省唯一，全国罕见。

参考文献

一、书目

《永不凋谢的红花》，解放军报社编辑出版，1959 年版。

《福建省漳平县革命烈士英名录》，漳平县人民政府编，1982 年版。

《福建革命历史文件征集》，中央档案馆、福建省档案馆编，1986 年版。

《闽西地方武装概略》，龙岩军分区、龙岩地委党史资料征集研究委员会编，1986 年版。

《忆红九团》，李德安著，福建人民出版社，1989 年版。

《中国共产党福建省漳平县组织史资料》（1928—1987），漳平县委组织部、县委党史资料征集研究委员会、县档案馆编，主编陈永培，厦门大学出版社，1989 年版。

《福建革命史》上、下册，主编蒋伯英，福建人民出版社，1991 年版。

《闽西三年游击战争》，章宏九、郑学秋等著，鹭江出版社，1993 年版。

《永福花乡》，政协漳平市委员会文史委、永福镇人民政府编，主编黄同祯，漳平文史资料第 17 辑专辑，1993 年版。

《新桥画乡》，政协漳平市委员会文史委、新桥镇党委、政府编，主编杨德鑫，漳平文史资料第 18 辑专辑，1994 年版。

《漳平县志》，漳平市地方志编纂委员会编，主编李祖富，生活·读书·新知三联书店，1995 年版。

《漳平人民革命史》（1919—1949），漳平市委党史研究室编，主编陈永培，北京广播学院出版社，1996 年版。

《漳平市地名志》，漳平市地名志编纂委员会编，1996 年版。

《艰难的历程》，王直著，福建人民出版社，1997 年版。

《漳平之光》上册、下册，漳平市委党史研究室编，主编黄文光，国际文化出版公司，1998 年版。

《中共闽粤赣边区史》，闽粤赣边区党史编审领导小组著，主编林天乙，中共党史出版社，1999 年版。

《迈向 21 世纪——漳平腾飞的五十年》，漳平市统计局编印，1999 年版。

《闽西人民革命史》(1919—1949)，龙岩市委党史研究室编，主编傅如通，中央文献出版社，2001 年版。

《南洋茶乡》，政协漳平市委员会文史委、南洋乡党委、政府编，主编杨德鑫，漳平文史资料总第 26 辑，2002 年版。

《朱德传》(修订书)，中央文献研究室编，主编金冲及，中央文献出版社，2003 年版。

《漳平党史研究》，漳平市委党史研究室编，主编黄文光，2003 年版。

《明代大航海家王景弘》，福建省国际文化经济交流中心、政协漳平市委员会编，主编黄瀚，文史资料总第 27 辑，2003 年版。

《狂飙——漳平"文革"纪实》，卢如昌著，香港天马图书出版有限公司，2003 年版。

《王景弘与郑和下西洋》，福建省国际文化经济交流中心、漳平市王景弘研究会编，主编朱明元，香港天马图书出版有限公司，2004 年版。

《伍洪祥回忆录》，伍洪祥著，中共党史出版社，2004 年版。

《中共福建地方史》(社会主义时期)，福建省委党史研究室著，主编林强，中共文献出版社，2008 年版。

《福建中央苏区纵横 · 漳平卷》，漳平市委党史研究室、市老区建设促进会、市老区与扶贫办编，主编刘远、赖招源，执行主编陈振兴、吴斌、戴革平，中共党史出版社，2009 年版。

《中国共产党历史》第二卷上册、下册(1949—1978),中共中央党史研究室著,中共党史出版社,2011 年版。

《漳平市革命基点村简史》,漳平市委党史研究室、市老区建设促进会、市老区与扶贫办编,主编戴革平、陈明,2013 年版。

《漳平市红色旧址通览》,漳平市委党史研究室编,主编陈振兴、戴革平,2014 年版。

《闽西中央苏区图志》,龙岩市委党史研究室编,主编苏俊才,中共党史出版社,2015 年版。

《中国共产党漳平市历次代表大会重要历史文献选编》(1956—2011),漳平市委组织部、市委党史研究室、市档案局(馆)编,主编陈振兴、戴革平,2015 年版。

《漳平历史大事记》(1949—2009),漳平市委党史研究室、市档案局(馆)、市地方志编纂委员会编,主编陈振兴、戴革平,2016 年版。

《漳平市志》(1991—2005),漳平市地方志编纂委员会办公室编,主编陈龙林,方志出版社,2017 年版。

《中华人民共和国政区大典·福建卷·漳平市》,中国社会出版社,2017 年版。

《红四军出击闽中》,漳平市委党史研究室、市档案局(馆)编,主编赵勇、陈振兴,执行主编戴革平,2018 年版。

《漳平统计年鉴》(2000—2018 年),漳平市统计局编印,2018 年版。

《龙岩改革开放 40 年》之区域篇"改革开放四十年漳平市国民经济和社会发展成就",龙岩市统计局编印,2018 年版。

二、文献资料、档案文件

《漳平老区情况调查》,中共漳平县委,1950 年 10 月。

《关于三反运动的初步总结报告》,中共漳平县委,1952 年 2 月 15 日。

《关于五反运动的总结》,中共漳平县委,1952 年 7 月 8 日。

《漳平县"三反"人民法庭工作报告》,中共漳平县委,1952 年 9 月 28 日。

《漳平县一九五二年农业生产总结》,中共漳平县委,1952年12月15日。

《漳平县三年来工作总结报告》,中共漳平县委,1952年12月。

田若,《给中共龙岩地委的报告》,中共漳平县委,1953年12月11日。

《关于贯彻总路线及粮食统购统销的第七次报告》,中共漳平县委,1954年2月10日。

《漳平县1954年手工业工作总结》,中共漳平县委,1954年12月11日。

《中国共产党漳平县委员会的工作总结报告》,在中国共产党漳平县第一次代表大会上,1956年6月2日。

《关于1956年工作总结报告》,中共漳平县委,1957年2月2日。

《中共漳平县委关于一年来工作检查总结》,中共漳平县委,1957年5月26日。

《大辩论简报(第七号)》,中共漳平县委大辩论办公室,1957年11月23日。

《鼓起革命干劲,苦战三年,为提前实现农业发展纲要而奋斗》,中共漳平县委,1958年2月26日。

《县委任延寿同志在五级扩干会上作“关于当前农村工作的安排意见”的报告》,中共漳平县委,1958年2月。

《关于炼铁问题的几点意见》,中共漳平县委,1958年8月4日。

《漳平建立人民公社情况简报》,中共漳平县委办公室,1958年9月20日。

《全民紧急奋起,猛攻备战大关,愿为钢铁拼命,誓保战役全胜》,中共漳平县委,1958年10月12日。

《气壮山河,干劲冲天,四年计划,一年完成——漳平县实现粮食八百斤县的经验初步总结》,中共漳平县委,1958年11月24日。

《关于办好农村公共食堂的意见》,中共漳平县委办公室,1958年11月28日。

《干劲冲天，产铁倍番，全民奋战，日破万吨关》，中共漳平县委，1958年12月11日。

《山凹里放出地瓜高产卫星》，中共漳平县委办公室，1958年12月。

《一九五八年工业生产初步总结》，中共漳平县委，1959年1月28日。

《关于当前人民公社工作中几个问题的处理规定（草案）的报告》，中共漳平县委，1960年4月22日。

《关于认真学习和坚决贯彻“中共中央关于农村人民公社当前政策问题的紧急指示信”的紧急通知》，中共漳平县委，1960年11月15日。

《关于坚决纠正平调错误彻底退赔的工作草案》，中共漳平县委，1961年9月28日。

《关于一九六一年整风整社工作总结报告》，省委漳平工作队、中共漳平县委，1962年1月10日。

田若，《中共漳平县委工作报告》，在中国共产党漳平县第二次代表大会上，1963年1月12日。

《关于放手发动群众，开展增产节约社会主义教育运动的报告》，在县三级扩干会议上，中共漳平县委，1963年2月17日。

《漳平县一九六三年工作总结和一九六四年工作任务的报告》，中共漳平县委办，1963年12月28日。

《在漳平县第一届贫农、下中农代表会议上的讲话》，中共漳平县委，1965年1月11日。

《狠抓积肥，夺取秋季丰收》，漳平县农办，1965年6月17日。

《关于各公社党委、社教工作组情况汇报的通知》，中共漳平县委办，1965年12月16日。

王国干，《高举党的九大团结胜利旗帜，为继续完成九大提出的各项战斗任务而奋斗》，在中国共产党漳平县第三次代表大会上，1970年11月1日。

《漳平县农业学大寨典型二十四例》，漳平县革委会生产指挥处工作简报,1972年10月。

华亨,《高举毛主席的伟大旗帜,贯彻执行党的十一大路线,为把漳平建设成高标准大寨县而奋斗》,在中国共产党漳平县第四次代表大会上,1978年3月16日。

《关于做好落实政策工作有关问题的通知》,中共漳平县委,1978年5月8日。

《漳平县政府工作报告》,在县人大第八届一次会议上,1981年1月。

《关于漳平县知识青年上山下乡情况统计表》,漳平县知青办,1980年3月。

《关于加快荒山绿化和山地开发步伐的规定》,县政府,1984年5月15日。

杨金龙,《锐意改革,勇于创新,为建设社会主义现代化的新漳平而奋斗》,在中国共产党漳平县第五次代表大会上,1984年11月9日。

《关于呈报〈闽西革命根据地的建立及武装斗争发展情况〉专题报告》,中共福建省委党史资料征集委员会,1986年12月16日。

杨金龙,《在十三大精神指引下开拓前进》,在中国共产党漳平县第六次代表大会上,1987年12月8日。

江华先,《坚持党的基本路线,为全面振兴漳平而努力奋斗》,在中国共产党漳平县第七次代表大会上,1990年11月6日。

《关于完善农业承包合同的通知》,市委、市政府,1992年4月20日。

江华先,《积极全面准确贯彻党的十四大精神,夺取漳平改革开放和经济建设的更大胜利》,在中国共产党漳平市第八次代表大会上,1993年11月26日。

《漳平市农村建设小康规划》,市委、市政府,1994年。

《关于认真学习贯彻落实省委习近平副书记在漳平调研时讲话精神的通知》,中共漳平市委,1997年7月28日。

林乔城,《高举伟大旗帜,团结求实创新,为建设富庶文明的漳平强市而奋斗》,在中国共产党漳平市第九次代表大会上,1998 年 11 月 28 日。

林兴禄,《与时俱进,共图发展,向全面建设小康社会迈进》,在中国共产党漳平市第十次代表大会上,2003 年 11 月 28 日。

林兴禄,《拼命抓项目,狠心造环境,推进漳平经济社会更快更好发展》,在中国共产党漳平市第十一次代表大会上,2006 年 7 月 18 日。

《漳平市国民经济和社会发展第十二个五年规划纲要(草案)》,漳平市第十五届人民代表大会第五次会议,2011 年 1 月。

邓菊芳,《抢抓机遇,奋力拼搏,全力推进漳平科学发展跨越发展》,在中国共产党漳平市第十二次代表大会上,2011 年 7 月 13 日。

张丽华,《中共漳平市纪律检查委员会向市第十二次党代会的工作报告》,在中国共产党漳平市第十二次代表大会上,2011 年 7 月 13 日。

蓝福元,《2013 年漳平市政府工作报告》,在漳平市第十六届人民代表大会第二次会议上,2012 年 12 月 30 日。

《漳平首次通过创建“省级生态市”考核验收》,《闽西日报》,2013 年 1 月 9 日。

蓝福元,《2014 年漳平市政府工作报告》,在漳平市第十六届人民代表大会第三次会议上,2014 年 1 月 21 日。

市委、市政府《关于创新农村扶贫开发机制,扎实推进精准扶贫的实施意见》,漳委〔2014〕43 号。

蓝福元,《2015 年漳平市政府工作报告》,在漳平市第十六届人民代表大会第四次会议上,2015 年 1 月 15 日。

蓝福元,在漳平市第十六届人民代表大会第五次会议上,《2016 年漳平市政府工作报告》,2016 年 1 月 6 日。

《漳平市国民经济和社会发展第十三个五年规划纲要(草案)》,漳平市第十六届人民代表大会第五次会议,2016 年 1 月。

市委、市政府《关于推进精准扶贫,打赢脱贫攻坚战的实施方案》,漳委发〔2016〕1 号,2016 年 2 月 24 日。

陈论生,《铁心抓项目,奋力促发展,为建设富强精美幸福漳平而努力奋斗》,在中国共产党漳平市第十三次代表大会上,2016 年 8 月 4 日。

罗剑,《保持政治定力,持续正风肃纪,坚定不移推进党风廉政建设和反腐败工作》,在中国共产党漳平市第十三次代表大会上,2016 年 8 月 4 日。

马勇,《树立新理念,把握新常态,奋力建设富强精美幸福漳平》,在漳平市第十七届人民代表大会第一次会议上,2016 年 12 月 29 日。市委、市政府《2016 年漳平市推进生态文明先行示范区重点任务工作方案》,2016 年。

马勇,《2018 年漳平市政府工作报告》,在漳平市第十七届人民代表大会第二次会议上,2017 年 12 月 28 日。

马勇,《2019 年漳平市政府工作报告》,在漳平市第十七届人民代表大会第三次会议上,2018 年 12 月 28 日。

《市委组织部工作总结》,市委组织部,2017 年、2018 年。

黄佐清,《在中共漳平市纪委十三届四次全会上的工作报告》,2019 年 1 月 30 日。

《漳平市 2018 年国民经济和社会发展统计公报》,漳平市统计局,2019 年 4 月。

后　记

2017 年 8 月 15 日，中共漳平市委办公室、市人民政府办公室根据 2017 年 6 月 2 日中老促字〔2017〕15 号《关于编纂全国 1599 个革命老区县发展史的安排意见》和 2017 年 6 月 5 日闽老促〔2017〕11 号《转发中国老促会〈关于编纂全国 1599 个革命老区县发展史的安排意见〉的通知》精神，发出《关于编纂〈漳平市革命老区发展史〉的通知》，成立《漳平市革命老区发展史》编委会，由市老促会牵头，正式启动编纂工作。

编纂期间，编委会召开单位成员编纂工作会、征求意见会、评审会，明确编纂的目的、意义、内容，统一思想，分工负责，按编纂进度五易其稿。2017 年 8 月至 2018 年 10 月，编纂第一稿；2018 年 11 月至 12 月，统稿第二稿；2019 年 1 月至 4 月，校阅第三稿；2019 年 5 月至 6 月，征求意见并编审第四稿；2019 年 7 月至 8 月，复核确定第五稿；2020 年 2 月，经厦门大学出版社三审三校并公开出版。

《漳平市革命老区发展史》的编纂历时两年，全书 26 万字，凝聚了作者的辛勤劳动。鉴于编纂工作任务重、专业性强，编委会聘请漳平市两位文史专家、学者担任该书主笔，其中戴革平统稿全书的目录框架、编写规范、图照征集与彩页设计，撰写第二章新民主主义革命历程的第一节至第九节，第三章社会主义建设探索的第一节至第十一节，第四章改革开放新篇章的第八节至第十四节（其中第十四节为编辑整理），第五章中国特色社会主义新征程的第一节、第五节与第六节，第六章大事记、附录、后记；卢如昌撰写第一章市域概况、第三章社会主义建设探索的第十二节至第十四节、第四章改革开放新篇章的第一节至第七节、第五章中国特色社会主义新征程的第一节至第十二节(不含第一节、第五节与第六节)。

《漳平市革命老区发展史》的编撰工作得到福建省老促会、龙岩市老促会、龙岩市委党史研究室的精心指导,以及漳平市政协、市纪委、市委办、市府办、市委组织部、市委宣传部、市财政局、市发改局、市民政局、市农业局、市林业局、市自然资源局、市水利局、市统计局、市教育局、市文体与旅游局、市委党史和地方志研究室、市档案局(馆)、市王景弘研究会等相关单位的大力支持,在此一并表示衷心的感谢!

由于编写时间紧,涉及部门多,纵横跨度大,疏漏在所难免,祈望读者指正。

编委会

2019 年 8 月